知识产权实务丛书

地理标志申请与保护实务

主 编 胡海容

副主编 杨宇静 曾学东

国防工业出版社

·北京·

内 容 简 介

本书详细分析了地理标志的发展历程及其保护体系，全面介绍了在国家工商行政管理总局商标局、农业部、国家质量监督检验检疫总局三个机构申请地理标志的差异以及选择不同机构的参考因素。同时，本书分享了涪陵榨菜、镇江香醋、射阳大米、湘莲四种地理标志发展过程中的得失成败。此外，考虑到地理标志保护的国际化趋势，本书还介绍了地理标志国际申请的途径以及注意事项。

为了方便读者阅读，本书中加入了二维码链接，利用智能手机的扫一扫功能，可即刻呈现资源链接的相关内容。

本书是一本地理标志申请与保护指南，可以为研究地理标志的学者、从事地理标志产业的企业以及地理标志的爱好者提供入门级的参考。

图书在版编目（CIP）数据

地理标志申请与保护实务／胡海容主编. — 北京：
国防工业出版社，2016. 4
（知识产权实务丛书）
ISBN 978 – 7 – 118 – 10788 – 3

Ⅰ. ①地… Ⅱ. ①胡… Ⅲ. ①地理 – 标志 – 专利
申请 – 研究 – 中国②地理 – 标志 – 保护 – 研究 – 中国
Ⅳ. ①D923. 434

中国版本图书馆 CIP 数据核字（2016）第 075391 号

※

国防工业出版社 出版发行

（北京市海淀区紫竹院南路 23 号 邮政编码 100048）
北京嘉恒彩色印刷有限责任公司
新华书店经售

*

开本 710×1000 1/16 印张 14 字数 215 千字
2016 年 4 月第 1 版第 1 次印刷 印数 1—3000 册 定价 42.00 元

（本书如有印装错误，我社负责调换）

国防书店：（010）88540777 发行邮购：（010）88540776
发行传真：（010）88540755 发行业务：（010）88540717

《知识产权实务丛书》编委会

主　任：陶鑫良　上海大学知识产权学院院长，教授、博士生导师

副主任：王岚涛　国家知识产权局人事司司长

　　　　袁　杰　重庆市知识产权局局长

编委成员（按首字母顺序）：

陈纪纲　原重庆市知识产权局副局长

段淑华　珠海智专专利商标代理有限公司执行合伙人

郭　禾　中国人民大学知识产权学院副院长，教授、博士生导师

贺高红　大连理工大学盘锦校区管委会副主任，长江学者特聘教授、博士生导师

黄　晖　万慧达知识产权代理有限公司高级合伙人

黄良才　阿里巴巴集团法务部高级法律专家

黄玉烨　中南财经政法大学知识产权学院副院长，教授、博士生导师

李富山　深圳峰创智诚科技有限公司副总裁

齐爱民　重庆大学法学院教授、博士生导师

任　萍　重庆西南商标事务所有限公司董事长

单晓光　同济大学法学院院长，教授、博士生导师

沈剑锋　深圳峰创智诚科技有限公司副总裁

苏　平　重庆理工大学重庆知识产权学院院长、教授

孙海龙　重庆市第四中级人民法院院长，教授、博士生导师

王海波　工业和信息化部电子知识产权中心副主任

王活涛　深圳峰创智诚科技有限公司 CEO

薛　丹　国家知识产权局人事司副司长

姚　坤　国家工商行政管理总局商标审查协作中心副主任

杨　立　北京轻创知识产权公司总经理

曾学东　重庆市知识产权局副局长

张　平　北京大学知识产权学院常务副院长，教授、博士生导师

赵　杰　比亚迪股份有限公司知识产权高级经理

郑友德　华中科技大学法学院教授、博士生导师

朱雪忠　同济大学知识产权学院院长，教授、博士生导师

朱谢群　深圳大学法学院教授

总主编：袁　杰

副总主编：苏　平　薛　丹

编务办公室主任：胡海容　颜　冲

编务成员：黄光辉　穆丽丽　何培育　王烈琦

张　婷　覃　伟　邓　洁　高小景　郭　亮

《知识产权实务丛书》总序

　　中国知识产权制度的百年史，是一个从"逼我所用"到"为我所用"的法律变迁史，也是一个从被动移植到主动创制的政策发展史。从清朝末年到民国政府的50年时间里，我国知识产权制度始终处于"被动性接受"状态。自中华人民共和国成立以来，长达30年间则处于"法律虚无主义"阶段，知识产权尚无法律形式可言；至20世纪80年代以来，中国开始了知识产权立法进程，在极短的时间内创建了比较完整的知识产权法律体系。然而，这一时期的知识产权立法既有对外开放政策的内在驱使，同时也有外来经济和政治压力的影响，因此具有被动的特点和一定的功利色彩。进入新千年后，特别是《国家知识产权战略纲要》颁布实施以来，中国知识产权制度建设进入了战略主动期，即根据自身发展需要，通过知识产权制度创新去推动和保障知识创新，从而实现了由"逼我所用"到"为我所用"的制度跨越。

　　当前，我国经济发展进入新常态，实施创新驱动发展战略成为时代主题，创新已经成为引领发展的第一动力。知识产权制度既是创新活动激励之法，也是产业发展促进之法。可以认为，创新驱动发展战略的核心内容就是要实施国家知识产权战略，助推创新发展。中共中央《关于全面深化改革若干重大问题的决定》强调"加强知识产权运用和保护"，表明了影响我国当前创新发展的两大关键节点，也指出了未来知识产权战略实施的重要攻坚难点。这即是说，知识产权的有效运用，是创新发展的基本路径；知识产权的有力保护，是创新发展的基本保障。经济发展的新常态带来知识产权事业的新常态，知识产权学人要认识新常态、适应新常态、引领新常态。

　　伴随着中国知识产权事业的进步，我国的知识产权研究在三十余年间也经历了起步、发展到逐步繁荣的阶段。知识产权学者在知识产权的基础理论、制度规范和法律应用等方面积累了丰硕的研究成果，这也为我国知识产权的制度完善和战略实施提供了足够的理论支撑。然而，知识产权是一门实践性很强的学科。因此，知识产权问题的研究不应仅仅满足于学理研究，而且要坚持问题导向，回应现实需求，注重应用研究。我国的知识产权应用研究相对薄弱，知识产权文化普及还缺乏新的抓手，这显然不能满足当前知识产权事业发展的需要。我们十分欣喜地看到，在国家知识产权局人事司的支持下，重庆市知识产权局、国家知识产权培训（重庆）基地、重庆理工大学重庆知识产权学院组织编纂了《知识产权实务丛书》，可谓恰逢其时，正应其需。该丛书具有以下几个特点：一是以知识产权实务操作为核心，理论联系实际，并重在实践和具体操作，因而非常契合加强知识产权运用和保护的战略需求；二是编写人员采用"混搭"的方式，既有从事知识产权理论研究和教学的高校教师，也有具备丰富实践经验的律师、知识产权代理人、企业知识产权管理人员和专利审查员等实务专家；三是丛书既涉及知识产权申请、保护、分析、运营以及风险管理等具有普遍适用性的主题，同时也有晶型药物等特定领域的研究成果；四是从案例出发，以案说法，以事喻理，以经验示范，使所述内容颇具可读性。因此，这是一套适合知识产权从业者阅读的专业书籍，更是适合普通公民了解知识产权知识、运用知识产权制度的科普性读物，它使知识产权走下"神坛"，为公众所能知、能用。这对于普及知识产权文化，增强知识产权意识有所裨益。

值此丛书出版之际，谨以此文为序。

吴汉东[①]
2015 年 11 月 30 日于武汉

---

① 本序作者为教育部社会科学委员会法学学部委员、国家知识产权战略专家、中南财经政法大学文澜资深教授、知识产权研究中心主任。

前　言

　　地理标志诞生已愈百年，但对我国而言仍是一个新生事物。比起商标、专利、著作权而言，同为知识产权大家族成员的地理标志的声名则显得稍逊风骚。近年来，全社会对地理标志的关注度与日俱增。世界贸易组织也曾致力于建立统一的地理标志国际申请制度。我国正处于农业转型升级的新时期，地理标志正是增加农民收入、推动农业产业化、实现农业现代化的有效途径。因此，我国十分重视地理标志的培育和保护。为此，本书从简明、实用、有趣的角度出发，对地理标志商标、农产品地理标志、地理标志产品的申请与保护角度进行了详细的探讨，以期对我国地理标志工作的发展有所裨益。

　　本书各章作者如下：

　　重庆理工大学重庆知识产权学院胡海容：第1、2章；

　　厦门大学嘉庚学院法学院杨宇静：第3、5、10章；

　　国家工商行政管理总局商标局李堃：第4章；

　　浙江工商大学法学院高映：第6、11章；

　　北京中咨荣安知识产权代理有限责任公司贾晨：第7章；

　　重庆市知识产权局曾学东：第8章；

　　中央民族大学法学院姚思涵：第9章。

　　鉴于作者在时间、精力和知识上的限制，本书内容难免会有疏漏乃至错讹之处，恳请各位前辈、同仁不吝批评指正。

胡海容

2016 年 4 月

目　　录

❖ **总则篇　基础篇** ❖

❖分则篇一　地理标志的申请❖

❖ 分则篇二　地理标志的保护 ❖

总则篇　基础篇

第 1 章　地理标志知多少

1.1　什么是地理标志

1.1.1　地理标志一词的由来

"读万卷书，行万里路"是古已有之的美好追求，而现代社会的飞速发展使得这种愿望的实现比之古人已容易了太多。时至今日，万里路的半径也早已超越了华夏大地。然而，每到一地，情趣仍然是类似的，寻古访幽是必须的，带一份当地的土特产也是必不可少的。到北京必定是想尝一尝烤鸭的，到法国香槟省必定是想品一品香槟的，到印度尼西亚必定是想喝一喝猫屎咖啡的，到瑞士必定是想看一看手表的。如果要给这些物品取一个共同的名字，普通大众将其称为"土特产"，而知识产权人士则根据《与贸易有关的知识产权协定》（以下简称"TRIPS"）将这种"特定品质与产地的自然和人文因素有决定关系的"特产称之为"地理标志"。

在国外，地理标志的源头最早可以追溯到 1883 年的《保护工业产权巴黎公约》中使用的"货源标记（indications of source）"或"原产地名称（appellations of origin）"两个词汇。这可以算是地理标志的前身，因为当时对这两个词所代表的含义尚不明晰。1994 年的 TRIPS 中使用了本书所讨论的地理标志（geographical indications）一词，这是地理标志首次出现在国际条约中。

在我国，多数人对于"地理标志"一词是陌生的，这主要是因为"地理标志"纯粹是个舶来的法律概念，而且舶来的时日尚短。与地理标志的国际保护相类似，最早进入我们视野的词是原产地名称，那是因为 1985 年 3 月中国加入《保护工业产权巴黎公约》，有了保护"原产地名称"的义务。最早的保护案例产生于 1987 年 10 月，国家工商行政管理局商标局在给北京市工商行政管理局《关于保护原产地名称的函》中指出："我国是《保护工业产权巴黎公约》成员国，有义务遵守该公约的规定。若外国委托人反映的情况属实，你局应责令北京京港食品有限公司立即停止使用'丹麦牛油曲奇'这一名称，以保护《巴黎公约》缔约国的原产地名称在我国的合法权益。"这一保护方式一直持续到了 1995 年。这一年我国《商标法实施细则》以及《集体商标、证明商标注册和管理办法》相继颁布，首次以集体商标、证明商标的方式保护地理标志，当年受理了包括"库尔勒香梨""佛罗里达橘子"在内的 14 件地理标志申请。1996 年 11 月 7 日，国家工商行政管理局批准了第一件地理标志证明商标——库尔勒香梨。1999 年 7 月 30 日，国家质量技术监督局通过了《原产地域产品保护规定》，这个部门规章可以说是中国第一部保护地理标志的专门规章。本书中讨论的地理标志一词首次出现在我国的法律文件中始于 2001 年《商标法》的第二次修改，当时主要是为了满足 TRIPS 的要求。随后的 2002 年颁布的《农业法》中也使用了"农产品地理标志"一词。2005 年国家质量监督检验检疫总局颁布的《地理标志产品规定》中使用了"地理标志产品"一词。自此，地理标志正式步入了我们的视野。

1.1.2　地理标志的含义

目前，对于地理标志的界定大同小异，这是因为这些界定的大多来自于 1958 年的《保护原产地名称及其国际注册里斯本协定》（以下简称《里斯本协定》）和 1994 年的 TRIPS。前者将原产地名称界定为"一个国家、地区或地方的地理名称，用于指示一项产品来源于该地，其质量或特征完全或主要取决于地理环境，包括自然和人为因素"。后者将地理标志界定为"表明某一货物来源于一成员的领土或该领土内的一个地区或地方的标记，而该货物所具有的品质（质量）、声誉或其他特性实质上归因于其地理来源"。

由于我国有三个部门从不同的角度对地理标志进行了管理，因此我国也产生了三个不同的定义。2001 年的《商标法》将地理标志定义为"标示某商品来源于某地区,该商品的特定质量、信誉或者其他特征,主要由该地区的自然因素或者人文因素所决定的标志"。2005 年的《地理标志产品规定》将地理标志产品定义为"产自特定地域,所具有的质量、声誉或其他特性本质上取决于该产地的自然因素和人文因素,经审核批准以地理名称进行命名的产品"。2007 年的《农产品地理标志管理办法》将农产品地理标志定义为"标示农产品来源于特定地域,产品品质和相关特征主要取决于自然生态环境和历史人文因素,并以地域名称冠名的特有农产品标志"。

由上可知,我国现行立法中地理标志的定义是融合了《里斯本协定》中的"原产地名称"与 TRIPS 中的"地理标志"两个定义的结果,只是侧重点不同而已。《商标法》中所称的"地理标志"侧重在商标,强调其识别功能,因此着眼于"标志"一词;《农产品地理标志管理办法》所称的"农产品地理标志"侧重于农产品的识别,因此着眼于"特有农产品标志";《地理标志产品规定》侧重在产品本身,因此着眼于"产品"。因此,可以说现行立法对地理标志核心内容的界定相当一致,即特定商品或产品的特质是由此特有的地理因素所决定的,而地理因素包括人文因素和自然因素。考虑到我国现行立法对地理标志保护的现状,本书将"地理标志商标""农产品地理标志"以及"地理标志产品"均作为论述的范围,因此,本书将地理标志界定为"某种产品的来源地标志,而该产品的特质全部或主要是由该来源地的自然因素、人文因素决定的"。①

如果觉得这个界定显得不那么通俗易懂,不妨举例来说明。法国因时尚而著名,香槟和 LV 包更是闻名世界。法国香槟酒行业委员会注册了集体商标"香槟",路易威登马利蒂注册了一般商标"LV"文字及图。香槟能够成为地理标志,但是 LV 却不能。这是因为 LV 尽管是法国人申请注册的,但是只要按照特定的工艺生产,世界的任何一个国家或地方都可以生产出标注 LV 商标字样的包。然而,"部分是土壤,部分是气候,部分是葡萄树,部分是人工和传统共同

① 细心的读者会注意到,对于地理标志而言,自然因素和人文因素是缺一不可还是二选一的关系,三个法律文件的要求并不一致。《商标法》采用的是二选一,而《地理标志产品保护规定》和《农产品地理标志管理办法》采用的则是二者缺一不可。对于二者关系的详细研究可参见:王笑冰. 关联性要素与地理标志法的构造 [J]. 法学研究. 2015(3):82 – 101。考虑到我国目前对于该问题的认识并不一致,本文采用"、"来连接自然因素和人文因素,读者可根据申报的对象不同灵活作出处理。

造就了香槟酒"。① 这个含义与我国古代"橘生淮南则为橘，橘生淮北则为枳"
有异曲同工之妙。换句话说，当我们购买 LV 包时，关注的最多的是 LV 字样，
而甚少想到这个包到底是哪国或哪个人生产的；然而当我们品尝香槟时，必然
想到的是在法国香槟区，选用指定的葡萄品种，根据指定的生产方法流程所酿
造的气泡酒。简言之，地理标志是指某种产品的特别之处主要源于特定的人文、
自然环境。

1.1.3　地理标志与其他概念的区别

1. 地理标志商标与普通商标

根据我国商标法的规定，注册商标分为商品商标、服务商标和集体商标、
证明商标四种。商品商标和服务商标是我们非常熟悉的类型，简单来讲，注册
在商品上的为商品商标，比如注册在第 12 类上的**比亚迪**商标便是使用在汽车这
种商品上的。与此类似，注册在服务上的为服务商标，比如注册在 36 类上的
中国银行便是使用在票据、保险等金融服务上。我们比较陌生的是集体商标和证
明商标。所谓集体商标，是指以团体、协会或者其他组织名义注册，供该组织
成员在商事活动中使用，以表明使用者在该组织中的成员资格的标志。所谓证
明商标，是指由对某种商品或者服务具有监督能力的组织所控制，而由该组织
以外的单位或者个人使用于其商品或者服务，用以证明该商品或者服务的原产
地、原料、制造方法、质量或者其他特定品质的标志。

表面上很难将地理标志与以上四种分类联系起来，但实际上地理标志也是
商标的一种。如果我们将商品商标和服务商标称为普通商标的话，那么可以将
集体商标和证明商标作为特殊商标，其特殊之处在于要申请和使用集体商标和
证明商标除了需要具备普通商标的标准外还需要符合特定的要求。从现行立法的
规定来看，并没有单独一类商标分类叫地理标志，而是作为特殊商标之中的特殊
商标存在的。准确来说，地理标志只能申请集体商标或证明商标，但是并非所有
的集体商标和证明商标都是地理标志。为了与农产品地理标志、地理标志产品相

---

① ALEXIS LICHINE, WILLIAM FIFIELD, JONATHAN BARTLETT AND JANE STOCKWOOD, ALEXIS LECHINE'S ENCYCLOPEDIA OF WINES & SPIRITS 181 (1968), 转引自 Justin Hughes, "The Spirited Debate over Geographic Indications" (unpublished manuscript on file with authors), p. 69. http://120.52.72.43/www. chicagoip. com/c3pr90ntcsf0/Papers/A－IP09v1. 0. pdf。

对应,本书将根据《商标法》申请的"地理标志"称为"地理标志商标"。

二者的区别主要体现在:

(1)识别的对象不同。商标是用于识别某特定产品或服务来自于某个特定的生产者或服务提供者,而地理标志用于识别某产品来源于某特定的地方。

(2)构成要素不同。商标通常是某种设计出来的比较随意的标记,而地理标志则必须包含某个地名。

(3)许可的范围不同。商标可以在《商标法》适用的范围内许可或转让,而地理标志则只能在特定的地域范围内使用,许可或转让的地域范围受到非常严格的限制。

以上区别是针对地理标志与普通商标比较而言的,实际上即使申请的是集体商标和证明商标,其在转让与许可方面与普通商标也是区别对待的。在我国,集体商标不得许可非集体成员使用。证明商标虽然可以转让,但转让时受让人应当提供《集体商标、证明商标注册和管理办法》第四条所规定的证明文件,由商标局进行审查,经核准后予以公告,并自公告之日起生效。

2. 地理标志与原产地名称

尽管也有文章着力区别原产地名称和地理标志的不同,但是从《里斯本协定》与 TRIPS 的表述来看,二者的差异甚微。如果非要严格来区分,从保护对象范围上可以说原产地名称仅限定为葡萄酒、奶酪、火腿等特定类型的地理标志。从内涵上原产地名称要求产品的特定品质必须完全由产地的自然因素和人文因素决定,其生产、加工、包装甚至切割都必须在产地进行;而地理标志则只要求其产品的质量、声誉或其他特征,主要由地理来源决定,其生产必须在产地,至于加工、包装没有强行规定。

3. 地理标志与产地标志(货源标志)

与地理标志一起,常常被提到的还有产地标志。产地标志是产品来源于某国或某地的证明,这与《巴黎公约》中的"货源标记"是同义的。与地理标志相比,产地标志只是对产品来源于何地的客观证明,而并不要求产品与某地的自然因素和人文因素相关,比如"北京烤鸭""瑞士手表"。进一步而言,任何一个产品都可以拥有产地标志,但是只有当产品的特质与地理因素相关时才能成为地理标志。一般情况下,只在一国或一个小地方范围内销售的产品通常并不需要产地标志,而在国际或区域间贸易中却常常是必须的。在我国,典型的产地标志是出口货物原产地证书，由出口货物发货人向国家质量监督检验检疫总局所属的各地出入境检验检疫机构、中国国际贸易促进委员会及其地方分会申请领取，用以证明货物原产地或制造地，它主要用于进口国海关实行差别关税。获得这一证明文件后，"中国制造"这样的字样就可以被印制在商品上。

4. 地理标志与传统知识

通常认为，传统知识是指基于传统产生的文学、艺术或科学作品，表演，发明，科学发现，外观设计，标志、名称和符号，未披露信息，以及一切其他工业、科学、文学或艺术领域内的智力活动所产生的基于传统的创新和创造。能够成为地理标志的产品常常是与代代相传的传统工艺和知识相关，同时也会是特定地域传统艺术的体现。这在传统手工艺品类的地理标志产品中表现明显。尽管地理标志并不直接保护传统知识，但实际上也间接推动了传统知识的保护，这是因为地理标志的标准中常常会描述这些传统工艺或传统知识。

1.1.4 地理标志的性质——一种知识产权

一提起知识产权，这又是一个新名词。通常认为，知识产权是权利人对其所创作的智力劳动成果所享有的专有权利。我们熟悉的知识产权类型包括专利、商标、著作权。比如爱迪生发明了电灯，并就此在美国申请了发明专利。这几年非常火热的王老吉与加多宝之争，"王老吉"和"加多宝"便是两个商标。诺贝尔文学奖获得者莫言写了《红高粱》，张艺谋将其拍摄成了电影《红高粱》，郑晓龙又将其拍摄成了电视剧《红高粱》，这三种不同的表达形式就分别产生了三个著作权。无论是专利权、商标权，还是著作权，我们都感受其与我们常见的手机、电脑等物品的不同。比如我们刚买了一部苹果手机花费了6000元，这个价格主要是由两部分构成的，一部分是生产这部手机的原材料的成本，另一部分则是苹果商标、专利技术等成本。前者受物权法等其他法律的保护，后者受知识产权法保护。知识产权保护的对象不是生产手机所需的那些原材料，而是凝结在手机上的苹果手机所具有的品牌号召力以及特有的功能等。

TRIPS将地理标志明确列入知识产权范围。目前，地理标志是一种知识产权的观点已经得到广泛的认同。地理标志是以特定的自然因素和人文因素为显著特征，而这两个因素所代表的是传统知识。而传统知识的形成不仅需要智力创造，而且还需要漫长的时间积累。因此，地理标志具有知识产权的共性，即一种智力创造的成果。然而，与专利权、商标权、著作权比较起来，地理标志还具有自己的特性。这突出地体现在智力创造的主体上。比如，莫言本人写作了《红高粱》一书，那么莫言当然是该书的作者。但是，对于地理标志而言，却很难找出某个具体的人或组织来证明自己是某个地理标志的创造者，这是因为地理标志的形成往往需要无数人通过数十年、数百年的努力来完成。这一特点给地理标志保护带来了两个问题：一是地理标志的申请主体较难确定；二是地理标志的使用容易产生"公用地的悲剧"。[①] 从我国目前的实践来看，地理标志的申请主体只能是专业合作社、行业协会等具有公益目的的组织便是考虑到了上述问题，但是由于这些组织本身如果不从事实际的生产经营，公用地的悲剧常常不可避免。

1.2　地理标志有哪些特征

1.2.1　须包含真实存在的地理名称

这是地理标志之所以被称为地理标志的重要原因。这里的地理名称可以是国名，如"泰国香米"中的泰国，也可以是地名，如垫江牡丹中的垫江；可以是现在的行政区划名，如"章丘大葱"中的章丘，也可以是古代的地名；如"暹罗大米"中的暹罗；可以是行政区划名，如"宁夏大米"中的宁夏、"黄粱梦小米"[②] 中的黄粱梦，也可以是山川河流等的名字，如"长白山人参"中的长白山。

需要注意的是，这里的地理名称并不需要是严格意义上的行政区划。比较

---

① 1968 年加勒特·哈丁从发表在《科学》杂志上的《公用地悲剧》一文中总结出一个著名论断"公共资源的自由使用会毁灭所有的公共资源"。哈丁设想，古老的英国村庄有一片牧民可以自由放牧的公用地，每个牧民拥有的地块的大小取决于其放牧的牲畜数量，一旦牧民的放牧数超过草地的承受能力，过度放牧就会导致草地逐渐耗尽，而牲畜因不能得到足够的食物就只能挤少量的奶，倘若更多的牲畜加入到拥挤的草地上，结果便是草地毁坏，牧民无法从放牧中得到更高收益，这时便发生了"公用地悲剧"。在几乎所有的公有资源例子中都产生了与公用地悲剧一样的问题：私人决策者过分地使用公有资源。

② 黄粱梦是当地的一个镇的名字。

有趣的例子便是我们夏天常常吃到的哈密瓜。美味的哈密瓜到底产自哈密还是鄯善一直争议不断。直至 2008 年两地才真正握手言和。这一年，经吐鲁番地区和哈密地区联合申报，哈密瓜正式获国家质量监督检验检疫总局批准实施地理标志产品，吐鲁番地区和哈密地区的部分区域是哈密瓜产地保护地域范围。尽管地理名称并不一定与行政区划一致，但是真实存在某一地理名称却是认定地理标志的前提。

1.2.2　须有真实存在的产品

由于地理标志是地理因素与产品相结合的产物，因此要求在每一个地理标志背后都存在产品。这与同样具有识别功能的普通商标不同。当申请人申请普通商标时并不要求已经生产了产品或已提供服务，但是申请地理标志时则要求已经存在特定的产品。当申请人申请证明商标时，该产品已经存在的时间还将直接影响该商标申请是否能够成功。

1.2.3　产品与地理名称之间具有来源关系

有了真实存在的地理名称以及产品还不够，还需要二者具有来源关系。我国产茶的历史十分悠久，产茶的地域也十分广阔。如果仅具有地理名称或产品之一并不能成为地理标志，而只有二者结合才有可能形成地理标志。普洱茶、西湖龙井茶、安溪铁观音便是二者结合形成的。

1.2.4　产品的特殊品质主要是由来源地的自然因素、人文因素决定的

这是地理标志最核心的特征。某地或某国出产的产品很多，为什么有些能够成为地理标志，而另一些却不能呢？这一问题的关键在于要成为地理标志的产品本身应具有特殊品质，同时这些品质是由当地特殊的地理因素所决定的。通常认为，特殊的品质包括质量、声誉等，或者也可以理解为该产品所独有的东西；气候、地形、地势、水源、河流、土壤、植被等都可以算作自然因素的范畴；而文化、传统、风俗习惯等常被算作人文因素的范畴。

同样以茶为例，超市里可供挑选的茶叶种类繁多，"西湖龙井"茶有什么特别之处呢？"西湖龙井"茶始于唐、扬于明、盛于清，以"色绿、香郁、味甘、

形美"四绝闻名天下。这里所描述的四绝便是"西湖龙井"所特有的，尽管其他各地也产绿茶，但是在四绝方面可能会稍逊风骚。这是因为四绝的形成与西湖龙井村特有的自然环境和制茶技艺是密不可分的。这里的自然环境和制茶技艺便是地理因素和人文因素。换句话说，其他地方的绿茶与"西湖龙井"茶的差别正在于当地没有这样的地理因素和人文因素。当然，其他地方出产的绿茶可能在四绝方面不如"西湖龙井"，但是也可能因为当地的地理因素形成"西湖龙井"不具备的另外的品质，因此，其他绿茶的产地也可以形成自己的地理标志，如泰山绿茶、洪雅绿茶、婺源绿茶。

关于自然因素和人文因素对于地理标志的构成来说是两个必要条件还是只要其中之一即可，有不同的认识。申请地理标志产品和农产品地理标志时要求同时具备自然因素和人文因素，而申请地理标志商标时从商标法的规定来看只要求具备其中之一。实践中，申请者可根据申请对象的不同作出灵活选择。

1.2.5　地理标志的申请主体须为组织

正如前文所述，地理标志中的地理因素是某个国家或地区特有的，因此地理标志应该为该国或该地区生产这类产品的人共有。实践中，多以某组织来作为申请主体。如《商标法》第 3 条和《集体商标、证明商标注册和管理办法》第 2 条第 2 款规定，国内申请证明商标的商标注册申请人的主体资格范围为：对商品和服务的特定品质具有检测和监督能力的组织。《地理标志产品规定》第 8 条规定，地理标志产品申请，由当地县级以上人民政府指定的地理标志产品申请机构或人民政府认定的协会和企业提出。《农产品地理标志管理办法》第 8 条规定，农产品地理标志登记申请人为县级以上地方人民政府根据下列条件择优确定的农民专业合作经济组织、行业协会等组织。由此还可以看出，申请地理标志的组织除需具备法人资格，还要求其获得行政机关的认可，并对相关产品或服务的特定品质具有检测和监督能力。

1.3　哪些产品可以申请地理标志

由于目前我国的地理标志申请由三个部门来进行，因此可以申请地理标志的产品各有不同。

1.3.1　作为地理标志商标申请的产品范围

将可以申请集体商标或证明商标的对象称为产品不一定准确，因为能够申请商标的范围既包括商品也包括服务，但为了与下文相对应，这里仍统一使用产品这一称谓。商标法没有对可以申请地理标志的产品范围进行界定，但是从商标法保护的对象可以推出。根据《商标法》第9条的规定，申请注册的商标，应当有显著特征，便于识别，并不得与他人在先取得的合法权利相冲突。由此可以看出，能够申请商标的对象是具有显著性并不与在先权利相冲突的标志。这也就是说，只要某产品的标志符合前述要求即可，而可以适用的产品范围比较宽泛。

简言之，依照商标法申请集体商标或证明商标来保护地理标志时，商标法对于产品的范围限制很少，而主要审查产品上用于识别的标志是否具有显著性并不与在先权利相冲突。

1.3.2　作为农产品地理标志申请的产品范围

与作为商标申请的地理标志比较而言，可以作为农产品地理标志申请的产品范围则要小很多。根据《农产品地理标志管理办法》第2条的规定，本办法所称农产品是指来源于农业的初级产品，即在农业活动中获得的植物、动物、微生物及其产品。所谓的初级农产品是指来自于种植业、畜牧业、渔业的产品，不包括经过加工的各类产品。比如通过种植获得的水稻、苹果，通过养殖所获得的牛羊，通过渔业所获得的海带、螃蟹。大家常常吃到的蘑菇则是微生物的典型代表。

1.3.3　作为地理标志产品申请的产品范围

与前两者相比较，作为地理标志产品申请的产品范围又有不同。根据《地理标志产品规定》第2条的规定，地理标志产品包括：来自本地区的种植、养殖产品。原材料全部来本地区或部分来自其他地区，并在本地区按照特定工艺生产和加工的产品。很显然，《地理标志产品规定》中的产品范围主要是指农产品，但是除了《农产品地理标志管理办法》中所称的初级农产品外，还包括加工后的产品。

比较这三个范围可以发现，作为农产品地理标志申请的产品范围是最小的，作为地理标志产品申请的产品范围次之，作为集体商标或证明商标申请的产品范围最广。

1.4　我国地理标志主要分布在哪里

1.4.1　地理标志商标的主要分布

我国地理标志的注册申请始于 1995 年，已有 20 余年的历史。从国家工商行政管理总局网站公布的信息来看①，截至 2015 年 12 月底，我国累计注册地理标志 2984 件，其中外国地理标志 83 件，58 件来自欧盟。从现有已登记注册的地理标志来看，除香港和澳门外，我国其他 32 个省级行政区域也有注册。从图 1 - 1 可以看出，申请最多的是山东，达到了 425 个，福建也有 272 个，有 9 个省份达到了 100 件以上。申请最少的是台湾，只有 5 件，申请量少于 20 件的省份还包括上海、宁夏、海南、西藏。

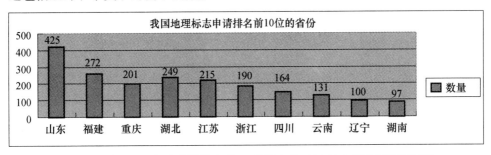

图 1 - 1　我国地理标志申请排名前 10 位的省份（国家工商行政管理总局）

从图 1 - 2 可以看出，目前共有 10 个国家在我国申请了地理标志，其中法国申请的最多，达到了 33 个，其次是意大利，为 18 个。外国申请的地理标志多集中在酒类，如法国的 33 个地理标志均为葡萄酒，墨西哥、格鲁吉亚申请的也均为酒类。泰国在我国申请商标的产品是大米和丝绸。

---

① 中国已注册地理标志情况表（截至 2015.12），国家工商行政管理总局商标局网站，访问日期：2016 年 2 月 15 日，http：//sbj. saic. gov. cn/sbyw/201601/t20160112_ 165882. html。

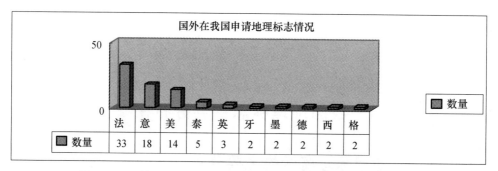

图 1-2　国外在我国申请地理标志情况（国家工商行政管理总局）

　　从申请的类别来看，多数集中在 29~31 类①，较为例外的是注册在 20 类的，如"荣昌陶瓷""龙山黑陶""日照黑陶""德州黑陶"；注册在 32 类的，如"江津白酒"和"绍兴黄酒"。

　　需要详细了解申请地理标志的商品种类可查阅本章附录 1（山东省地理标志分布）。

1.4.2　农产品地理标志的主要分布

　　我国农产品地理标志的申请始于 2008 年生效的《农产品地理标志管理办法》。截至 2015 年 12 月底，我国共申请各类农产品地理标志 1792 件。② 目前，除台湾、香港、澳门外其他省份均有申请。从图 1-3 可以看出，申请量位居前 10 的省市分别是山东、四川、黑龙江、山西、湖北、新疆、广西、云南、江西、内蒙古，但这些省份除山东和四川较多外，其他省份的申请量差别不大。与地理标志商标申请量相类似，山东省仍然是居于第一，并且远远高于第二。申请量最小的 10 个省份分别是海南、天津、西藏、北京、广东、上海、吉林、贵州、河北、安徽。其中，海南省申请的最少，只有 4 件，分别是白河木瓜、三亚芒果、琼中绿橙、五指山红茶。目前，没有国外的企业或协会在我国申请农

---

　　① 第 29 类包括：肉，鱼，家禽及野味，肉汁，腌渍、干制及煮熟的水果和蔬菜，果冻，果酱，蜜饯，蛋，奶及乳制品，食用油和油脂；第 30 类包括：咖啡，茶，可可，糖、米、食用淀粉、西米、咖啡代用品，面粉及谷类制品，面包，糕点及糖果，冰制食品，蜂蜜，糖浆，鲜酵母，发酵粉、食盐，芥末，醋，沙司（调味品），调味用香料，饮用冰；第 31 类包括：农业、园艺、林业产品及不属别类的谷物，牲畜，新鲜水果和蔬菜，种籽、草木及花卉，动物饲料，麦芽。

　　② 农产品地理标志的数据根据中国农产品质量安全网公示的信息整理。http：//www.aqsc.agri.cn/ncpdlbz/gggs/。

产品地理标志。

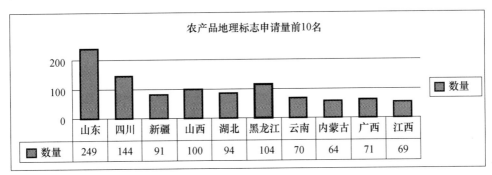

图1-3 农产品地理标志申请量前10名（农业部）

从申请的种类来看，只包括初级农产品，即在农业活动中获得的植物、动物、微生物及其产品，而不包括由初级农产品加工产生的产品。例如敦煌葡萄申请了农产品地理标志，但是并没有申请敦煌葡萄干。

1.4.3 地理标志产品的主要分布

我国地理标志产品的申请始于1999年①。截至2015年12月31日，我国共申请地理标志产品1618件。② 从地域范围来看，除台湾、香港、澳门外，其他省份均有申请。从产品范围来看，涉及茶叶、水产品、保健食品、蜂产品、新鲜水果、中草药材、粮食油料、瓜果蔬菜、加工食品、轻工产品、畜禽蛋、烟草、其他等。国外在我国申请的地理标志产品包括斯提尔顿白奶酪/斯提尔顿蓝奶酪（White Stilton cheese/Blue Stilton cheese）、哥瑞纳－帕达诺（奶酪）（Grana Padano）、帕尔玛火腿（Prosciutto di Parma）、阿让李子干、洛克福（奶酪）、孔泰（奶酪）、哥瑞纳－帕达诺（奶酪）、西乡农场切德（奶酪）、苏格兰养殖三文鱼、马吉那山脉（橄榄油）、布列高科尔多瓦（橄榄油）、法国干邑酒、苏格兰威士忌等。

---

① 国家质量技术监督局自1999年8月17日开始实施"原产地域产品"申请，国家出入境检验检疫局自2001年4月1日起实施"原产地标记"申请。后国家技术监督局与国家出入境检验检疫局合并为国家质量监督检验检疫总局。总局于2005年7月15日《地理标志产品规定》生效后，"原产地域产品"申请和"原产地标记"申请合并为"地理标志产品"申请。

② 由于地理标志产品的申请以前是由技术监督局和检验检疫两个部门分别进行的，因此这两个部门可能就同一个产品进行了批准，因此这里使用的数据可能跟这两个部门分别公布的数据有出入。

比较以上三类地理标志可以发现，从数量上来说，申请地理标志商标的最多，申请地理标志产品的最少。从可申请的产品范围来看，地理标志的可申请范围最广，农产品地理标志产品的可申请范围最小，三者在可申请的范围上存在交叉。从申请的类别上看，申请其中一种标志的较多，同时申请两种的有一部分，同时申请三种的很少，以重庆市申请情况为例大致可以反映这种现状。

以重庆市为例（详见本章附录2），目前申请了地理标志商标 183 个①，农产品地理标志 33 个，地理标志产品 13 个，没有产品同时申请了这三类地理标志。同时申请了地理标志和农产品地理标志的有 9 个，分别是璧山儿菜、静观腊梅、巫溪洋芋、南川大树茶、万州罗田大米、垫江白柚、城口山地鸡、武隆高山白菜、南川鸡。同时申请了地理标志和地理标志产品的有涪陵榨菜、奉节脐橙、石柱黄连、江津花椒、合川桃片、南川方竹笋、酉阳青蒿、永川豆豉、万州（县）红桔、忠州豆腐乳。这一方面与我国最早开始进行地理标志商标申请有关，另一方面也与地理标志商标的法律效力层级最高有关。

1.5　申请地理标志有什么用

1.5.1　地理标志是增加农民收入、推动农业产业化、实现农业现代化的有效途径

农业部发布的《中国农业发展报告》以及国家统计局的统计数据显示，过去的 30 年里，我国农业增加值占国内生产总值的比重呈现逐年下降的趋势，已从 1983 年的 33.9% 下降到 2013 年 6.24%；与此同时，农业从业人员占社会从业人员的比重更是从 1983 年的 67.1% 下降到 2012 年的 33.6%。农业部经管司司长张红宇曾表示，从全球的发展经验来看，农业增加值占整个 GDP 的 10% 是国民经济的转折点。从目前的情况来看，我国农业增加值占国内生产总值的比重已远低于 10%，今后的一段时间内这一比重还会继续下降。随着我国城镇化

---

① 从统计表来看，地理标志出现同名的问题，这主要是因为两个方面的原因，一是申请的类别不同，比如城口山地鸡分别申请的 31 类的活鸡和 29 类的非活鸡，二是申请的商标不同，比如奉节脐橙分别申请了文字商标和图形与文字组合商标。

进程的加快，农业从业人员占社会从业人员的比重也将继续降低。第二次全国农业普查的结果更加显示了这个问题的严重性。截至 2006 年年末，全国农业从业人员中，20 岁以下的占 5.3%，21～30 岁的占 14.9%，50 岁以上的占 32.5%。在一些工业化、城镇化先发地区，农业从业人员老龄化问题更为严重。以浙江从事农业生产的人口为例，50 岁以上的占到 53%，30 岁以下的仅占 6%。① 农业部部长韩长赋《在全国农业工作会议上的讲话》中也指出，预计今年（2014 年）农民工资性收入占比首次超过家庭经营收入，农民收入结构发生重要变化。这充分反映出，农业对于经济的贡献在持续下降，农业对就业人员的吸引力持续降低，随着现有农业就业人员的老龄化，农业的发展可能呈现更加严峻的局面。但是，在严峻的问题背后也可能面临新的发展。

李克强总理在 2014 年的政府工作报告中指出，农业是扩内需调结构的重要领域，更是安天下稳民心的产业。要坚持把解决好"三农"问题放在全部工作的重中之重，以保障国家粮食安全和促进农民增收为核心，推进农业现代化。坚守耕地红线，提高耕地质量，增强农业综合生产能力，确保谷物基本自给、口粮绝对安全，把 13 亿中国人的饭碗牢牢端在自己手中。农业部部长韩长赋《在全国农业工作会议上的讲话》中也指出，大力发展特色优势产业，进一步优化农业生产力布局，扩大优质品牌农产品生产，推进农业产业化经营。从这两个讲话中可以看出一个基本的发展脉络，品牌农产品——农业产业化——农业现代化。应该说，地理标志正是实现这一发展路径的突破口。我国不妨来看两个例子。

我们先来看看汉源花椒。汉源县位于四川省西南山区，雅安地区南部，全县有 6 个区，8 个镇，32 个乡，总人口 35 万。汉源花椒史称"贡椒"、"黎椒"，果粒圆大，色泽丹红，果肉厚，表面油囊密生，果实上并蒂附生 1～3 粒纯肉小椒粒为其显著特征，俗称"娃娃椒""子母椒"。以县内建黎乡、西溪乡、清溪镇所产为最优。当地种植花椒的历史最早可追溯到公元前 111 年。从东汉章帝元和一年（公元 84 年），汉源花椒被选作皇室宫廷贡品，至清光绪 29 年（公元 1903 年）免贡，进贡历时 1800 多年，素为我国著名的"花椒之乡"。2005 年，汉源花椒成为地理标志产品，2009 年，汉源花椒成为地理标志（证明商标）。

---

① 李剑平：《两院院士：提防人口大国无人种地》，中国青年报，2012 年 03 月 19 日第 11 版。

2010 年起，汉源花椒开始成立专业合作社，当时只有 8 户加入，面积不过 20 亩，产值不到 10 万元。在 2013—2014 年汉源县共扶持建设日烘干鲜花椒量达 1.2 万斤的花椒烘干房 31 个，有效促进汉源县花椒产业的发展。目前，汉源花椒产业也从过去的零星种植、实生栽植向规模化栽植、良种化栽植转变，经营方式也由早先的出售原品经营向分品种采收集约化经营转变。培育出五丰黎红、味佳食品等多家花椒生产加工企业，打造出"黎红""汉达""大自然"等一批知名品牌。2006 年汉源县委、政府成立了花椒协会管理汉源花椒。2012 年 5 月，正式成立汉源花椒局，属于汉源县林业局下属副科级事业单位，主要职责是负责做好全县花椒产业发展、管理和对外宣传以及对花椒深加工企业的服务工作。花椒协会也于 2013 年 4 月正式从县供销社划转到汉源县花椒局。2014 年汉源县全县花椒种植面积达到 9.98 万亩，累计采摘鲜花椒 1861.66 万斤，产值 2 亿元以上。[①]

我们再来看看河南焦作的"温县铁棍山药"。铁棍山药是四大怀药之一，是山药中的极品。温县南临黄河、北依沁河，只有温县独特的地理位置和气候才能产出铁棍山药。"温县铁棍山药"分为菜山药和药山药两种，菜山药比较粗壮，而药山药比较细长，因正宗的铁棍山药上有像铁锈一样的痕迹，故得名铁棍山药。又由于温县的铁棍最为出名，口感最好，所以人们在称呼的时候都喜欢叫"温县铁棍山药"。"温县铁棍山药"于 2006 年作为怀山药的一种获得地理标志产品，2010 年在第 5 类获得地理标志（证明商标），2014 年在第 31 类获得证明商标。温县要求怀药龙头企业都要建立种植基地和示范园，大力推广"公司＋基地＋合作社＋农户"的经营模式，鼓励农民参与基地建设，开展大规模连片种植，引导土地、资金、技术、劳动力等生产要素向铁棍山药种植业集聚，这些措施使得铁棍山药种植面积迅速扩大。2008 年为 3800 亩，2009 年 9300 亩，到 2013 年已达 18990 亩。初步形成了新洛路两侧、黄河滩区连片种植区，其中百亩连片种植区达 24 个，最大连片面积 800 亩，温县被确定为河南省十大中药材种植基地。目前，温县共拥有怀药加工销售龙头企业 24 家，其中省市产业化龙头企业 3 家，年加工销售产品 2500 万公斤，总产值 3.5 亿元。与此同时，大力培育铁棍山药专业合作组织，提高铁棍山药生产的组织化程度。温县西南冷

---

① 以上资料数据由汉源花椒局提供。

铁棍山药专业合作社是全省首家山药合作社。依托合作社，西南冷村发展龙头企业 9 家，加工联合体 28 家，入社社员 128 户，带动周边村个体加工户 2900 余户，西南冷村已成为在全国有一定影响力的山药加工基地和集散地。目前，全县共培育铁棍山药专业合作社 36 家，辐射带动农户 1 万余户。①

由此可以看出，以地理标志为突破口，依靠"公司 + 农户""龙头企业 + 基地""公司 + 中介组织 + 农户"等多种模式是实现农业产业化的有效途径，进而实现农业现代化。

在国外，经营和保护地理标志产品也是现代农业发展的一个重要模式。世界知名的地理标志产品法国的干邑酒，经过几百年的发展、适应、调整，已经形成了一套极具效益的经济模式：从葡萄的种植到葡萄酒的加工、销售实施全过程的监督管理，有详尽的计划、规定和各类证书。如发放种植许可证、葡萄品种卡、采摘证、压榨簿、收摘申报表、储存申报表、产地证书、行业卡、营业证、运输许可证等，几乎所有环节都有证书。法国干邑办通过阶段管理，从种植到销售，5 个阶段、5 份表格，全部录入计算机，对果农的家庭情况、地段、葡萄品种、生长月纪录、产量、原料、工艺、库存量、质量、销售、出口等全部登记，一式三份，分别交海关、税务等部门共同监督。从经济和社会效益看，法国干邑酒产量的 95% 出口，行销 180 多个国家和地区，创汇100 多亿法郎，成为当地的支柱产业。葡萄酒业的繁荣带动葡萄种植、育苗、玻璃、制板、印刷、制桶、铸造、交通运输等相关产业的发展和数十万人的就业。最终为干邑酒产业链上各个环节上的从业者和法国带来了极为可观的经济效益。②

1.5.2　地理标志是提升产品价值的有效途径

品牌的重要性已得到全社会的广泛认可，这主要源于品牌所凝聚的良好声誉与良好品质。同样材质的包，一旦打上"LV"或"GUCCI"便能身价倍增，同是大闸蟹，使用"阳澄湖大闸蟹"时价格便会飞升。二者的不同之处在于前者可以在世界的任何地方生产出来，但是后者却只在阳澄湖这一特定的地域才

---

① 白慧颖：《河南地理标志产品产业化发展研究——以焦作温县铁棍山药为例》，载河南商业高等专科学校学报》，2013 年第 26 卷第 1 期，第 34 – 35 页。
② 李祖明：《地理标志制度对我国农业经济的影响》，载《中国发明与专利》，2009 年第 6 期，第 51 页。

出产。换句话说，地理标志品牌经营得当可能产生比一般品牌更大的价值。正如前文所述，地理标志的最重要的特征便在于产品的特殊品质主要是由来源地的自然因素或人文因素所决定的。这也就是说，能够使用地理标志的产品本就凝聚着良好声誉和良好品质，凝聚着人类长久以来形成的传统知识。因此地理标志首先是一种标志，具有一种识别功能，这种识别不仅体现在对某个生产厂家的认可，更体现在对我们传统知识、传统文化的认可。地理标志的保护不仅仅是对标识的保护，还包括对地理标志产区自然环境、人文因素构成的传统知识的保存、维护、发展、利用和保护。①

在2005年的中国—欧盟地理标志研讨会上，欧盟有关专家便指出，国际上地理标志注册认证是增加农产品附加值的有效办法，在全球许多地方促进农村经济发展方面扮演很重要的角色。在欧洲一些国家，地理标志注册已经成为"品质保证"的代名词。商标与生产地没有关系，是可以出卖的，只保护拥有商标的公司。而地理标志，植根于地区的产品，强调的是产品的原产地，可以保护该地区所有符合标准的生产商。②

舟山渔场作为世界四大渔场之一，所产各类海水产品以质优味美而闻名。"舟山带鱼""舟山大黄鱼""舟山三疣梭子蟹"等多件地理标志证明商标的注册成功，开创了我国海水产品地理标志证明商标注册的先河。目前，舟渔公司在北京、上海等大城市开设了"明珠海鲜舫"，兴业公司已在全国开设了110家"舟山海鲜直销店"。从2009月使用至今，共印制、使用地理标志证明商标标识49.2万套，生产销售带有地理标志证明商标产品1120吨，产值4900万元，使用地理标志证明商标的产品收购价格和销售价格同步上扬30%～50%，受使用地理标志证明商标产品的辐射作用，其他水产企业的相关产品也水涨船高，总体销售价格提升20%多。③

从国家工商行政管理总局2010年2月对81个种植类地理标志农产品调查样本看，2009年地理标志农产品的从业人员达到当地总人口的24.16%，地理标志

① 李祖明：《传统知识视野下的地理标志保护研究》，载《知识产权》，2009年第19卷第109期，第15页。

② 地理标志注册认证可提高农产品附加值，杭州网：http://www.hangzhou.com.cn/20050801/ca926101.htm。

③ 李天锋：海水产品地理标志证明商标 现代海洋渔业发展的好助手，舟山日报，2010年09月15日。

农产品的价格比注册前平均增长 87.69％，最高增长达 500％；种植地理标志农产品的农民平均收入占其总收入的 38.78％，比注册前平均增长 75.39％，最高增长达 5 倍。①

　　同时，我们也看到很多生产者在使用地理标志的同时还会使用自己的商标。比如"涪陵榨菜"同是地理标志商标和地理标志产品，但是市场上销售的"涪陵榨菜"有乌江、太极、鱼泉、辣妹子等。于是消费者便看到市场上销售乌江牌"涪陵榨菜"、鱼泉牌"涪陵榨菜"等。对于生产厂家而言，可以选择只使用自己的商标，而不使用地理标志，那么产品的营销完全依靠自己来进行。但是一旦同时使用地理标志时，便可以借用地理标志形成的市场号召力进一步推广自己的商标，这样一来常常可以达到事半功倍的效果。在这种情形下，多个生产"涪陵榨菜"的企业便可以成为既相互合作又相互竞争的关系。

　　当然，仅仅成功申请地理标志并不意味着产品附加值的必然增加，是否能够增加还取决于地理标志使用者的运营能力。"绍兴黄酒"便是一个很好的例子。"绍兴黄酒"具有 2500 年悠久的历史，独特的地理环境与独特的工艺酿造出久负盛名的"绍兴黄酒"。"绍兴黄酒"的销量逐年递增，从 2005 年的330760 吨上升到 2012 年的 63.39 万千升，实现销售收入 52.69 亿元、税收 7.5亿元、利润 5.7 亿元。绍兴有酒厂 82 家，从业人员 1.3 万余名。其中黄酒集团、会稽山、塔牌、女儿红四家企业 2012 年产量 49 万千升、销售 43 亿元、利税9.42 亿元，占全市黄酒企业比重为 79.03％、82.6％、71.36％。出口 2 万千升，占全国出口量的 75％ 以上②。"绍兴黄酒"的成功主要依靠的是"政府—协会—企业"模式。从政府层面来看，2000 年 1 月 31 日，"绍兴黄酒"成为首个由国家质量监督检验检疫总局批准的以鉴湖水域为保护范围的"原产地域产品"。2000 年，绍兴市黄酒行业协会向国家工商行政管理总局申请注册的"绍兴黄酒""绍兴老酒"证明商标获得批准。从协会来看，统一由绍兴市黄酒行业协会负责地理标志的使用管理，该协会确立行业准入制度、建立质量控制机制、完善维权机制。从企业层面，龙头企业带动发展，共同推动绍兴黄酒产业的发

---

　　① "中国地理标志法律制度及成就"，国家工商行政管理总局商标局. http：//sbj. saic. gov. cn/dlbz/zsjt/201203/t20120312_ 124796. html。

　　② 李玉友、许坤：《绍兴撑起黄酒行业的信心》，华夏酒报，2013 年 5 月 30 日。

展。① 依靠这种机制，"绍兴黄酒"在与台湾黄酒的竞争中胜出，截至 2004 年，台湾黄酒已基本淡出日本市场，其市场占有率由过去的 80% 降至目前的 5.8%，而"绍兴黄酒"日本市场占有率则由过去的 20% 飙升至现在的 94.2%，几乎一统日本黄酒市场。② 其中，地理标志功不可没。这是因为当"绍兴黄酒"成为首批原产地域保护产品时，日本厂商马上公开宣称，以后没有原产地域产品保护标志的黄酒一律不买，于是台湾黄酒厂商很快便被挤下柜台。2004 年 5 月央视曾对绍兴湖塘酒厂生产劣质兑水黄酒进行曝光，这对"绍兴黄酒"的销售产生了重大影响。为此，绍兴 5 部门联合发布了《关于进一步完善黄酒质量监督管理体系的有关意见》等重要文件，要求各相关部门、黄酒生产企业进一步规范黄酒生产工艺、确保产品质量、强化企业管理、严格准入条件、加大监管力度。2006 年 1 月 16 日，国家质量监督检验检疫总局发布的黄酒产品质量最新国家抽查结果显示，绍兴黄酒产品不仅全部合格，在总局公布的十佳企业中，绍兴就有 3 家。"绍兴黄酒"通过地理标志不仅将其做成了绍兴的重要产业，而且依靠地理标志共度难关。

1.5.3 地理标志是增强产品市场竞争力的有效途径

通俗来讲，经济学上所说的产品的市场竞争力就是指该产品与市场上同类产品的优势。这种优势常常表现在两个方面：一是价格，二是质量。在价格相同的情况下，质量好的产品胜出；在质量相同的情况下价格低的产品胜出。这也是比较优势理论的重要体现。地理标志产品不仅能获得绝对优势，而且还可以获得差异化优势。正如前文所述，地理标志产品的特殊品质是由当地特有的地理环境因素所决定的，这也就意味着这一产品的特质具有不可复制性。因此，地理标志产品天然就具有绝对优势。这种绝对优势的另一方面表现在地理标志产品的差异化优势。

仅以大米为例，我国地大物博，出产大米的地方很多，能够成为地理标志产品的某种大米除了具备绝对优势外，与其他大米均是存在差别的。黑龙江的五大连池大米、宁夏大米、湖北钟祥大米便各有特色。五常大米的特点在于因

---

① 毛姗姗：《绍兴黄酒地理标志管理实践及启示》，中华商标，2012 年第 3 期，第 28 – 31 页。
② 绍兴黄酒赢得日本市场占有率 94.2%，商务部网站：http：//www. mofcom. gov. cn/article/resume/n/200409/20040900273938. shtml。

水稻成熟期产区昼夜温差大，大米中可速溶的双链糖积累较多，颗粒饱满、质地坚硬、色泽清白透明、饭粒油亮、香味浓郁。2013年，五常水稻种植面积历史性地突破200万亩，大米产量100万吨。[①] 宁夏大米的特点在于产量丰富，而且"粒圆、色洁、油润、味香"，蛋白质、脂肪含量尤高，用其蒸制的米饭洁白如脂、粒粒晶莹、黏而不腻、油润香口。2013年全年宁夏大米产量597,115吨，同比增长25.79%。钟祥大米因光能充足，雨量充沛，水土中含有丰富的滋补元素而使大米富含硒、锰、锶、钼、钾等多种微量元素。钟祥每年大米产量达25万吨。正是这些差别满足了不同消费者的需求，也给同种类的产品带来了不同的市场竞争力。

地理标志对产品市场竞争力的增强不仅体现在国内市场，而且体现在国际市场。地理标志原本是舶来品，在欧盟的大力推动下，地理标志保护日趋为各国政府所重视，地理标志也成为国际知识产权谈判、双边或多边贸易谈判中的焦点问题之一。因此，到国外申请地理标志越来越成为我国产品参与国际竞争的重要途径。

附录1

1. 山东省地理标志商标分布

编号	商标名称	注册人	注册号	商品
1	黄河乡西瓜	章丘市黄河乡西瓜协会	10126459	西瓜
2	文祖香椿	章丘市文祖镇香椿种植协会	10921192	香椿（新鲜蔬菜）
3	文祖花椒	章丘市锦屏山小杂粮协会	11126494	花椒（调味品）
4	商河老粗布	商河县老粗布协会	11113153	布
5	北宅樱桃	青岛市崂山区北宅樱桃协会	10281863	樱桃
6	泊里西施舌	胶南市渔业协会	10033640	贝壳类动物
7	烟台绿茶	烟台市茶叶协会	9467396	茶
8	牙山黑绒山羊	栖霞市畜牧协会	10864806	山羊（活的）

① 五常大米协会网站：http://www.wuchangdami.cc/page/html/intro.php，访问日期：2015年9月4日。

编号	商标名称	注册人	注册号	商品
9	云峰大樱桃	莱州市文峰果品协会	11056223	樱桃
10	金岭小米	招远市瓜菜协会	10043788	小米
11	莱州仙客来	莱州市仙客来协会	10688359	仙客来花
12	蓬莱海参	蓬莱市渔业协会	10637494	海参（非活）
13	蓬莱葡萄	蓬莱产区葡萄与葡萄酒商会	11106297	新鲜葡萄
14	乳山板栗	乳山市板栗协会	10516105	新鲜栗子
15	泰安煎饼	泰安市岱岳区泰安煎饼协会	11549973	煎饼
16	孔庄粉皮	肥城市王庄粉皮协会	10378393	粉皮
17	安山大米	东平县安山大米行业协会	10356709	大米
18	新泰芹菜	新泰市农村合作经济组织联合会	11040723	新鲜芹菜
19	日照金银花	日照市东港区金银花协会	11466415	金银花（中药材）
20	日照核桃	日照市东港区核桃种植协会	11466417	核桃（新鲜）
21	日照烤烟	日照市东港区烤烟协会	11466419	烟叶；烟丝
22	日照蚕茧	日照市东港区蚕业协会	11466421	蚕茧
23	日照刺参	岚山区岚山头街道浅海养殖协会	11466423	刺参（非活）
24	日照刀鱼	岚山区岚山头街道渔业技术协会	11466428	刀鱼（非活）
25	日照黑头鱼	岚山区岚山头渔业技术协会	11466426	黑头鱼（非活）
26	五莲苹果	五莲县苹果技术协会	10192001	苹果
27	五莲樱桃	五莲县松柏镇樱桃技术协会	10192002	樱桃
28	金乡百子鹅	金乡县畜牧养殖协会	11180906	鹅（活家禽）
29	金乡小米	金乡县富硒小米协会	11135855	小米
30	泗水西红柿	泗水县金庄镇瓜菜协会	9655619	西红柿
31	黄沟池藕	泗水县大黄沟乡莲藕协会	11319797	池藕
32	谢庄豆角	邹城市太平镇蔬菜协会	9701508	豆角（新鲜蔬菜）
33	金山大樱桃	邹城市看庄大樱桃协会	10516083	樱桃
34	柳下邑猪牙皂	邹城市看庄柳下邑猪牙皂协会	10934768	皂角（中药材）
35	灰埠大枣	邹城市大束镇灰埠大枣协会	10614571	鲜枣
36	邹城双孢菇	邹城市食用菌产业发展中心	9655634	新鲜蘑菇；鲜食用菌
37	济宁百日鸡	济宁市市中区济宁百日鸡养殖协会	10498660	活鸡
38	前海辣椒	兖州市绿源蔬菜产业协会	10934770	辣椒

（续）

编号	商标名称	注册人	注册号	商品
39	颜店肉鸭	兖州市肉鸭养殖技术协会	10934769	活鸭
40	曲阜楷雕	曲阜市旅游品行会	10934575	软木工艺品
41	梁山黑猪	梁山县大义和养猪协会	11577510	猪（活动物）
42	郯城杞柳	郯城县草柳编行业协会	8953343	杞柳
43	方城西瓜	临沂市兰山区绿农瓜菜种植协会	11220888	西瓜
44	高青黑牛	高青黑牛协会	11027327	黑牛肉
45	高青黑牛	高青黑牛协会	11027328	黑牛（活动物）
46	荆家实秆芹菜	桓台县荆家实秆芹菜种植协会	11474662	新鲜芹菜
47	桓台金丝鸭蛋	桓台县农村合作经济组织联合会	10921334	鸭蛋
48	消水蒜黄	沂源县悦庄镇农业综合服务中心	11077692	蒜黄
49	博山蓝莓	博山区水果协会	10573757	蓝莓（新鲜水果）
50	博山山楂	博山区山楂产业协会	11022630	山楂
51	博山连翘	博山区有机农产品行业商会	11022631	连翘（中药材）
52	博山板栗	博山区有机农产品行业商会	11022632	新鲜栗子
53	博山核桃	博山区有机农产品行业商会	11022633	核桃
54	青州柿果	青州市王坟有机农业专业合作社联合社	11346204	柿子
55	莱州湾鲈鱼	昌邑市水产养殖协会	11135145	鲈鱼（非活）
56	潍河口开凌梭	昌邑市水产养殖协会	11135146	梭鱼（非活）
57	昌邑原盐	昌邑市盐业协会	11384285	原盐
58	柘山花生	安丘市柘山镇山货协会	9595990	花生（果品）
59	诸城韭青	诸城市昌城镇农业综合服务中心	10729666	新鲜韭青
60	诸城韭黄	诸城市昌城镇农业综合服务中心	10729667	新鲜韭黄
61	诸城黄樱桃	诸城市桃林镇农业综合服务中心	11571360	新鲜樱桃
62	诸城草莓	诸城市贾悦镇农业综合服务中心	11571361	新鲜草莓
63	石桥子黑木耳	诸城市石桥子镇农业综合服务中心	11571362	木耳
64	九山板栗	临朐县九山镇果业协会	10893371	板栗
65	临朐酱菜	临朐县柳山镇酱菜协会	10815871	酱菜
66	沂山丹参	临朐县沂山镇大关村丹参协会	10880041	丹参
67	寿光大葱	寿光蔬菜产业协会	10800614	大葱
68	寿光樱桃西红柿	寿光蔬菜瓜果产业协会	11159591	樱桃西红柿

（续）

编号	商标名称	注册人	注册号	商品
69	寿光海盐	寿光市盐业协会	11159592	海盐
70	上口冰果	寿光蔬菜瓜果产业协会	11159589	冰果（新鲜水果）
71	桂河芹菜	寿光蔬菜瓜果产业协会	11159590	芹菜
72	莱州湾沙蚕	潍坊滨海经济技术开发区渔业协会	11624100	沙蚕（鲜活）
73	大家洼盐田卤虫	潍坊滨海经济技术开发区渔业协会	11624101	卤虫（鲜活）
74	莘县西瓜	莘县董杜庄镇西瓜协会	11651259	西瓜
75	临清大蒜	临清市大蒜协会	11570268	大蒜
76	成武大蒜	成武县天鸿大蒜协会	11041876	大蒜
77	曹范薄壳核桃	章丘市曹范优质农产品产业协会	12093931	新鲜的薄壳核桃
78	高官寨甜瓜	章丘市高官寨果蔬协会	12203190	甜瓜
79	小康金银花	章丘市相公庄镇小康村金银花协会	13098978	金银花
80	射垛板栗	章丘市垛庄镇板栗协会	12475852	新鲜栗子
81	胶南琅琊鸡	胶南市琅琊镇农业服务中心	10106543	鸡
82	里岔黑猪	胶州市里岔黑猪研究开发中心	12081281	活猪
83	里岔黑猪	胶州市里岔黑猪研究开发中心	12081282	猪肉等
84	莱州大竹蛏	莱州蓝色海洋水产技术研究所	13192919	蛏子（活的）
85	莱州对虾	莱州蓝色海洋水产技术研究所	13192920	虾（活的）
86	莱州文蛤	莱州蓝色海洋水产技术研究所	13192921	文蛤（活的）
87	沾化黑猪	沾化县畜牧养殖协会	11134503	猪
88	邹平香椿	邹平县红芽香椿产业协会	11830819	香椿
89	青阳小米	邹平县青阳小米产业协会	11830820	小米
90	渤海黑牛	无棣县渤海黑牛良种繁育协会	11394744	牛（活的）
91	肥城桃木雕刻	肥城市桃木雕刻协会	10143043	桃木工艺品
92	宁阳蟋蟀	宁阳县泗店镇蟋蟀产业协会	12577766	蟋蟀（活的）
93	许家桥大白菜	宁阳县泗店镇蔬菜协会	12577764	大白菜
94	泰山赤鳞鱼	泰安市水产研究所	12446535	活鱼
95	泰山板栗	泰安市岱岳区下港乡特色农产品产业协会	13066668	新鲜栗子
96	大羊薄皮核桃	东平县核桃发展协会	11531568	核桃（坚果）
97	楼德煎饼	新泰市楼德镇煎饼协会	12412410	煎饼

（续）

编号	商标名称	注册人	注册号	商品
98	徂徕黄金梨	泰安市岱岳区徂徕镇果树农民经济协会	11549972	梨
99	泰安黄芽白菜	泰安市岱岳区岱绿特蔬菜协会	13066669	大白菜（新鲜蔬菜）
100	泰安大白菜	泰安市岱岳区岱绿特蔬菜协会	13066670	大白菜（新鲜蔬菜）
101	伏里土陶	枣庄市伏里土陶研究协会	11226430	陶器等
102	金乡白梨瓜	金乡县胡集白梨瓜协会	12652788	甜瓜
103	汶上牛蒡	汶上县军屯乡农业技术推广协会	13037096	牛蒡（药材）
104	柘沟土陶	泗水柘沟镇陶文化协会	10979264	陶器
105	泗水粉条	泗水县地瓜制品产业协会	12370637	粉条
106	泗水苹果	泗水县圣水峪镇北东野苹果种植专业协会	12765800	苹果
107	泗水豇豆	泗水县优质农产品协会	12765802	豇豆
108	泗水核桃	泗水县金庄镇核桃协会	12765803	核桃（新鲜水果）
109	微山湖乌鳢	微山县渔业协会	12475921	活鱼
110	微山湖河蚌	微山县渔业协会	12475922	活河蚌
111	微山湖甲鱼	微山县渔业协会	12475923	活甲鱼
112	微山湖大闸蟹	微山县渔业协会	12475924	活蟹
113	微山湖四鼻鲤鱼	微山县渔业协会	12475925	活鱼
114	微山湖田螺	微山县渔业协会	12682126	活田螺
115	微山湖鲫鱼	微山县渔业协会	12682127	活鲫鱼
116	微山湖鳜鱼	微山县渔业协会	12682128	活鳜鱼
117	微山湖青虾	微山县渔业协会	12682129	活青虾
118	两城大蒜	微山县两城镇大蒜种植协会	12682125	大蒜
119	香城酥梨	邹城市香城镇农业综合服务中心	13019563	梨
120	城前金银花	邹城市城前镇茶叶协会	11831382	金银花
121	城前核桃	邹城市城前镇农副产品协会	11831383	核桃（新鲜的）
122	看庄土豆	邹城市看庄土豆协会	9949057	鲜土豆
123	长沟葡萄	济宁市任城区长沟镇农产品协会	11135856	新鲜葡萄
124	兖州干辣椒	辣椒（调味品）	12652789	辣椒（调味品）
125	北山大枣	曲阜市吴村镇农业综合服务站	13072966	枣（新鲜的）

（续）

编号	商标名称	注册人	注册号	商品
126	曲阜香稻	曲阜市鲁城街道南泉香稻协会	12176847	米
127	曲阜熏豆腐	曲阜市孔府菜研究会	12176848	熏豆腐；豆腐制品
128	磊石桂花	临沂高新区磊石桂花协会	12234979	桂花树
129	莱芜鸡腿葱	莱芜市鸡腿葱协会	13105546	大葱（新鲜蔬菜）
130	德州黑陶	德州黑陶文化产业协会	12058082	黑陶
131	高青桑葚	高青县桑蚕协会	13036060	新鲜桑葚
132	高青黄河鲤鱼	高青县渔业协会	13104920	鱼（非活）
133	高青黄河鲤鱼	高青县渔业协会	13104921	鲤鱼（活的）
134	沂源大樱桃	沂源县燕崖镇农业综合服务中心	13019507	樱桃
135	柳店韭菜	临淄齐陵有机蔬菜种植协会	11395812	新鲜韭菜
136	青州辣椒	青州市久富优质农产品开发服务协会	12484673	辣椒
137	青州仙客来	青州市黄楼街道花卉协会	12507817	仙客来花
138	石桥子大姜	诸城市石桥子镇农业综合服务中心	13161698	新鲜生姜
139	诸城辣丝子	诸城市果品蔬菜协会	13161699	腌制蔬菜
140	临朐柿饼	临朐县五井镇柿饼协会	12571594	柿饼
141	临朐板栗	临朐县寺头镇板栗协会	12571595	板栗（鲜水果）
142	临朐大樱桃	临朐县大樱桃协会	12530949	樱桃
143	临朐山楂	临朐县辛寨镇石家峪村果品协会	12735873	山楂（鲜水果）
144	临朐佛手瓜	临朐县佛手瓜协会	12735874	佛手瓜（新鲜蔬菜）
145	临朐香椿	临朐县寺头镇果蔬协会	12735875	香椿（新鲜蔬菜）
146	临朐柿饼	临朐县五井镇柿饼协会	12571594	柿饼
147	沂山板栗	临朐县沂山镇果业协会	11803481	板栗
148	寿光小枣	寿光蔬菜瓜果产业协会	11687631	鲜枣
149	寿光韭黄	寿光蔬菜瓜果产业协会	11687632	韭黄
150	寿光小黄瓜	寿光蔬菜瓜果产业协会	12293484	新鲜小黄瓜
151	寿光胡萝卜	寿光蔬菜瓜果产业协会	12293486	新鲜胡萝卜
152	昌乐西瓜	昌乐县瓜菜协会	11886264	西瓜
153	高家河苦菊	昌乐县城关街道高家河社区苦菊协会	12338708	新鲜苦菊
154	昌乐香李	昌乐县朱刘农副产品协会	12642518	李子（新鲜水果）
155	丁马甲鱼	临清市魏湾镇甲鱼养殖协会	11735245	甲鱼（活）

（续）

编号	商标名称	注册人	注册号	商品
156	冠县辣椒	冠县优质农产品协会	11442122	辣椒（新鲜蔬菜）
157	冠县鸭梨	冠县优质农产品协会	11264782	梨
158	冠县樱桃	冠县优质农产品协会	12370638	樱桃
159	冠县灵芝	冠县优质农产品协会	12370639	灵芝
160	茌平圆铃大枣	茌平县优质农产品协会	11898326	枣
161	肖庄韭薹	茌平县优质农产品协会	12530948	韭薹（新鲜蔬菜）
162	东阿小麦	东阿县粮食行业协会	8101891	小麦
163	阳谷黑猪	阳谷县黑猪养殖销售协会	13254600	猪（活动物）
164	成武大蒜	成武县天鸿大蒜协会	12652787	蒜片（干蔬菜）
165	曹县芦笋	曹县芦笋协会	11742120	芦笋
166	鄄城鲁锦	鄄城县鲁锦协会	12153730	锦缎（布料）
167	官道小米	莱西市官道小米协会	13932102	小米
168	蓬莱苹果	蓬莱市绿色农业协会	12355712	苹果
169	博兴西红柿	博兴县保健蔬菜协会	11531727	西红柿
170	宁阳桥白	宁阳县泗店镇蔬菜协会	12577765	大白菜
171	彭集花生	东平县彭集街道花生产业协会	11668356	新鲜花生
172	楼德煎饼	新泰市楼德镇煎饼协会	13624036	煎饼
173	日照红茶	日照市岚山区农业技术服务协会	13198463	茶
174	泗水粉皮	泗水县地瓜制品产业协会	13564885	粉皮
175	泗水板栗	泗水县泗张镇优质农产品协会	12765801	板栗（新鲜水果）
176	北渐兴水萝卜	邹城市久富优质农产品种植协会	13518567	萝卜（新鲜的）
177	济宁青山羊	济宁市畜牧站	12279569	羊（活动物）
178	梁山麻鸭	梁山县优质农产品推广协会	11871589	鸭（活家禽）
179	梁山蚕白杏	梁山县鲁梁农畜产业协会	13377545	杏
180	德州黑陶	德州黑陶文化产业协会	12058082	陶器
181	昌邑小干鱼	昌邑市水产养殖协会	12929139	鱼（非活）
182	昌邑文蛤	昌邑市水产养殖协会	12929140	蛤蜊（活的）
183	昌邑草莓	昌邑市都昌街道草莓种植业协会	12929137	新鲜草莓
184	昌邑老面大饽饽	昌邑市面食协会	12929138	馒头
185	石堆伏梨	安丘市石堆镇桃园官庄果蔬协会	12900082	梨

（续）

编号	商标名称	注册人	注册号	商品
186	两河大蒜	安丘市官庄镇农业综合服务中心	12900083	新鲜大蒜
187	两城小茴	微山县微山湖经济开发促进会	14081992	茴香子
188	南四湖菱角	微山县微山湖经济开发促进会	14081989	菱角（干）；菱角米（干）
189	微山湖莲藕	微山县微山湖经济开发促进会	14081990	莲藕（食用植物根）
190	微山湖莲子	微山县微山湖经济开发促进会	14081991	莲子
191	微山苇编	微山县微山湖经济开发促进会	14081994	苇席
192	微山湖大水蛭	微山县微山湖经济开发促进会	14081988	医用水蛭
193	石埠子樱桃	安丘市石埠子镇樱桃协会	12830008	新鲜樱桃
194	石埠子草莓	安丘市石埠子镇樱桃协会	12830009	新鲜草莓
195	柳山寨西瓜	临朐县柳山镇西瓜协会	12734342	西瓜
196	寿光绿实杆芹菜	寿光蔬菜瓜果产业协会	13742777	芹菜（新鲜的）
197	寿光香瓜	寿光蔬菜瓜果产业协会	13742778	香瓜
198	临清大尾寒羊	临清大尾寒羊养殖协会	13889567	大尾寒羊（活的）
199	临清狮猫	临清狮猫品种保护与开发协会	13889568	狮猫
200	阳谷鲁西黑头羊	阳谷县畜禽养殖协会	13193097	活羊
201	阳谷小尾寒羊	阳谷县畜禽养殖协会	13193098	活羊
202	高唐老豆腐	高唐县优质特色产品协会	12093819	豆腐制品
203	高唐驴肉	高唐县优质特色产品协会	12093820	驴肉
204	单县罗汉参	单县罗汉参产业协会	13518568	罗汉参（香芋）（食用植物根）
205	章丘大葱	章丘市大葱产业协会	1299947	大葱
206	平阴玫瑰	平阴县玫瑰产业协会	7675712	玫瑰
207	平阴玫瑰红苹果	平阴县特色养生农副产品产销协会	9678460	苹果
208	仁风西瓜	济阳县仁风镇西瓜协会	7657102	西瓜
209	明水香米	章丘市明水香米协会	8044087	米
210	龙山黑陶	章丘市龙山黑陶产业协会	8174115	黑陶器
211	黄河乡鲤鱼	章丘市黄河乡淡水养殖协会	9987737	鲤鱼（活鱼）
212	唐王道口大白菜	济南市历城区唐王白菜产业协会	8288156	白菜
213	张坊核桃	商河县张坊乡核桃种植协会	8357459	核桃

（续）

编号	商标名称	注册人	注册号	商品
214	沙河莲藕	商河县沙河乡莲藕种植专业协会	8288155	莲藕
215	商河大蒜	商河县农产品协会	8323653	大蒜
216	路家珍珠红西瓜	商河县郑路镇路家西瓜种植协会	9975908	西瓜
217	马山栝楼	长清区马山栝楼协会	8265885	栝楼（中药材）
218	崔寨香瓜	济阳县崔寨镇香瓜协会	8513814	香瓜
219	垛石番茄	济阳县垛石镇蔬菜协会	8526933	番茄
220	济阳水晶梨	济阳县水晶梨种植协会	8581109	梨
221	明水白莲藕	章丘市明水蔬菜产业协会	8693662	莲藕
222	章丘鲍芹	章丘市辛寨鲍家芹菜产业协会	8762358	芹菜（新鲜蔬菜）
223	李桂芬梨	商河县殷巷镇李桂芬梨种植协会	9113028	梨
224	河沟西瓜	商河县孙集乡河沟村西瓜协会	9113030	西瓜
225	商河魁王金丝小枣	商河县殷巷镇魁王金丝小枣种植协会	9113029	鲜枣
226	胶州大白菜	胶州市大白菜协会	4428350	白菜
227	崂山茶	青岛崂山茶协会	5143935	茶
228	大泽山葡萄	平度市大泽山葡萄协会	5136763	鲜葡萄
229	崂山茶	青岛崂山茶协会	5626863	茶
230	胶南绿茶	胶南市茶叶协会	8075390	茶
231	里岔黑猪	胶州市里岔黑猪研究开发中心	8804592	活猪
232	里岔黑猪	胶州市里岔黑猪研究开发中心	8804593	猪肉等
233	莱阳梨	莱阳市果树技术指导站	1219975	梨
234	莱阳五龙鹅	莱阳市照旺庄畜牧兽医工作站	9011074	鹅
235	莱阳五龙鹅	莱阳市照旺庄畜牧兽医工作站	9011075	鹅（非活的）
236	烟台大樱桃	烟台市大樱桃协会	6765230	樱桃
237	烟台苹果	烟台市苹果协会	6049534	苹果
238	莱州梭子蟹	莱州市渔业协会	5567422	梭子蟹（活的）
239	海阳白黄瓜	海阳市蔬菜协会	6137068	白黄瓜
240	莱州月季	莱州市花卉协会	7261778	月季花；月季苗木
241	长岛鲍鱼	长岛县渔业协会	7366847	鲍鱼（活的）
242	长岛海参	长岛县渔业协会	7366848	海参（活的）

（续）

编号	商标名称	注册人	注册号	商品
243	长岛海参	长岛县渔业协会	7366849	海参（非活）
244	长岛扇贝	长岛县渔业协会	7602741	扇贝（活的）
245	长岛海带	长岛县渔业协会	7602742	海带
246	长岛海胆	长岛县渔业协会	7602743	海胆（活的）
247	栖霞苹果	栖霞市苹果产业信息与技术协会	4532563	苹果
248	莱州大粒盐	莱州市诚源盐化研发中心	7315010	原盐；工业用盐
249	莱州大姜	莱州市大姜协会	7937492	大姜
250	官地洼西瓜	招远市瓜菜协会	8332342	西瓜
251	西罗家铁把瓜	招远市瓜菜协会	8332343	甜瓜
252	臧家草莓	招远市瓜菜协会	10147664	草莓
253	莱州草编	莱州市莱艺草艺品研究所	8533245	草编织物（草席除外）；草织物；草编制品（不包括鞋、帽、席、垫）
254	莱州毛笔	莱州市文峰毛笔研究所	8533244	毛笔
255	莱州玉雕	莱州市莱玉雕刻艺术研究所	8735197	玉石雕刻艺术品
256	莱州面塑	莱州面塑艺术协会	9888700	面塑工艺品
257	福山大樱桃	烟台市福山区农副产品销售协会	9131947	樱桃
258	荣成海带	荣成市渔业协会	4229043	海带
259	荣成大花生	荣成市花生协会	4229044	加工过的花生
260	乳山牡蛎	乳山市水产养殖协会	5567446	牡蛎（非活）
261	威海刺参	威海市海参产业协会	6283638	海参（非活）
262	威海无花果	威海经济技术开发区泊于果树技术推广站	5970640	无花果（鲜水果）
263	乳山大姜	乳山市大姜生产技术协会	6650121	生姜
264	阳信鸭梨	山东阳信鸭梨研究所	3233659	鸭梨
265	沾化冬枣	沾化县冬枣研究所	3297888	鲜枣
266	沾化洼地绵羊	沾化县畜牧养殖协会	8549335	绵羊
267	沾化虾皮	沾化县渔业协会	8947778	虾皮
268	沾化虾酱	沾化县渔业协会	9612713	虾酱

（续）

编号	商标名称	注册人	注册号	商品
269	沾化白山羊	沾化县畜牧养殖协会	9888718	山羊
270	长山山药	邹平县长山山药产业协会	8465182	山药
271	无棣驴	无棣县渤海黑牛良种繁育协会	9022755	驴（活的）
272	肥城	山东省肥城桃开发总公司	1687897	桃
273	宁阳大枣	宁阳县林果协会	8966151	干枣
274	峄城石榴	峄城区石榴产销协会	5764306	石榴
275	山亭火樱桃	枣庄市山亭区绿色农资推广应用协会	6150665	樱桃
276	滕州马铃薯	滕州市有机农业发展协会	6022426	鲜土豆
277	峄县大枣	枣庄市峄城区峄县大枣技术推广协会	7739636	鲜枣
278	日照绿茶	日照市东港区茶叶技术协会	2016491	茶
279	日照蓝莓	日照市东港区蓝莓协会	9489499	蓝莓
280	日照西施舌	日照市东港区西施舌增养殖协会	9684861	海蛤
281	日照黑木耳	日照市东港区黑木耳种植协会	9684862	黑木耳
282	日照黑陶	日照市东港区黑陶研究与发展协会	9684863	黑陶
283	日照虾皮	日照市东港区虾皮产销协会	9684864	虾皮
284	莒县大姜	莒县有机大姜协会	8382741	大姜
285	莒县大姜	莒县有机大姜协会	8382742	大姜
286	莒县绿芦笋	莒县绿芦笋标准化种植联合会	8814188	绿芦笋
287	莒县丹参	莒县库山中药材协会	9489486	丹参
288	金乡大蒜	金乡县大蒜协会	1607993	大蒜
289	汶上芦花鸡	汶上县畜牧协会	6646832	活芦花鸡
290	鱼台大米	鱼台大米产业协会	7423722	大米
291	嘉祥石雕	嘉祥县石雕文化产业协会	8426318	石头、混凝土或大理石艺术品等
292	泗水地瓜	泗水县地瓜协会	8462071	鲜地瓜
293	泗水绿豆	泗水县绿豆协会	8777759	绿豆（未加工的）
294	泗水小麦	泗水县小麦协会	9026528	小麦
295	泗水西瓜	泗水县杨柳镇西里仁瓜菜协会	9395026	西瓜
296	泗水花生	泗水县花生协会	9694400	花生（果品）
297	泗水裘皮羊	泗水县畜禽良种推广协会	9460480	活羊

（续）

编号	商标名称	注册人	注册号	商品
298	泉林鸭	泗水县泉林镇家禽养殖协会	9717163	鸭（活家禽）
299	微山麻鸭蛋	微山县养鸭协会	9091503	皮蛋；咸蛋
300	微山麻鸭	微山县养鸭协会	9091504	鸭（非活的）
301	微山麻鸭	微山县养鸭协会	9091505	活麻鸭
302	香城山楂	邹城市香城镇果蔬协会	9473738	山楂（鲜水果）
303	城前越夏西红柿	邹城市城前镇西红柿种植协会	9707394	西红柿
304	城前板栗	邹城市城前镇十八趟果蔬协会	9707398	板栗
305	石墙核桃	邹城市石墙核桃产销协会	9541064	核桃
306	苍山大蒜	苍山县蔬菜发展管理局	3129811	大蒜
307	郯城银杏	郯城县银杏产业发展中心	6788735	新鲜银杏
308	平邑金银花	平邑县金银花标准化种植协会	7128692	金银花
309	天宝山山楂	平邑县地方镇水果种植协会	8972158	山楂片；山楂罐头；炖熟的山楂；糖葫芦；炒制的山楂
310	莒南板栗	莒南县板栗产业发展中心	8248746	板栗
311	临沭柳编	临沭县柳编工艺品商会	8191352	柳条制品；柳编织工艺品
312	沂南黄瓜	沂南县孔明蔬菜标准化生产协会	8357861	黄瓜
313	蒙阴蜜桃	蒙阴县果业协会	8496859	桃
314	沂州海棠	临沂市沂州海棠花卉研究所	8680833	花
315	武台黄桃	平邑县武台镇农业技术推广站	8567437	黄桃
316	武台黄桃	平邑县武台镇农业技术推广站	8624703	黄桃罐头
317	沙沟芋头	临沂市罗庄区册山沙沟芋头协会	9132953	新鲜芋头
318	塘崖贡米	临沂市罗庄区高都街道办事处农业综合服务中心	9242176	大米
319	费县山楂	费县山楂协会	9988012	山楂
320	蒙山板栗	费县薛庄镇板栗协会	9988011	新鲜栗子
321	莱芜生姜	莱芜市莱城区三辣一麻商会	5713863	新鲜生姜
322	莱芜黑猪	莱芜市畜牧兽医协会	6720728	活猪
323	乐陵小枣	乐陵市金丝小枣管理中心	3172968	鲜枣

（续）

编号	商标名称	注册人	注册号	商品
324	德州西瓜	德州西瓜产业协会	7491060	西瓜
325	武城西瓜	武城县蔬圃瓜菜种植专业合作社	7557912	西瓜
326	武城辣椒	武城县辣椒制品研发检测服务中心	8204861	辣椒
327	李家户蘑菇	李家户乡食用菌协会	9363106	蘑菇
328	陵县西葫	陵县品质蔬菜协会	8148721	西葫芦
329	夏津椹果	夏津县黄河故道果品产业协会	8468728	椹果
330	德州驴	德州驴产业协会	8696595	驴
331	庆云大叶香菜	庆云县春满田园蔬菜协会	8488817	香菜
332	高青大米	高青县绿色农产品协会	6483073	大米
333	高青西瓜	高青县中农绿色食品协会	8123260	西瓜
334	高青西红柿	高青县中农绿色食品协会	8921644	西红柿
335	淄博陶瓷	山东陶瓷工业协会	7292364	瓷器等
336	博山琉璃	博山琉璃商会	7395041	琉璃艺术品等
337	池上桔梗	博山区池上桔梗协会	7395042	新鲜桔梗菜
338	张庄香椿	淄博市农业综合开发有机食品协会	7309590	香椿（新鲜蔬菜）
339	淄博池梨	淄博市淄川淄河池梨协会	8000039	梨
340	沂源苹果	沂源县生态农业与农产品质量管理办公室	7103701	苹果
341	博山金银花	博山区金银花产业协会	8249574	金银花
342	荆家四色韭黄	桓台县荆家四色韭黄种植协会	8328047	韭黄（新鲜蔬菜）
343	新城细毛山药	桓台县新城细毛山药协会	9424078	细毛山药（新鲜蔬菜）
344	悦庄韭菜	沂源县悦庄韭菜协会	8434739	韭菜
345	临淄西葫芦	临淄区皇城镇绿色蔬菜产销协会	8426316	西葫芦
346	临淄西红柿	临淄区皇城镇绿色蔬菜产销协会	8426317	西红柿
347	博山草莓	博山区博山镇有机农产品协会	9424079	新鲜草莓
348	博山韭菜	博山区博山镇有机农产品协会	9424080	韭菜（新鲜蔬菜）
349	博山猕猴桃	博山区有机猕猴桃产业协会	9424081	猕猴桃
350	青州银瓜	青州市农村合作经济组织联合会	6855393	甜瓜
351	青州蜜桃	青州市蜜桃协会	7538715	桃

（续）

编号	商标名称	注册人	注册号	商品
352	青州山楂	青州市山楂协会	9404265	山楂
353	昌邑大对虾	昌邑市水产养殖协会	7478605	虾（活的）
354	昌邑大对虾	昌邑市水产养殖协会	7478606	虾（非活的）
355	昌邑虾皮	昌邑市水产养殖协会	8829050	虾（非活的）
356	昌邑大姜	昌邑市大姜协会	8204416	生姜（新鲜的）
357	昌邑土豆	昌邑市马铃薯产业推广中心	9997407	鲜土豆（马铃薯）
358	山阳大梨	昌邑山阳大梨协会	9319936	梨
359	潍河银鱼	昌邑市水产养殖协会	9763346	银鱼（非活）
360	四孔潍鲤	昌邑市水产养殖协会	9763347	活鱼（鲤鱼）
361	安丘大姜	安丘市瓜菜协会	6886205	姜
362	诸城绿茶	诸城市茶叶协会	7910252	茶
363	诸城板栗	诸城市昌城镇板栗协会	9620268	新鲜栗子
364	寺头红香椿	临朐县寺头镇红香椿协会	8264562	香椿
365	寺头山楂	临朐县寺头镇山楂协会	9413632	山楂
366	九山苹果	临朐县九山镇果业协会	9542094	苹果
367	朱虚城芹菜	临朐县柳山镇芹菜协会	9899468	芹菜
368	五井黑山羊	临朐县五井镇黑山羊协会	9785318	黑山羊
369	临朐烤烟	临朐县烤烟协会	10227083	烟草；烟丝；烟末
370	寿光韭菜	寿光蔬菜产业协会	7993198	韭菜
371	寿光鸡	寿光市寿光鸡保护发展协会	10008689	活鸡
372	潍县萝卜	寒亭区潍县萝卜研发中心	8639148	萝卜（新鲜的）
373	胶河土豆	高密市柏城镇土豆协会	9735520	鲜土豆
374	老河口白蛤蜊	潍坊滨海经济技术开发区渔业协会	10064162	白蛤蜊（鲜活）
375	老河口牡蛎	潍坊滨海经济技术开发区渔业协会	10064163	牡蛎（鲜活）
376	莘县香瓜	莘县绿色蔬菜发展协会	6951437	香瓜
377	莘县蘑菇	莘县绿色蔬菜发展协会	6951438	鲜食用菌
378	花官蒜薹	广饶县花官大蒜协会	8957745	蒜薹
379	花官大蒜	广饶县花官大蒜协会	8957746	大蒜
380	东明西瓜	东明县西瓜协会	10106790	西瓜

2. 重庆市三种地理标志申请情况

编号	农产品地理标志	地理标志（商标）	地理标志产品
1		涪陵榨菜	涪陵榨菜
2		奉节脐橙	奉节脐橙
3		石柱黄连	石柱黄连
4		江津花椒	江津花椒
5		合川桃片	合川桃片
6		南川方竹笋	南川方竹笋
7		酉阳青蒿	酉阳青蒿
8		永川豆豉	永川豆豉
9		万县红桔	万州（县）红桔
10		忠州豆腐乳	忠州豆腐乳
11		丰都栗子大米	永川双宫丝
12		虎城尖柚	鱼泉榨菜
13	璧山儿菜	璧山儿菜	忠县柑橘
14	静观腊梅	静观腊梅	
15	巫溪洋芋	巫溪洋芋	
16	南川大树茶	南川大树茶	
17	万州罗田大米	万州罗田大米	
18	垫江白柚	垫江白柚	
19	城口山地鸡	城口山地鸡	
20	武隆高山白菜	武隆高山白菜	
21	南川鸡	南川鸡	
22	太和胡萝卜	垫江丹皮	
23	合川湖皱丝瓜	合川峡砚	
24	故陵椪柑	合川肉片	
25	南山腊梅	合川丝瓜	
26	礄上萝卜	松溉健康醋	
27	青草坝萝卜	松溉盐花生	
28	彭水苏麻	临江儿菜	
29	城口太白贝母	沧沟西瓜	
30	城口洋芋	大宁党参	

（续）

编号	农产品地理标志	地理标志（商标）	地理标志产品
31	城口核桃	南川金佛山杜鹃	
32	渝北梨橙	南川金佛山银杉	
33	潼南萝卜	南川金佛山银杏	
34	潼南罗盘山猪	垫江咂酒	
35	云阳红橙	云阳小苗	
36	南川金佛玉翠茶	鱼洞乌皮樱桃	
37	永川莲藕	黑山谷糯玉米	
38	白马蜂蜜	黑山谷葡萄	
39	罗盘山生姜	黑山谷樱桃	
40	武隆高山甘蓝	黑山谷草莓	
41	武隆高山马铃薯	江津百合	
42	开县锦橙	北碚红豆杉	
43	南川米	跳磴火葱	
44	江津广柑	大足冬菜	
45	武隆高山辣椒	保合梨橙	
46		董家花椒	
47		梁平木版年画	
48		梁平山羊	
49		万州柠檬	
50		万州山胡椒	
51		万州山胡椒	
52		万州玫瑰香橙	
53		荣昌陶器	
54		合川葛	
55		合川葛	
56		合川东山坪葡萄	
57		合川东山坪血橙	
58		合川凤山米	
59		五间西瓜	
60		武隆板角山羊	

（续）

编号	农产品地理标志	地理标志（商标）	地理标志产品
61		开县冰薄月饼	
62		水江黑猪	
63		垫江藠头	
64		垫江藠头	
65		石滩大米	
66		彭水龟池大米	
67		彭水雷公盖白菜	
68		彭水黑山羊	
69		彭水七跃山蜂蜜	
70		彭水油茶	
71		彭水大脚菌	
72		彭水苦荞	
73		彭水生姜	
74		彭水高粱	
75		彭水马铃薯	
76		彭水西瓜	
77		彭水辣椒	
78		彭水紫苏油	
79		彭水小米花生	
80		彭水雷公盖萝卜	
81		靛水萝卜干	
82		黑山谷花椒	
83		赶水草蔸萝卜	
84		綦江辣椒	
85		綦江木瓜	
86		璧山葡萄	
87		庆隆梨	
88		金凤烤羊	
89		城口蜂蜜	

（续）

编号	农产品地理标志	地理标志（商标）	地理标志产品
90		酉阳茶油	
91		万州猕猴桃	
92		南川金佛山珙桐	
93		彭水山地黄牛	
94		彭水晶丝苕粉	
95		彭水黄豆	
96		江津石蟆橄榄	
97		岚峰黄花	
98		FULING ZHACAI	
99		涪陵青菜头	
100		涪陵龙眼	
101		涪陵红心萝卜	
102		涪陵黑猪	
103		城口老腊肉	
104		城口山地鸡	
105		大足黑山羊	
106		大足黑山羊	
107		石柱长毛兔	
108		长寿沙田柚	
109		长寿夏橙	
110		酉州乌羊	
111		麻旺鸭	
112		丰都龙眼	
113		丰都肉牛	
114		丰都肉牛	
115		丰都红心柚	
116		丰都锦橙	
117		丰都榨菜	
118		梁平柚	

（续）

编号	农产品地理标志	地理标志（商标）	地理标志产品
119		梁平寿竹	
120		梁平竹帘	
121		万县胭脂鱼	
122		荣昌猪	
123		荣昌猪	
124		秀山金银花	
125		秀山土鸡	
126		秀山土鸡	
127		秀山白术	
128		合川黑猪	
129		合川白山羊	
130		合川白山羊	
131		永川秀芽	
132		永川水花	
133		黄瓜山梨	
134		松溉盐白菜	
135		永川皮蛋	
136		武隆高山萝卜	
137		武隆猪腰枣	
138		开县龙珠茶	
139		开县木香	
140		开县春橙	
141		开县水竹凉席	
142		大宁河鸡	
143		巫溪洋芋	
144		巫溪红三叶	
145		南川鸡蛋	
146		南川金佛山中华蜜蜂	
147		南川玄参	

（续）

编号	农产品地理标志	地理标志（商标）	地理标志产品
148		南川贡米	
149		荣昌夏布	
150		垫江牡丹	
151		巫山庙党	
152		巫山魔芋	
153		云阳白山羊	
154		云阳白山羊	
155		云阳桐油	
156		五布柚	
157		彭水魔芋	
158		彭水苗家土鸡	
159		黑山谷方竹笋	
160		黑山谷猕猴桃	
161		江津白酒	
162		璧山来凤鱼	
163		忠县苎麻	
164		铜梁葛粉	
165		铜梁使君子	
166		增福土鸡	
167		涪陵水牛	
168		渝东黑山羊	
169		黔江金溪红心猕猴桃	
170		涪陵白茶	
171		倒流水豆腐干	
172		长寿血豆腐	
173		奉节白肋烟	
174		梁平竹笋	
175		梁平甜茶	
176		荣昌白鹅	

（续）

编号	农产品地理标志	地理标志（商标）	地理标志产品
177		荣昌白鹅	
178		秀山黄花	
179		秀山黄花	
180		秀山豆腐乳	
181		西州乌羊	
182		西阳贡米	
183		奉节脐橙（图）	

第2章 我国地理标志的保护体系

2.1 我们如何保护地理标志

目前，多数国家均对地理标志予以保护，只是在保护的方式上略有不同。概括起来，地理标志主要有三种保护方式：

1. 专门法保护方式

这种保护方式是指制定专门的地理标志立法来保护地理标志。普遍认为，这是一种保护力度大、保护水平高的方式。采用这种保护方式的典型代表为法国。法国被认为是地理标志保护的发源地，其保护地理标志的立法始于1905年。在法国，地理标志的保护是以原产地名称保护为核心的。1919年5月6日，法国颁布了《原产地名称保护法》（后改为《地理标志法》），随后又颁布了《关于保护葡萄酒市场和受控制的原产地名称法令》《第66-482号法令》等，共同建立起法国的地理标志注册与保护制度。

法国将原产地名称界定为：具有独特风格的产品，其独特风格来源于它的地理位置，包括能够形成其特性和个性的地质、土壤、气候、技术和人文因素。法国设立了国家原产地名称局（INAO, Institute Nationaledes Appellatiomd'Origin）负责原产地名称的确认、区域限定、生产标准的制定以及原产地名称的发展和推广。该局下设3个委员会，分别是葡萄酒和烈酒国家委员会、奶制品国家委员会、除葡萄酒和奶制品以外的农业食品国家委员会。该局只接受行业协会的申请，因此要申请原产地名称需要先成立相应的行业协会。法国十分重视对原产地名称的保护，其对申请资料的审查设定了一个特别程序。即当局收到申请文件后，要经过不同级别的部门和委员会的连续审查，同时还会成立一个由国家委员会成员和来自所涉地区之外的专家组成调查委员会。该委员会在调查后应当起草一份报告，在确定地理区域的界限时，调查委员会应当听取相关领域专家的意见；调查委员会在报告中提出申请应否被接受，并最终确定有关的生产条件。①

2. 商标法保护方式

地理标志与商标的共同之处在于具有识别功能，因此很多国家将地理标志作为商标的一种，运用商标法进行保护。但是地理标志与普通商标又有明显不同，因此多数国家以集体商标，特别是证明商标的方式保护地理标志。采用这种保护方式的典型国家是美国。美国对地理标志的保护始于1946年颁布的《兰哈姆法》。美国负责地理标志申请的是专利商标局（U. S. Patent and Trademark Office，USPTO）。证明商标是指对提供的商品或服务的来源、原料、制作方法、质量、精密度或其他特点具有保证意义的一种标志，又称为保证商标。这种商标一般由商会或其他团体申请注册，申请人对商标的指定商品或服务具有检验能力，并负保证责任。集体商标是由社团、协会或其他合作组织申请注册，用以表示该组织及其成员身份的标志；由其组织成员使用于商品或服务项目上，以区别非成员所提供的商品或服务，该种商标称为集体商标。

美国采用证明商标和集体商标保护地理标志的实例包括"佛罗里达橙""爱达荷土豆""纳帕溪谷葡萄酒""华盛顿州苹果"，通过商标法使其免受不公平竞争和商标侵权的损害。至于国外的地理标志，美国通过地理标志证明商标体系，把国外的地理标志认证为证明商标，再通过美国商标法律进行保护。为了防止地理名称在商标注册领域内的滥用，美国商标法对以地理名称注册商标进行了严格限制，不保护对于商品、服务具有一般性的地理词汇或图案。证明商标和集体商标并不具有垄断性和独占性，任何其他公司或个人，如果达到了上述商标所具备的条件，均可以向持有人提出申请使用上述商标。②

3. 混合保护方式

地理标志的混合保护即同时采用两种或以上的立法保护地理标志，或者也可以说是专门立法与商标法保护模式的结合。韩国和中国是双重保护方式的典型代表。韩国对农产品和鱼类产品采用地理标志保护，同时所有的产品都可以采用商标保护。

综上可以看出，各国在选择地理标志保护制度时大多从本国利益出发。如

---

① 董景山著：《农产品地理标志保护制度研究》，北京：知识产权出版社，2013年5月第1版，第70页。

② 参见张琦：《美国地理标志保护体系简介》，载《WTO经济导刊》，2007年第3期第50页。

欧盟选择设立特别的体系（sui generis system）进行保护则主要是基于进出口贸易的考虑，特别是针对葡萄酒、烈性酒等产品。欧盟的调查报告表明，每年农产品地理标志产品的产值预计高达 140 亿欧元，其中葡萄酒和烈性酒的出口额是增长最快的部分。欧洲独特的地理位置，历史悠久的品酒文化，精练纯熟的酿酒工艺使得欧洲酒类产品在世界范围内享有盛名。最早推行地理标志专门法保护的法国是世界上最富有盛名的葡萄酒产区。在酒类产品的进出口贸易上，设立专门的保护体系出发点主要有两点：一是抵御中低档酒类生产国产品的冲击，包括南美洲和非洲等一些国家的酒类出口对欧洲造成的影响；二是维护自己高附加值酒类产品在世界范围内尤其是主要进口国的声誉，创造更高的经济价值。目的只有一个，就是要把酒类产品从地域、质量、档次乃至所产生的价值上做一个详尽的、有法律依据的区分，达到本国利益最大化。

从与欧盟签订地理标志双边协议的六个国家的情况看，南非、智利和澳大利亚在 2008 年对欧洲出口的葡萄酒分别为 269.3 万公石（1 公石 = 100 升）、278.4 万公石、314.5 万公石，分别比 2003 年增长了 42%、46% 和 21%，表面上看这些数字都有了明显的提升，但实际上由于采取了严格的保护措施，这些进口酒并没有对欧洲市场造成什么影响，反而是满足了欧洲市场对中低端酒的需求，使得欧洲国家腾出手来专心经营高端酒产品，这在某种程度上极其类似于外包，如果说把发达国家掌握核心技术、控制原材料来源，将产品制造环节外包给拥有廉价劳动力的发展中国家是一种产业链条的控制与垄断，那么这种将中低端葡萄酒市场放手给其他产区，自己掌握有高附加值的高端葡萄酒市场则可以被称做是对特定产品结构层次的控制与垄断。前者好比占有河流的上游，后者就像掌控金字塔的塔尖。

再从欧洲葡萄酒主要进口国美国的情况看，2003 年美国从欧洲进口葡萄酒就高达 355.5 万公石，对欧洲出口仅有 166.6 万公石，众多的利益纠葛最终引发了美国欧盟地理标志 WTO 争端案。此后，欧盟也作出调整，修改了相关规则，开始允许其他国生产者直接提交地理标志申请及给予第三方国家提出异议的权利，而美国在以商标法律保护地理的基础上，也开设了只针对个别葡萄酒地理标志的专门体系保护，其目的并不是为了与欧洲接轨，而是出于保护本国利益而建立起来的对抗机制。

2003 年，加拿大在与欧盟签订的葡萄酒和烈性酒协议中第 10 条第三部分声明：欧盟的酒类地理标志只有在加拿大合法注册后，加拿大才会对其进行保护。而加拿大实行的是与欧盟保护地理标志完全不一样的商标法法律保护体系。由此也可以看出不同的制度在国际上的对接不会存在任何问题，选择什么样的模式保护地理标志完全是出于本国国情和利益，包括欧方在回答两种模式谁优谁劣时也给出的是同样的回答，一切取决于自身选择。

2.2　地理标志商标保护

2.2.1　地理标志商标的保护历程

我国商标法对地理标志实施保护源于 20 世纪 80 年代，至今已走过近 30 年的历程。我国保护地理标志经历了从行政保护起步，到确立以集体商标、证明商标保护地理标志并不断发展、完善的三个阶段。

1. 直接根据《保护工业产权巴黎公约》对原产地名称进行保护阶段

1985 年，我国正式加入《保护工业产权巴黎公约》，开始承担制止虚假表述产品产地商业行为及保护原产地名称的义务。1987 年，国家工商行政管理总局商标局首次采取行政保护措施，要求北京市工商行政管理局对北京某食品公司在食品上使用"丹麦牛油曲奇"原产地名称，侵犯该原产地名称行为进行调查核实，责令该公司停止使用行为；1989 年，国家工商行政管理总局专门发文给各省、自治区、直辖市及计划单列市工商行政管理局，要求保护法国在起泡白葡萄酒上的"Champagne"原产地名称，规定企业不得在酒类商品上使用"Champagne"或中文"香槟"字样。"丹麦牛油曲奇""香槟"行政保护案向世界表明，中国负责任地履行国际公约义务，行使原产地名称的行政保护职能。

1989 年，我国加入《商标国际注册马德里协定》后，外国证明商标开始进入中国，使中国面临地理标志的注册与保护新问题。同时，中国一些具有特定品质的传统产品也提出了不同于普通商标的保护需要，通过成文法形式保护包括地理标志在内的证明商标成为紧迫问题。

2. 根据行政法规、规章对原产地名称进行保护阶段

1993 年，国务院依照当时刚修订的《商标法》第三条的规定，第二次修订

实施了《商标法实施细则》，将集体商标、证明商标纳入商标法律保护范围，并规定由国家工商行政管理总局会同国务院有关部门另行制定集体商标、证明商标的注册和管理办法。国家工商行政管理总局于 1994 年 12 月 30 日发布了《集体商标、证明商标注册和管理办法》（局长第 22 号令），将证明商品或服务原产地的标志作为证明商标的一种类型纳入了商标法律保护范围。该办法于 1995 年 3 月 1 日起实施，商标局正式受理国内、外地理标志证明商标的注册申请，依法行使地理标志证明商标的注册、保护职能，当年受理地理标志申请 14 件，其中有 3 件来自美国，如"佛罗里达柑橘"。

3. 根据法律、行政法规和规章对地理标志进行保护阶段

2001 年，在加入世界贸易组织的谈判中，中国政府在《中国加入工作组报告书》中承诺修改《商标法》，对地理标志保护做出专门规定。10 月 27 日，重新修订颁布的《商标法》正式将地理标志概念写进法律，即地理标志是指标示某商品来源于某地区，该商品的特定品质、信誉或者其他特征，主要由该地区的自然因素或者人文因素所决定的标志。2002 年 8 月 11 日，由国务院重新制订发布的《商标法实施条例》第 6 条进一步规定，地理标志可以作为证明商标或集体商标申请注册。2003 年 4 月 17 日，国家工商行政管理总局重新发布《集体商标、证明商标注册和管理办法》，对地理标志注册程序与管理做出了具体规定。地理标志明确纳入商标法律体系保护，推动了中国地理标志保护工作的进一步开展。2013 年 8 月修改通过的《商标法》和 2014 年 4 月颁布的《商标法实施条例》对集体商标和证明商标未做修改。

2.2.2　地理标志商标的保护规则

1. 有关地理标志的商标立法文件

我国商标立法中关于地理标志的立法一共有 3 个，分别是《商标法》《商标法实施条例》以及《集体商标、证明商标注册和管理办法》。

2. 我国商标法关于地理标志的规定

关于申请的内容下文将详细论述，在此仅论述除申请外的内容。

1）地理标志的定义

地理标志是指标示某商品来源于某地区，该商品的特定质量、信誉或者其他特征，主要由该地区的自然因素或者人文因素所决定的标志。

2）地理标志的保护方式

商标法第 16 条规定的地理标志，可以依照商标法和商标法实施条例的规定，作为证明商标或者集体商标申请注册。

3）地理标志的使用人

以地理标志作为证明商标注册的，其商品符合使用该地理标志条件的自然人、法人或者其他组织可以要求使用该证明商标，控制该证明商标的组织应当允许。以地理标志作为集体商标注册的，其商品符合使用该地理标志条件的自然人、法人或者其他组织，可以要求参加以该地理标志作为集体商标注册的团体、协会或者其他组织，该团体、协会或者其他组织应当依据其章程接纳为会员；不要求参加以该地理标志作为集体商标注册的团体、协会或者其他组织的，也可以正当使用该地理标志，该团体、协会或者其他组织无权禁止。

4）地理标志的构成

作为集体商标、证明商标申请注册的地理标志，可以是该地理标志标示地区的名称，也可以是能够标示某商品来源于该地区的其他可视性标志。前款所称地区无需与该地区的现行行政区划名称、范围完全一致。

多个葡萄酒地理标志构成同音字或者同形字的，在这些地理标志能够彼此区分且不误导公众的情况下，每个地理标志都可以作为集体商标或者证明商标申请注册。

5）地理标志的使用管理规定

集体商标的使用管理规则应当包括：使用集体商标的宗旨；使用该集体商标的商品的品质；使用该集体商标的手续；使用该集体商标的权利、义务；成员违反其使用管理规则应当承担的责任；注册人对使用该集体商标商品的检验监督制度。

证明商标的使用管理规则应当包括：使用证明商标的宗旨；该证明商标证明的商品的特定品质；使用该证明商标的条件；使用该证明商标的手续；使用该证明商标的权利、义务；使用人违反该使用管理规则应当承担的责任；注册人对使用该证明商标商品的检验监督制度。

使用他人作为集体商标、证明商标注册的葡萄酒、烈性酒地理标志标示并非来源于该地理标志所标示地区的葡萄酒、烈性酒，即使同时标出了商品的真正来源地，或者使用的是翻译文字，或者伴有诸如某"种"、某"型"、某

"式"、某"类"等表述的，适用商标法第16条的规定。

6）法律责任

《商标法》没有专门针对集体商标和证明商标设定法律责任，但是这两种商标均属于注册商标的范畴，因此关于注册商标专用权的规定均适用于地理标志。违法使用地理标志可能面临民事责任、行政责任和刑事责任。

未经同意使用他人的注册商标，销售侵犯注册商标专用权的商品，伪造、擅自制造他人注册商标标识或者销售伪造、擅自制造的注册商标标识等行为均可能构成商标侵权。在商标侵权的情形，商标权人有权要求侵权人承担民事责任，赔偿自己的损失。此时，当事人承担的是民事责任。近年来，我国加强了对于包括商标在内的知识产权保护力度，以商标侵权为例，法院判决法定赔偿的数额已达到了300万元。

工商行政管理部门处理时，认定侵权行为成立的，责令立即停止侵权行为，没收、销毁侵权商品和主要用于制造侵权商品、伪造注册商标标识的工具，违法经营额五万元以上的，可以处违法经营额五倍以下的罚款，没有违法经营额或者违法经营额不足五万元的，可以处二十五万元以下的罚款。对五年内实施两次以上商标侵权行为或者有其他严重情节的，应当从重处罚。此时，当事人承担的就是行政责任。

以下三种行为，还会构成刑事责任，被判处7年以下刑罚：未经注册商标所有人许可，在同一种商品上使用与其注册商标相同的商标，情节严重的；销售明知是假冒注册商标的商品，销售金额数额较大的，伪造、擅自制造他人注册商标标识或者销售伪造、擅自制造的注册商标标识，情节严重的。对于前述三个罪名的立案标准为：未经注册商标所有人许可，在同一种商品上使用与其注册商标相同的商标，违法所得数额在二万元以上的；销售明知是假冒注册商标的商品，违法所得数额在二万元以上的；伪造、擅自制造他人注册商标标识或者销售伪造、擅自制造的注册商标标识，违法所得数额在一万元以上的。

《集体商标、证明商标注册和管理办法》设定了两类行政责任。一类是：集体商标、证明商标注册人没有对该商标的使用进行有效管理或者控制，致使该商标使用的商品达不到其使用管理规则的要求，对消费者造成损害的，由工商行政管理部门责令限期改正；拒不改正的，处以违法所得3倍以下的罚款，但最高不超过3万元；没有违法所得的，处以1万元以下的罚款。另一类是违反实施条例第六条（不合理阻止他人使用）、本办法第十四条（未及时变更成员）、第十五条（非法转让）、第十七条（违法使用）、第十八条（不合理阻止他人使用）、第二十条（在自己提供的商品上使用）规定的，由工商行政管理部门责令限期改正；拒不改正的，处以违法所得 3 倍以下的罚款，但最高不超过 3 万元；没有违法所得的，处以 1 万元以下的罚款。

2.2.3　地理标志商标的保护案例

香槟一词，来自法文"Champagne"，最初是法国香槟区的名字。香槟区位于巴黎东北部，是法国位置最北的葡萄园。香槟地区最著名的三大产地是马恩河谷、兰斯山与白丘。南部还有 Sezanne 和 Aube 两个小区。香槟酒与葡萄酒、白兰地酒共同组成法国的三大支柱产业，而香槟酒素来有"酒中之王""胜利之酒""吉祥之酒"和"说服之酒"等美称。自 19 世纪中叶起，香槟行业开始采取多种法律措施禁止带汽葡萄酒的生产商使用本省和香槟这个名称。1889 年 7 月 26 日法国最高法院在一个案件中裁决：香槟名称只能用于在香槟地区收获的葡萄和在香槟地区酿制的葡萄酒身上，其他地区不得使用该名称。

在此后的 100 多年里，法国围绕香槟酒在全世界展开了多次诉讼。1958 年发生在英国的"西班牙香槟案"（Spanish Champagne Case）中，法官裁定认为，"Champagne"（香槟）一词被公认为是指在法国香槟地区由该地区的生产者、种植者及发货人生产的发泡葡萄酒，因此"Spanish Champagne"这一名称不能用在非法国香槟地区出产的发泡葡萄酒上，否则就构成假冒。到了 1973 年法国与西班牙签订协议规定香槟只描述来自法国香槟地区的起泡葡萄酒。20 世纪 80 年代法国著名烟草公司 SEITA 注册了商标 CHAMPAGNE，CHAMPAGNE BEST CRU OF VIRGINIACHAMPAGNE PRESTIGE ET TRADITION 并进行使用。法国国家原产地局（INAO）将 SEITA 诉至法院。法官判决认定，SEITA 公司注册以上系列商标的目的就是借助香槟的著名商誉，构成了对香槟原产地名称的侵权。在此之前法律并没有明文禁止原产地名称不能被使用在其他产品上。此案判决的意义在于促成了法国消费法典的修改，即增加了 L.115.5 条：如果原产地名称中的地理名称或其他信息使用在其他近似产品上或使用在其他产品或服务上会盗用或减弱该原产地名称的商誉，那么应该禁止这种使用。20 世纪 90 年代初，法国国家原产地局（INAO）和香槟酒行业委员会（CIVC）发现法国圣罗兰公司（YSL）在香水上使用香槟字样后把其告上法院。法官认为，使用香槟做香水商标有可能导致香槟商誉的减损，圣罗兰公司使用香槟商标行为是对其商誉的利用，构成了仿冒。①

1989 年 10 月 26 日国家工商行政管理局《关于停止在酒类商品上使用香槟或 Champagne 字样的通知》（工商标字〔1989〕第 296 号）指出：香槟是法文"Champagne"的译音，指产于法国 Champagne 省的一种起泡白葡萄酒，它不是酒的通用名称，是原产地名称。1996 年 7 月 29 日国家工商行政管理局商标局《关于依法制止在酒类商品上使用"香槟"或"Champagne"字样行为的批复》（商标管〔1996〕292 号）指出：香槟是法文"Champagne"的译音，指产于法国 Champagne 省的一种起泡白葡萄酒，既属于原产地名称，又属于公众知晓的外国地名。法国香槟酒行业委员会于 2012 年 6 月在我国申请注册了"香槟"和"Champagne"两枚集体商标，并于 2013 年 4 月获准注册。但是在此前，围绕"香槟"在我国发生了多个案件。

1996 年 2 月至 1997 年 2 月间，烟台市张裕葡萄酿酒公司香槟酒公司通过青岛市糖酒副食品总公司食品饮料公司等单位，在青岛市销售大中小规格的带有"香槟"字样的加汽葡萄酒共计 2316 箱零 30 瓶，全部经营额为人民币262,729.05元。工商局认为烟台市张裕葡萄酿酒公司香槟酒公司的行为违反了《商标法》第 10 条第 2 款的规定，即"县级以上行政区划的地名或者公众知晓的外国地名，不得作为商标，但是，地名具有其他含义的除外；已经注册的使用地名的商标继续有效"。工商局要求停止使用"香槟"字样，以保护《巴黎公约》缔约国的原产地名称在我国的合法权益。

在法国香槟酒行业委员会诉中华人民共和国国家工商行政管理总局商标评审委员会行政纠纷案（（2010）高行终字第 560 号）中，原野公司于 2002 年 4 月 14 日在第 3 类洗发水、喷发胶等上注册了"CHAMPAIGN 及图"。法国香槟酒业行业协会以"香槟'CHAMPAGNE'是法国的原产地名称，化妆品为法国精品产业之一，争议商标的注册使用易使消费者误认商品来源于法国香槟地区；争议商标指定使用在"洗发水、喷发胶、化妆品、香水"等商品上，会造成消

---

① 参见杨永著：《产业视域中的地理标志发展对策研究》，杨凌：西北农林科技大学出版社，2013年 8 月第 1 版，第 151 - 152 页。

费者误以为商品中含有香槟酒的成分或具有与香槟酒相同或近似的特质；争议商标的注册使用会对香槟"CHAMPAGNE"地理标志产生污损、丑化的效果"等为由申请撤销该商标。北京市高级人民法院审理后认为，争议商标为图文组合商标，其文字部分"CHAMPAIGN"含义为平原、原野，虽在文字构成上与"CHAMPAGNE"具有一定近似性，但二者中文含义明显不同，且争议商标指定使用的洗发水、化妆品、喷发胶等商品与"CHAMPAGNE"所使用的酒类商品不属于类似商品，因此不会导致消费者误认为商品来源于法国 CHAMPAGNE 地区，也不会导致消费者误认为商品中含有香槟酒的成分或具有与香槟酒相同或近似的特质。

在法国香槟酒行业委员会诉中华人民共和国国家工商行政管理总局商标评审委员会行政诉讼案（（2011）高行终字第 816 号）中，周建忠于 2004 年 8 月 28 日在第 43 类的咖啡馆、饭店等上核准注册了"香宾"。法国香槟酒业行业委员会以"香槟是具有极高知名度的法国葡萄酒原产地名称、地理标志及公众知晓的外国地名，在中国依法应受保护"为由申请撤销该商标。北京市高级人民法院审理后认为，"香槟"及"CHAMPAGNE"系产于法国 CHAMPAGNE 省的一种起泡白葡萄酒，该标志代表了这一地区出产的起泡白葡萄酒的特定质量及信誉。但该标志与除起泡白葡萄酒以外的其他商品或服务的特定质量、信誉或者其他特征并无关联，因此，如果该地区外的他人将该标志使用或注册在其他商品或服务上，则这一行为并不会产生上述损害后果。由于争议商标指定使用的服务为咖啡馆等，并非葡萄酒商品，因此，在该类服务上注册"香宾"，不属于《商标法》第十六条所禁止的情形。但是该院以"'CHAMPAGNE'及其对应中文译文'香槟'或'香宾'均系公众知晓的外国地名"为由要求商标评审委员会重新作出裁定。

2.3　农产品地理标志保护

2.3.1　农产品地理标志的保护历程

农产品地理标志的提出始于 2002 年 12 月通过的《农业法》，该法第二十三条规定"符合规定产地及生产规范要求的农产品可以依照有关法律或者行政法规的规定申请使用农产品地理标志。"。2007 年 12 月通过的《农产品地理标志管理办法》对农产品地理标志的登记、标志使用、监督管理等方面进行了详细的规定。基于此，我国对农产品地理标志形成了以法律和政府规章为主的保护体系。

2.3.2　农产品地理标志的保护规则

鉴于下文将对农产品地理标志的申请进行专门论述，这里对此不再赘述。

1. 农产品地理标志的界定

农产品地理标志，是指标示农产品来源于特定地域，产品品质和相关特征主要取决于自然生态环境和历史人文因素，并以地域名称冠名的特有农产品标志。这里的农产品是指来源于农业的初级产品，即在农业活动中获得的植物、动物、微生物及其产品。

2. 农产品地理标志的使用

符合下列条件的单位和个人，可以向登记证书持有人申请使用农产品地理标志：生产经营的农产品产自登记确定的地域范围；已取得登记农产品相关的生产经营资质；能够严格按照规定的质量技术规范组织开展生产经营活动；具有地理标志农产品市场开发经营能力。

使用农产品地理标志，应当按照生产经营年度与登记证书持有人签订农产品地理标志使用协议，在协议中载明使用的数量、范围及相关的责任义务。

农产品地理标志登记证书持有人不得向农产品地理标志使用人收取使用费。

3. 农产品地理标志使用人的权利和义务

农产品地理标志使用人享有以下权利：可以在产品及其包装上使用农产品地理标志；可以使用登记的农产品地理标志进行宣传和参加展览、展示及展销。

农产品地理标志使用人应当履行以下义务：自觉接受登记证书持有人的监督检查；保证地理标志农产品的品质和信誉；正确规范地使用农产品地理标志。

4. 法律责任

登记的地理标志农产品或登记证书持有人不符合本办法第七条（农产品地理标志构成要件）、第八条（申请人的条件）规定的，由农业部注销其地理标志登记证书并对外公告。

违反本办法规定的，由县级以上人民政府农业行政主管部门依照《中华人民共和国农产品质量安全法》有关规定处罚。这也就意味着属于《农产品质量安全法》中的违法行为将面临民事责任、行政责任、刑事责任。例如该法第 51 条规定，冒用农产品地理标志的，责令改正，没收违法所得，并处二千元以上二万元以下罚款。

2.4　地理标志产品保护

2.4.1　地理标志产品的保护历程

1999 年 8 月 17 日，原国家质量技术监督局颁布了《原产地域产品保护规定》。该规定将原产地域产品界定为是指利用产自特定地域的原材料，按照传统工艺在特定地域内所生产的，质量、特色或者声誉在本质上取决于其原产地域地理特征并依照本规定经审核批准以原产地域进行命名的产品。随后，该局还出台了《原产地域产品通用要求》作为保护原产地命名及地理指示法规。

2001 年 4 月 1 日，原国家出入境检验检疫局颁布了《原产地标记管理规定》及《原产地标记管理规定实施办法》。以上法律文件保护的原产地标记包括原产国标记和地理标志。原产国标记是指用于指示一项产品或服务来源于某个国家或地区的标识、标签、标示、文字、图案以及与产地有关的各种证书等。地理标志是指一个国家、地区或特定地方的地理名称，用于指示一项产品来源于该地，且该产品的质量特征完全或主要取决于该地的地理环境、自然条件、人文背景等因素。

可以看出，以上两个部门保护的对象比较雷同。原产地标记是将货源标记与地理标志均作为保护对象，而与其他国家使用的原产地标记差异较大。可喜的是，2001 年国务院决定将国家质量技术监督局与国家出入境检验检疫局合并，组建中华人民共和国国家质量监督检验检疫总局。2005 年 7 月，国家质量监督检验检疫总局颁布了《地理标志产品保护规定》，将先前法律文件中的原产地域产品、原产地标记改称为地理标志产品。2009 年 5 月，国家质量监督检验检疫总局又颁布了《地理标志产品工作细则》，进一步细化地理标志产品。

2.4.2 地理标志产品的保护规则

1. 地理标志产品的定义

地理标志产品是指产自特定地域，所具有的质量、声誉或其他特性本质上取决于该产地的自然因素和人文因素，经审核批准以地理名称进行命名的产品。地理标志产品包括：来自本地区的种植、养殖产品；原材料全部来自本地区或部分来自其他地区，并在本地区按照特定工艺生产和加工的产品。

2. 地理标志产品标准的制定

拟保护的地理标志产品，应根据产品的类别、范围、知名度、产品的生产销售等方面的因素，分别制订相应的国家标准、地方标准或管理规范。国家标准化行政主管部门组织草拟并发布地理标志保护产品的国家标准；省级地方人民政府标准化行政主管部门组织草拟并发布地理标志保护产品的地方标准。这是地理标志产品与前两种保护方式差别所在。

3. 地理标志产品标志的使用

地理标志产品产地范围内的生产者使用地理标志产品专用标志，应向当地质量技术监督局或出入境检验检疫局提出申请，并提交以下资料：地理标志产品专用标志使用申请书，由当地政府主管部门出具的产品产自特定地域的证明，有关产品质量检验机构出具的检验报告。上述申请经省级质量技术监督局或直属出入境检验检疫局审核，并经国家质量监督检验检疫总局审查合格注册登记后，发布公告，生产者即可在其产品上使用地理标志产品专用标志，获得地理标志产品。这也是地理标志产品标志的使用与前两种保护方式的不同之处，在前两种方式将许可使用交由双方当事人协商完成，而对于地理标志产品标志的使用则需要经过省级以上质监局审核并经国家质监局公告。

4. 法律责任

《地理标志产品保护规定》所涉及的法律责任仅有行政责任。对于擅自使用或伪造地理标志名称及专用标志的；不符合地理标志产品标准和管理规范要求而使用该地理标志产品的名称的；或者使用与专用标志相近、易产生误解的名称或标识及可能误导消费者的文字或图案标志，使消费者将该产品误认为地理标志保护产品的行为，质量技术监督部门和出入境检验检疫部门将依法进行查处。获准使用地理标志产品专用标志资格的生产者，未按相应标准和管理规范组织生产的，或者在2年内未在受保护的地理标志产品上使用专用标志的，国家质量监督检验检疫总局将注销其地理标志产品专用标志使用注册登记，停止其使用地理标志产品专用标志并对外公告。如涉及其他违法行为的，还可依据《产品质量法》《标准化法》《进出口商品检验法》等有关法律予以行政处罚。当然，如果地理标志产品申请、使用过程中违反了其他法律规定的，同样可能面临民事责任、行政责任和刑事责任。

2.4.3 地理标志产品的保护案例——金华火腿案

金华火腿和西湖龙井、绍兴老酒并列为誉满全球的浙江"三宝"。作为金华地区的传统名产，金华火腿始于唐而盛于宋，有着1200多年的历史，它的生产工艺是千百年来金华地区劳动人民共同创造的智慧结晶。1979年10月，浙江省浦江县食品公司在第33类商品（火腿）上申请注册了注册证号为第130131号商标（如下图）。1983年3月14日，该商标经核准转让给浙江省食品公司。实际上，浙江省食品公司是一家注册地在杭州的公司。随着《商标法》的正式实施，这就出现了一个奇怪的现象，金华火腿真正产地所在的金华市的公司未经身在杭州的浙江省食品公司的许可不能在自己生产的火腿上标注金华火腿字样。此后，两地企业围绕金华火腿的使用纷争长达20余年。1994年，浙江省食品公司以金华火腿监制局使用"金华火腿"四个字侵犯其商标权为由要求被告赔偿1200万元。1995年2月，浦江县食品公司向浦江县法院起诉称浙江省食品公司利用行政手段无偿强行取走商标权，请求法院确认商标转让无效。1995年3月，金华市食品公司向婺城区法院起诉浙江省食品公司长期占有金华火腿金牌与获奖证书拒不归还，请求法院判令其立即归还。但是多次诉讼并未解决两地之间的纷争。

我国开展原产地域保护后，2002年8月28日，原国家质量技术监督局发布2002年第84号公告，通过了对"金华火腿"原产地域产品保护申请的审查，批准自公告日起对金华火腿实施原产地域产品保护。金华火腿原产地域范围以浙江省金华市人民政府《关于要求对金华火腿实施原产地域产品保护的请示》（金政发〔2000〕139号）提出的地域范围（原金华府）为准，为金华市所属的婺城区、金东区、兰溪市、永康市、义乌市、东阳市、武义县、浦江县、磐安县以及衢州市所属的柯城区、江山市、衢县、龙游县、常山县、开化县等15个县、市（区）现辖行政区域。

就在原产地域范围内的企业认为自己可以放心使用金华火腿四字之时，2003年浙江省食品有限公司（2000年10月更名）以商标侵权为理由同时起诉和举报了许多金华火腿企业。其中上海市第二中级人民法院审理的浙江省食品有限公司诉上海市泰康食品有限公司、浙江永康四路火腿一厂侵权纠纷案（（2003）沪二中民五（知）初字第239号）便是其中之一。在庭审中，双方围绕商标权与原产地域产品名称进行了激烈辩论。最后，法院判决认定：原产地域产品与其他知识产权一样，在我国受法律保护。被告永康火腿厂有权依法使用原产地域产品名称及专用标志。国家质量技术监督局批准了对"金华火腿"实施原产地域产品保护，同意包括永康火腿厂在内的55家企业使用"金华火腿"原产地域产品专用标志。因此，被告永康火腿厂有权依照国家的相关规定在其生产、销售的火腿产品外包装、标签等处标注"金华火腿"原产地域产品名称及原产地域产品专用标记。被告永康火腿厂的使用行为不构成对原告商标权的侵害。首先，被告在其火腿外包装显著位置标明了自己的注册商标"真方宗"，同时也标明了企业名称、厂址、联系方式等信息。其次，被告在火腿腿皮上标注的"金华火腿"字样下端标明了"原产地管委会认定"，在腿皮上端还标有"真方宗"注册商标。因此，从上述使用方式可以认定，永康火腿厂标注"金华火腿"目的是表明原产地域产品。故永康火腿厂上述使用"金华火腿"原产地域产品名称行为，不构成对原告注册商标专用权的侵害。

对于本案争议的商标权与原产地域产品冲突，应按照诚实信用、尊重历史以及权利与义务平衡的原则予以解决。从"金华火腿"历史发展来看，"金华火腿"有着悠久的历史，品牌的形成凝聚着金华地区以及相关地区几十代人的心血和智慧。原告成为商标注册人以后，对提升商标知名度做了大量的工作。原告的商标多次获浙江省著名商标、国家质量技术监督局金质奖及浙江省名牌产品等荣誉称号。原告的注册商标应当受到法律的保护。但是，另一方面，原告作为注册商标的专用权人，无权禁止他人正当使用。《中华人民共和国商标法实施条例》第四十九条规定："注册商标中含有的本商品的通用名称、图形、型号，或者直接表示商品的质量、主要原料、功能、用途、重量、数量及其他特点，或者含有地名，注册商标专用权人无权禁止他人正当使用。"在我国，权利人的注册商标专用权与原产地域产品均受到法律保护，只要权利人依照相关规定使用均属合法、合理。在本案中，被告永康火腿厂经国家质量技术监督局审核批准使用原产地域产品名称和专用标志受法律保护，被告的使用行为不构成对原告商标权的侵害。原产地域产品的权利人应严格依法行使权利。在本案中，应当指出，永康火腿厂在使用"金华火腿"原产地域产品名称时，存在着一定瑕疵。一是在向国家有关职能部门提出申请使用但尚未获得批准的情况下，已经在其销售的部分火腿产品上使用了"金华火腿""原产地管委会认定"等字样。二是在产品的外包装和标签上没有标注"金华火腿"原产地域产品名称和专用标志。今后，永康火腿厂应当严格依照国家的规定，规范使用"金华火腿"原产地域产品名称及其专用标志，尊重原告的注册商标专用权，避免与原告的注册商标发生冲突。被告泰康公司是金华火腿的销售商，鉴于生产商永康火腿厂的行为不构成对原告商标专用权侵害，故泰康公司的销售行为也不构成对原告商标权的侵害。

这个案件的判决，不仅肯定了原产地域产品名称同属于知识产权的一部分，共同受到我国法律的保护，而且对于商标权与原产地域产品名称冲突提出了很好的解决方案。

实际上，在这个案件进行过程中，金华市也采取多种措施加强对金华火腿这一地理标志的保护。2003 年 1 月 7 日，金华市提出的注册金华火腿证明商标申请，因与浙江省食品有限公司的商品商标冲突而被驳回。同年 11 月，金华市以金华火腿证明商标保护委员会办公室名义，在 29 类申请注册了 5 个证明商标"金华市金华火腿"（参见下图），目前均已获准注册。

130131号（一般商标）

3779377号（证明商标）

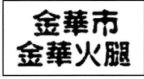

3779376（证明商标）

金華市金華火腿

3779379号（证明商标）

JH
金華市金華火腿

3779378 号（证明商标）

金華市金華火腿

13939017号（证明商标）

资源链接

1.《中华人民共和国商标法》网址及二维码：http：//www. gov. cn/jrzg/

2013 – 08/30/content_2478110. htm

2.《中华人民共和国商标法实施条例》（国务院令第 651 号）网址及二维码：http：//www. gov. cn/zhengce/2014 – 04/30/content_2670953. htm

3.《集体商标、证明商标注册和管理办法》（中华人民共和国国家工商行政管理总局令第 6 号）网址及二维码：http：//sbj. saic. gov. cn/flfg1/sbxzgz/200906/t20090603_60312. html

4.《中华人民共和国农业法》网址及二维码：http：//www. gov. cn/ziliao/flfg/2005 – 09/12/content_30998. htm

5.《农产品地理标志管理办法》（中华人民共和国农业部令第 11 号）网址及二维码：http：//www. gov. cn/flfg/2008 – 01/10/content_855116. htm

6.《地理标志产品保护规定》（中华人民共和国国家质量监督检验检疫总局令第 78 号）网址及二维码：http：//www. gov. cn/gongbao/content/2006/content_292138. htm

分则篇一 地理标志的申请

第3章 如何选择地理标志登记机构

在了解了地理标志的基本知识之后，大家可能已经迫不及待想要了解向谁申请地理标志了。在本章中，我们将向大家介绍在我国可以向谁申请地理标志，这些机构申请的地理标志有什么不同，如何选择登记机构等问题。

3.1 可以向我国的哪些机构申请地理标志

目前，在我国一共有三个机构可以受理地理标志申请。

（1）国家工商行政管理总局商标局，可以申请集体商标和证明商标，获得批准后申请人可以在产品上标注中国地理标志；

（2）农业部，获得批准后申请人可以在产品上标注农产品地理标志；

（3）国家质量监督检验检疫总局，获得批准后申请人可以在产品上标注地理标志产品。

3.2 我国地理标志受理机构的职能各是什么

3.2.1 国家工商行政管理总局商标局

商标局隶属于国家工商行政管理总局，承担商标注册与管理等行政职能，具体负责全国商标注册和管理工作，依法保护商标专用权和查处商标侵权行为，处理商标争议事宜，加强驰名商标的认定和保护工作，负责特殊标志、官方标志的登记、备案和保护，研究分析并依法发布商标注册信息，为政府决策和社会公众提供信息服务，实施商标战略等工作。

商标局下设综合处、申请受理处、审查一处、审查二处、审查三处、审查四处、审查五处、审查六处、审查七处、审查八处、地理标志审查处、国际注册处、异议形审处、异议裁定一处、异议裁定二处、异议裁定三处、异议裁定四处、商标信息档案管理处、变更续展处、法律事务处、商标监督管理处、商标审查质量管理处、计算机系统管理处、驻中关村国家自主创新示范区办事处24 个职能处。

商标局下设的地理标志审查处负责地理标志的审查。在我国，地理标志的审查均由地理标志审查处审核完成，地方工商局一般不设地理标志处，而由类似商标监督管理处来负责地理标志的使用和保护工作。商标评审委员会负责审理商标当事人请求的针对商标局做出的驳回决定、异议裁定、撤销裁定、商标争议等申请。

3.2.2　农业部

农业部是国务院综合管理种植业、畜牧业、水产业、农垦、乡镇企业和饲料工业等产业的职能部门，又是农村经济宏观管理的协调部门。

农业部负责全国农产品地理标志的登记工作，农业部农产品质量安全中心负责农产品地理标志登记的审查和专家评审工作。省级人民政府农业行政主管部门负责本行政区域内农产品地理标志登记申请的受理和初审工作。农业部设立的农产品地理标志登记专家评审委员会，负责专家评审。农产品地理标志登记专家评审委员会由种植业、畜牧业、渔业和农产品质量安全等方面的专家组成。

3.2.3　国家质量监督检验检疫总局

国家质量监督检验检疫总局是国务院主管全国质量、计量、出入境商品检验、出入境卫生检疫、出入境动植物检疫、进出口食品安全和认证认可、标准化等工作，并行使行政执法职能的直属机构。

国家质量监督检验检疫总局内设 17 个司（厅、局），包括：（1）办公厅；

（2）法规司；（3）质量管理司；（4）计量司；（5）通关业务司；（6）卫生检疫监管司；（7）动植物检疫监管司；（8）检验监管司；（9）进出口食品安全局；（10）特种设备安全监察局；（11）产品质量监督司；（12）执法督查司（国家质量监督检验检疫总局打假办公室）；（13）国际合作司（港澳台办公室）；（14）科技司；（15）人事司；（16）计划财务司；（17）督察内审司。

国家质量监督检验检疫总局下设的科技司地理标志处负责全国地理标志产品的管理，省级质量技术监督局和直属出入境检验检疫局，按照分工，分别负责对拟申报的地理标志产品的保护申请提出初审意见，并将相关文件、资料上报国家质量监督检验检疫总局。

3.3　不同的受理机构登记地理标志的时间与费用

3.3.1　不同机构登记地理标志的时间

1. 国家工商行政管理总局商标局

与农业部、国家质量监督检验检疫总局的登记时间比较，国家工商行政管理总局商标局所需的时间是最长的。地理标志的申请与普通商标的申请类似，需要花费的时间也大致相当。根据《商标法》的规定，地理标志登记一般需要经过三个阶段：受理——初审——公告注册。

（1）初审：自商标局受理商标申请之日起，商标局需在9个月内初审完毕并发布初审公告。

（2）公告注册：初审公告的时间为3个月，届满无人提出商标异议便可刊发注册公告并发证。

但是，实践中，我们看到很多地理标志从申请到登记花费了好几年的时间，这是因为除上述三个阶段，商标法还设立商标复审程序和商标异议程序。商标复审程序是由申请人针对商标局对该申请驳回决定提出的，商标复审程序的时间需要大约9个月，对于复审不服的还可以提起诉讼，而诉讼又可能经历一审和二审。商标异议申请是由异议人提出的，商标局要在12个月内做出裁定，异议当事人对商标局裁定不服的向商标评审委员会提出复审申请，商标评审委员会做出决定的时间为初审公告期满之日起算12~18个月。由此可以看出，依据

《商标法》向国家工商行政管理总局商标局申请登记证明商标花费的时间是很长的，但是由于能够获得法律规定的商标权，审请集体商标或证明商标保护地理标志的申请人仍是最多的。

2. 农业部

根据《农产品地理标志管理办法》的规定，申请农产品地理标志的过程分为受理——初审——评审——公告四个阶段。

（1）初审：省级人民政府农业行政主管部门自受理农产品地理标志登记申请之日起在 45 个工作日内完成申请材料的初审和现场核查，并提出初审意见。合格的报农业部农产品质量安全中心。

（2）评审：农业部农产品质量安全中心应当自收到申请材料和初审意见之日起 20 个工作日内，对申请材料进行审查，提出审查意见，并组织专家评审。

（3）公告登记：公示截止日起 20 日内向农业部农产品质量安全中心提出，公示无异议的，由农业部做出登记决定并公告。

表面看来，农产品地理标志可能在 85 天内便完成，但是实践中很难完成。这是因为申请登记过程中某些期间并未明确规定，比如初审不合格由申请人补正的时间，专家评审的期间，评审到公示的时间等。当然，与地理标志比起来，登记农产品地理标志的时间要短得多。

3. 国家质量监督检验检疫总局

根据《地理标志产品规定》以及国家质检局公布的资料来看，地理标志产品登记的过程包括四个阶段：受理——初审——审查——登记。

（1）初审：省级技术监督局和检验检疫局初审的时间一般为受理之日起 30 日内；

（2）审查：国家质检局科技司地标处复审的时间一般也为 30 日内；

（3）公告登记：国家质检局审查合格后进行公告，异议期为 2 个月。

上述期限，除 2 个月的异议期是《地理标志产品规定》确定的外，其他的期限是由质检局在工作中掌握的，因此从受理到登记的期限可能不会这么理想。

3.3.2　不同机构登记地理标志收取的费用

在我国，申请地理标志产品和农产品地理标志不需要收取费用，但是申请地理标志是需要的。受理集体商标和证明商标注册费各为 3000 元。如果涉及商标复审、商标异议还需要收取 100～2000 元的费用。

当然这里的费用是指国家工商行政管理总局商标局、农业部和国家质检局向申请人收取费用，也就是俗称的官费，而申请人因委托代理机构的费用并不包括在内。

3.4　怎样选择合适的机构申请地理标志

从《中国地理标志发展报告（2013）》可以了解（图 3-1），通过农业部登记注册的地理标志占到总登记注册量的 25.92%，通过商标局登记注册的地理标志占到总登记注册量的 28.32%，通过质检总局注册的地理标志占到 27.51%。而同时向农业部和商标局申请地理标志的占到 4.3%；同时向农业部和质检总局申请地理标志的占到 1.07%，而向三部门重叠注册的地理标志占到总量的0.71%。① 由此可以看出，我国目前存在三个不同地理标志申请机构的现状，同时在三个机构申请是首选，但是从现有统计来看，同时向三个机构申请的极少②，大多数的申请人选择的是其中的一种或两种。

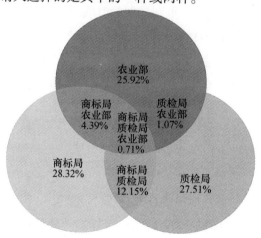

图 3-1　全国地理标志登记注册数量比例图

① 中郡研究所主编. 中国地理标志发展报告（2013）[R]. 北京：中国大地出版社，2013.56。
② 同时在三个机构申请的数量极少，如大泽山葡萄、峄城石榴、滨海白何首乌、福州茉莉花茶、屏山炒清茶。

　　这些交叉和重叠的注册登记，一方面反映出我国法律、法规为地理标志提供了全方位、多层次的保护，但另一方面也凸显了这些保护制度之间的规则矛盾和衔接漏洞。这也就不可避免地在这些不同规则的模糊边界之间发生权利的冲突。这些模糊的边界可以概括为关键术语的不同定义、地理标志产品的不同检测方法、检验规则等。比如说，在界定"地理标志"术语上，三项制度虽然大体涵盖地理标志的本质，但严格看来却有分歧。《商标法》规定"由该地区的自然因素或者人文因素所决定的标志"，国家质量监督检验检疫总局的《地理标志产品规定》规定"取决于该产地的自然因素和人文因素"，农业部的《农产品地理标志管理办法》规定"取决于自然生态环境和历史人文因素"。又比如，农产品地理标志中所指的农产品必须为初级农产品，而如何认定初级农产品本身就存在一定的模糊理解。这三种不同的制度具有各自保护的出发点和侧重点。商标局登记注册下的地理标志从集体商标和证明商标的角度进行保护；国家质量监督检验检疫总局登记注册的地理标志从产品的质量方面进行保护；农业部登记注册的地理标志则在于保证农产品的品质和特色、提升农产品市场竞争力。但是，这样的制度规范还是给申请者甚至是社会公众带来诸多认知上的不便甚至是混淆。申请人难免困惑，到底是只需向商标局申请一个集体商标，还是需要同时向三个部门申请三个不同的地理标志才能充分保护自己的权益？如果只申请一个保护，那其他人会不会趁虚而入申请另外两个？如果都申请，那会不会是一种金钱和精力上的浪费？有专家指出，我国地理标志保护的一般法和专门法并行的体制亟待整合，目前仍没有明确的整体框架思路，还处于探索观察的阶段。① 面对地理标志管理"三足鼎立"的局面，申请人只好擦亮眼睛，在认识到这一多重保护的立法现状的情况下，充分利用各种保护和管理制度将自己的"宝贝产品"武装到牙齿。

　　下面我们通过讲述一个土鸡的故事，来说明交叉保护带来的困惑。话说有只优质的土鸡，乃是东晋时期将领祖逖当年闻鸡起舞的叫早功臣。回溯当年，现今洛阳城下的农业协会基于这一家喻户晓的伟大正能量以及洛阳城自然环境造就的威武雄鸡，向农业部申请登记了"洛阳雄鸡"这一农产品地理标志。然而，洛阳城下的商人向来有着精明的商业头脑，于是早在"洛阳雄鸡"这一地理标志诞生以前，便向国家质量监督检验检疫总局申请了"洛阳雄鸡"地理标

---

　　① 董景山. 农产品地理标志保护制度研究 [M]. 北京：知识产权出版社. 2013：166。

志产品用于生产和加工禽肉制品。这时矛盾就出现了，"洛阳雄鸡"农产品地理标志的持有人发现他们的产品并不十分走俏，相反的，印有"洛阳雄鸡"农产品地理标志的鸡胸脯产品、鸡爪产品却十分畅销。于是，"洛阳雄鸡"农产品地理标志持有人将"洛阳雄鸡"地理标志产品持有人告上法庭，请求法院判令后者侵权。法官大人在断案中发现了问题的两难，这就是地理标志和农产品地理标志都是依据法律合法取得和合法使用的标记、标识，怎么判定到底是谁侵犯了他人的合法权益呢？不过，法官大人是智慧的，在最后的法院判决中，法官大人认为双方互不侵权，且应合法行使权利、相互尊重。这无疑是各给五十大板，然后各发点糖吃，没能解决两个权利之间的现实冲突。

前文所述的金华火腿纷争便是这样的例子。这样"三足鼎立"的立法保护模式也为农产品地理标志的注册登记埋下权利冲突的隐患。当不同的权利主体在不同保护体系下是同一人时，权利冲突成为隐性的问题，或许并不会爆发；但是如果权利主体不是同一人时就可能出现权利冲突和矛盾。就目前的立法状况看来，这种"三足鼎立"的注册格局仍然无法在短期内获得统一。那么我们应该怎样选择申请机构呢？这就需要了解这三个机构登记的地理标志的差别所在。根据表 3-1 的比较，申请人可以根据自己的实际需要选择合适的登记机构。

表 3-1　三个地理标志注册登记机构比较

	国家商标局	农业部	国家质检局
申请主体	集体组织、行政管理办公司、检测机构	农民专业合作经济组织、行业协会等组织	协会和企业
是否需要批准	附送主体资格证明文件	县级以上地方人民政府择优确定	县级以上人民政府指定或认定
外国人能否申请	能	不能	能
申请的种类	商品和服务	农业活动中获得的植物、动物、微生物及其产品	种植、养殖产品及其加工产品
权利载体	证明商标、集体商标	农产品地理标志	地理标志产品
侧重点	商业标记	初级农产品的质量控制	对生产过程及相关标准的认证
初审	国家商标局	省级人民政府农业行政主管部门	各地出入境检验检疫局和质量技术监督局
申请时间	6.5 月以上	85 天以上	120 天以上
申请费用	3000 元	无	无

综上，目前我国涉及审核登记注册地理标志的部委分别是国家工商行政管理总局商标局、农业部和国家质量监督检验检疫总局，这三个部局分别依据不同的法规开展地理标志审核登记注册工作。国家工商行政管理总局商标局审核注册地理标志的依据是《商标法》《商标法实施条例》和《集体商标、证明商标注册和管理办法》；农业部审核登记农产品地理标志的依据是《农业法》《农产品地理标志保护管理办法》；国家质量监督检验检疫总局审核登记地理标志产品的依据是《地理标志产品保护规定》。以上三部局进行地理标志产品认证的法律依据、适用范围以及保护方式均有所区别。具体地说有三方面不同：

（1）从保护力度来看，地理标注和农产品地理标志保护的依据均来自法律，而地理标志产品的依据来自行政规章。

（2）从保护角度上看，国家工商行政管理总局商标局、农业部与国家质量监督检验检疫总局从不同的角度对地理标志进行保护，总体上范围存在一致之处，但是还是存在一些差别，比如农业部侧重对初级农产品的保护，国家质量监督检验检疫总局侧重对质量的监控还包括海关的保护，国家工商行政管理总局商标局则从商标的角度侧重对知识产权标记的保护。

（3）从保护期限上看，国家工商行政管理总局商标局的地理标志只有 10 年期限（当然，只要申请人愿意，可以续展这一期限），而农业部与国家质量监督检验检疫总局的地理标志则没有期限限制。

第4章　地理标志商标——向国家工商行政管理总局商标局申请

用商标法保护地理标志是国际上地理标志保护的主要模式之一。通过注册集体商标和证明商标的形式将地理标志作为私权来保护既符合国际协定的原则，又在程序上提供了异议、撤销以及行政决定的司法审查制度，可以使地理标志注册人的权利得到充分体现。美国、澳大利亚、加拿大、日本等国对本国地理标志实施的就是这种形式的保护。

本章首先介绍我国地理标志保护的法律制度发展，然后详细介绍了地理标志商标注册申请过程中的材料准备、审查流程及地理标志保护模式的意义，对地理标志注册、运用和保护具有一定的指导意义。

4.1　向国家工商行政管理总局商标局申请地理标志的法律依据

我国《商标法》第3条规定：经商标局核准注册的商标为注册商标，包括商品商标、服务商标和集体商标、证明商标；商标注册人享有商标专用权，受法律保护。本法所称集体商标，是指以团体、协会或者其他组织名义注册，供该组织成员在商事活动中使用，以表明使用者在该组织中的成员资格的标志。本法所称证明商标，是指由对某种商品或者服务具有监督能力的组织所控制，而由该组织以外的单位或者个人使用于其商品或者服务，用以证明该商品或者服务的原产地、原料、制造方法、质量或者其他特定品质的标志。同时，《商标法》第16条规定：商标中有商品的地理标志，而该商品并非来源于该标志所标示的地区，误导公众的，不予注册并禁止使用；但是，已经善意取得注册的继续有效。前款所称地理标志，是指标示某商品来源于某地区，该商品的特定质量、信誉或者其他特征，主要由该地区的自然因素或者人文因素所决定的标志。

我国《商标法实施条例》第 4 条规定：商标法第十六条规定的地理标志，可以依照商标法和本条例的规定，作为证明商标或者集体商标申请注册。

为了进一步规范我国作为证明商标或集体商标申请注册的地理标志的使用和管理，《集体商标、证明商标注册和管理办法》对其注册和使用进行了更为详细的规定。

以上三部分法律文件共同组成向国家商标局申请地理标志的法律依据。

4.2　谁可以申请地理标志商标

国际上对地理标志申请人主体资格要求的做法不一。有的国家只允许农产品和食品生产商；有的国家允许公共团体申请，如土耳其、巴巴多斯等；有的国家允许消费者协会注册，如马来西亚；泰国对地标申请人的要求更宽，政府机构、官方机构、企业、自然人、贸易行为人都可以作为地理标志的申请人。

我国对地理标志的注册主体有一定的限制。根据《集体商标、证明商标注册和管理办法》第 4、5、6 条的规定，申请人应附送主体资格证明文件并应当详细说明其所具有的或者其委托的机构具有的专业技术人员、专业检测设备等情况，还应当附送管辖该地理标志所标示地区的县级以上人民政府或者行业主管部门的批准文件。从实际情况看，我国地理标志注册人大致有以下几类：

第一类是社会团体法人，如"福鼎四季柚"的注册人——福鼎市四季柚协会是由福鼎市民政局批准设立的社团法人，其业务主管单位是福鼎市农业局。其主要业务范围是开展种植与加工的学术研究和交流，组织科技调研、论证和科研示范、科技培训活动，宣传和推广先进技术经验，提高会员和柚农科技水平，为生产者提供产前、产中、产后有偿或无偿服务，协助有关部门加强四季柚市场管理。

第二类是科研、技术研究、推广机构，如"古丈毛尖"的注册主体是古丈茶叶发展研究中心，"沾化冬枣"注册人是沾化县冬枣研究所。古丈茶叶发展研究中心是事业单位法人，其主要业务范围为茶叶开发、茶叶商标的使用管理及有关茶叶发展、营销活动的组织服务。

第三类是政府批准设立的管理机构，如"古田银耳"注册人是古田县食用菌办公室，"楚门文旦"注册人是玉环县文旦特产局。古田县食用菌办公室属于事业法人单位，其主要业务范围是对全县食用菌产业的产、供、销全过程进行培训、协调和宏观管理。

第四类是产销服务机构，如"平谷桃"的注册主体——平谷县农产品产销服务中心。该中心为事业法人单位，其主要业务范围是为农产品产销提供服务、制定农产品检测标准，制定使用农产品证明商标和"绿色食品"证书的管理办法及有关规章。负责农产品"平谷＋图形"证明商标注册、农产品生产技术培训和经验交流，组织农产品证明商标标签和"绿色食品"证书标签的设计、生产、推广。

第五类是外国地理标志注册人。由于各个国家地理标志的法律制度会有一些差异，外国申请人主体可能超出上述类型。根据国际条约的约定和我国法律的规定，外国地理标志注册人附送了在其所属国注册的证明文件，其他书件符合我国法律的规定，我国则予以核准注册。

综上可见，我国对于地理标志申请人的资格要求是严格的，申请人应当是不以赢利为目的，具有与所监督使用的地理标志相应业务内容的团体、协会或者其他组织。其目的是维护地理标志的声誉，保证地理标志产品的品质，维护广大地理标志使用者的利益，体现了地理标志产品生产、经营的公正性。

4.3　地理标志商标有哪些

在我国，可以申请集体商标和证明商标的对象包括商品和服务，但是能够成为地理标志的只限于商品。当然，这里的商品还需符合《商标法》对于地理标志的界定，即是指标示某商品来源于某地区，该商品的特定质量、信誉或者其他特征，主要由该地区的自然因素或者人文因素所决定的标志。可以看出，我国地理标志对自然因素或人文因素的要求是只需符合其一即可。

我国地大物博，物产丰富，可申请地理标志商标的种类十分繁多。根据商务部"中国地理标志和农产品商标平台"网站的数据显示[①]，植物地理标志产品中水果类的地理标志就有 239 个，蔬菜副食类的地理标志有 159 个，茶叶类的有

---

① 中国地理标志和农产品商标平台，http：//gi. nc. mofcom. gov. cn/，访问日期：2016 年 2 月 16 日。

99 个。而动物的农产品地理标志中，家禽牲畜类地理标志有 97 个，其中关于鸡的地理标志有 23 个，包括略阳乌鸡、泰和乌鸡、南丹瑶鸡、巴山土鸡、汶上芦花鸡等祖国东西南北的各路英雄。此外，粮油、中药材、水产、工艺品等也可以申请地理标志商标。我们所熟知的宜兴紫砂、禹州钧窑、景德镇青花、龙泉青瓷均位列其中。泰国总理府常务秘书处还将 THAI SILK、CLASSIC THAI SILK、ROYAL THAI SILK 等注册成了集体商标。

4.4　申请地理标志商标需要具备什么条件

（1）地理标志申请人的监督、管理资格需要经过地理标志所标示地区人民政府或行业主管部门的授权。

（2）省级业务主管部门出具证明，证明该地理标志所标示的区域及地域环境、商品的特定品质、商品的特定品质与地理因素的关系。也可以附送国家权威部门公开叙述该地理标志所标示的区域及地域环境、商品的特定品质、商品的特定品质与地理因素的关系的资料的复印件。这种对区域及地域环境、商品的特定品质、商品的特定品质与地理因素的关系的证明，也是对地理标志申请人主体的限制。

（3）地理标志注册主体应是具有检测和监督能力的组织，或者委托具有检测和监督能力的组织进行检测。

（4）地理标志在使用主体和受益主体上，地理标志的注册人不能以自己的名义使用该标记，也不能作为受益主体，具体使用人和受益主体必须是在该地理位置上利用其资源进行生产、服务的生产者、服务提供者。

（5）在地理标志的转让上，与一般商品商标与服务商标的转让不同，地理标志的受让主体受到限制，必须具备前述所有条件。

4.5　申请地理标志商标需要准备什么材料

在我国，申请注册地理标志证明商标、集体商标注册需要提交以下资料：

（1）《商标注册申请书》。委托商标代理机构代理的，还应当附送《商标代理委托书》。

（2）申请人主体资格证书复印件（需加盖申请人公章）。地理标志注册申请人可以是社团法人，也可以是取得事业法人证书或营业执照的科研和技术推广机构、质量检测机构或者产销服务机构等。申请地理标志集体商标的，应当附送集体成员名单。外国人或者外国企业申请地理标志集体商标、证明商标注册的，应当提供该地理标志以其名义在其原属国受法律保护的证明。

（3）地理标志所标示地区的人民政府或者行业主管部门授权申请人申请注册并监督管理该地理标志的文件。

（4）有关该地理标志产品客观存在及信誉情况的证明材料（包括县志、农业志、产品志等）并加盖出具证明材料部门的公章。

（5）地理标志所标示的地域范围划分的相关文件、材料。

相关文件包括：县志、农业志、产品志中所表述的地域范围，或者是县级以上人民政府或行业主管部门出具的地域范围证明文件。

（6）地理标志证明商标、集体商标使用管理规则。

（7）地理标志产品的特定品质受特定地域环境或人文因素决定的说明。

（8）地理标志申请人具备监督检测该地理标志能力的证明材料。申请人具备检验检测能力的，申请人需要提交检验设备清单及检验人员名单，并加盖申请人的公章。申请人委托他人检验检测的，应当附送申请人与具有检验检测资格的机构签署的委托检验检测合同原件，并提交该检验检测机构资格证书的复印件及检验设备清单、检验人员名单，并加盖其公章。

这里特别提示，与申请注册普通商标类似，申请注册地理标志证明商标、集体商标注册需要注意以下事项：

（1）加盖申请人签章的商标注册申请书。

填写商标注册申请书的具体要求包括：

① 有关文件应当打字或者印刷，手写的商标申请书件，商标局不予受理。

② 申请人名称、地址应按照主体资格证明文件填写，地址前必须有省、市、县名称。申请人名义公章应与主体资格证明文件上登记的名称完全一致。

③ 商品或服务项目应按照《商品和服务分类表》或《类似商品和服务区分表》填写规范名称，商品名称或服务项目未列入分类表的，应当附送商品或服务项目的说明。

④ 递交申请前仔细检查申请书，递交后不得改动。填写错误需提交《更正

商标申请/注册事项申请书》。申请人、商品或服务项目及商标图样不得更换。

（2）申请书背面粘贴商标图样一张，要求图样清晰、规格为长和宽不小于5厘米并不大于10厘米。

（3）直接到商标注册大厅办理的，提交申请人的主体资格证明文件（如营业执照等）的原件和复印件（原件经比对后退还），或者提交申请人经盖章或者签字确认的主体资格证明文件复印件。委托商标代理机构办理的，提交申请人的主体资格证明文件的复印件。

（4）直接到商标注册大厅办理的，提交经办人的身份证及复印件（原件经比对后退还）；委托商标代理机构办理的，提交商标代理委托书。

（5）缴纳规费3000元。

4.6 地理标志商标审查的标准

地理标志也是商标，与普通商标审查一样，商标局会按照《商标审查及审理标准》对地理标志进行绝对理由和基于同一种或类似商品项目的相对理由的审查。此外，对地理标志的实质要件审查主要从以下四个部分着手。

4.6.1 申请人主体资格的审查

1. 主体资格证明文件

申请人主体资格证明文件是指社团法人、事业单位法人、企业法人的法人证书等。主体资格证明文件审查注意事项：

① 地理标志注册申请人可以是社团法人，也可以是取得事业法人证书或营业执照、不以赢利为目的、具有监督管理能力的科研和技术推广机构、质量检测机构或者产销服务机构等团体、协会或者其他组织。目前个体劳动者协会、个体私营企业协会、农民专业合作社不能作为地理标志的申请主体。

② 法人证书上的申请人业务（营业）范围应包含申请人监督管理该地理标志的内容，例如从事地理标志产品技术研究、普及、培训服务等。同时，申请人不能从事地理标志产品的生产、经营，以保证其管理地理标志的公正性。

③ 外国申请人提交申请的，应当提供地理标志以其名义在原属国受法律保护的证明以及申请人主体资格证明文件的公证认证件。

2. 申请人监督检测能力证明材料

出具授权文件的部门应是地理标志所标示地区的县级以上人民政府或者行业主管部门。

地理标志的注册人是地理标志的监督管理者，除必须有相应的监督能力外，还应有检测能力。申请人具备检测能力的，需要提交下列材料：申请人所具有的资质证书复印件；申请人所具有的专业检测设备清单和专业技术人员名单并附技术人员证书。如果自身没有检测能力，可以通过签署委托协议委托有资质的机构代为检测，同样视为其具有检测能力。申请人委托他人检测的，需要提交下列材料：申请人与具有检测资格的机构签署的委托检测合同原件；受委托机构的资质证书复印件；受委托机构的单位法人证书的复印件。

4.6.2 对地理标志产品特定质量、信誉或其他特征与该地域自然因素、人文因素关系说明的审查

根据《商标法》《集体商标、证明商标注册和管理办法》的规定，以地理标志作为集体商标、证明商标注册的，应当在申请文件中说明该地理标志所标示的商品的特定质量、信誉或者其他特征；以及该商品的特定质量、信誉或者其他特征与该地理标志所标示地区的自然因素、人文因素的关系。

1. 关于地理标志产品特定质量、信誉或其他特征

地理标志产品的特定质量一般通过详细描述产品特定品质及产品的制作方法而体现。产品特定品质的描述可以包括以下内容：原材料、物理特征（酸碱度、形状、重量、外形、密度等）、化学特征（水分含量、脂肪含量等）、微生物特征（酵母、微生物种类等）、生物特征（所属族、种等）、感官特征（气味、味道、纹理、颜色、视觉和感觉特性）。产品的制作方法包括对应用技术的描述以及最终产品的质量标准：如动物产品，应描述品种、饲养条件、屠宰年龄、成熟期、兽体分类、酸碱值等。植物产品应描述其品质、播种期和收获期、收获实践、收获方式、储存、硬度、含糖量等内容。

2. 地理标志产品的信誉与产品的历史和历史来源紧密相关

有关产品历史的描述能够表明其在该地域的历史存在及其信誉高低。地理标志产品特定质量、信誉与该地域自然因素、人文因素的关系说明应详细描述自然因素、人文因素是如何决定地理标志产品的特定质量、声誉或其他特征的。

影响地理标志产品特定质量、信誉或其他特征的自然因素包括以下内容：该地区的土壤、地形地貌、气候、植被、山川河流、原材料、影响生产技术和方法的地区特征等。

人文因素（如生产、加工方法、规程等）影响地理标志产品的质量等特征，包括以下内容：种植区域的选择（例如山前山后、朝向等）；适合该地理产品的生产、加工方法；特殊的生产、加工条件（季节、风向、仓储等）；当地专有技术或特殊生产技术的发展演变等。

作为地理标志的集体商标、证明商标使用商品的特定质量、信誉或者其他特征应主要由该地理标志所标示地区的自然因素、人文因素所决定。"绍兴黄酒"的特定品质由鉴湖水、微生物及独特的生产工艺所决定。产地内四季分明，雨水充沛，生产期（11月底到次年3月）内适宜酿酒所需的微生物生长。鉴湖水系水质清澄，富含微量元素和矿物质。"绍兴黄酒"采用精白糯米为原料，配以鉴湖水酿制，经过蒸煮、发酵、压榨、勾兑、煎酒、灌坛、瓶装等一系列特殊的工艺流程，形成色泽橙黄、清亮透明、味醇厚、柔和鲜爽的品质。

地理标志是在漫长历史中客观形成，而非创造设计出来，包括县志、农业志、产品志、年鉴、教科书、国家级专业期刊等在内的文献对地理标志产品特定品质、信誉或其他特征与该地域自然因素、人文因素之间关系的说明最为客观，是认定是否符合地理标志注册条件的最有效证据。要求上述文献为正式出版物，有书号或新闻出版准印号，申请人需提供文献原件，或提供复印件并加盖出具该复印件的图书馆或档案馆的公章。

4.6.3　地域范围的审查

根据《集体商标、证明商标注册和管理办法》规定，地理标志申请应说明该地理标志所标示地区的范围。地理标志所标示的地域范围为一个市、县内的，由该市、县人民政府或行业主管部门出具证明文件；地域范围为两个以上市、县范围的，由这些市、县的共同上一级人民政府或行业主管部门出具证明文件。

地域范围审查注意事项：地理标志所标示地区的生产地域范围可以是县志、农业志、产品志、年鉴、教科书中所表述的地域范围；可以由地理标志所标示地区的县级以上人民政府、行业主管部门出具的地域范围证明文件确定。该地域范围无需与所在地区的现行行政区划名称、范围完全一致。

生产地域范围可以下列方式及其组合界定：行政区划；经纬度；自然环境中的山、河等地理特征为界限；地图标示。

4.6.4 使用管理规则的审查

根据《集体商标、证明商标注册和管理办法》规定，地理标志申请应提交地理标志使用管理规则。地理标志证明商标、集体商标使用管理规则是注册人如何使用管理该地理标志的公开性文件，其范文可在商标局官网下载（参见本章附录）。

4.7 地理标志商标申请的流程

我国地理标志集体商标、证明商标注册基本流程：商标事先查询——申请文件准备——提交申请——交纳商标注册费用——商标形式审查——下发商标受理通知书——商标实质审查——商标公告——颁发商标证书，可详见图 4-1。

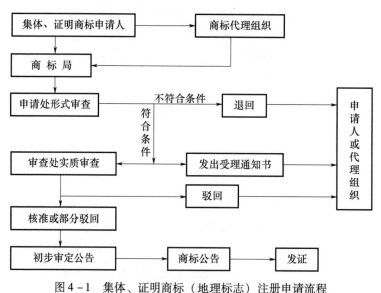

图 4-1 集体、证明商标（地理标志）注册申请流程

申请人申请的地理标志获准注册后，国家工商行政管理总局商标局会向申请人颁发商标注册登记证，申请人可以许可地理标志生产者、经营者在自己的商品上使用地理标志产品专用标志，如图 4-2 所示。

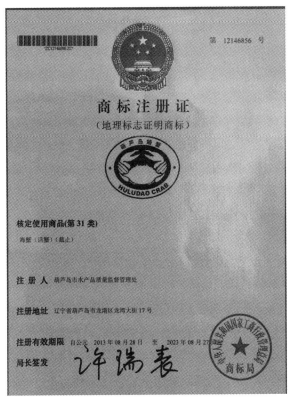

图4-2 国家工商行政管理总局商标局地理标志专用标志

附录2

1. 普通商标注册申请书填写实例

听说国家出台多项扶持农业的政策后，孙悟空在取经结束后决定回花果山发展有机果蔬产业，组织成立了花果山果蔬行业协会并亲自担任会长，建设标准化基地、市场化经营等方案都确定后，知识产权意识强的孙会长决定向商标局提交在31类"花果山"文字商标注册申请，由于准备充分，申请书填写完备无误，该商标顺利获得注册。

商标注册申请书

申请人名称：花果山果蔬行业协会 ◀━━ 与法人证书保持一致
申请人地址：东胜神州傲来国花果山水帘洞甲8号 ◀━━ 地址要有行政区划
是否共同申请：□是 ☑否 ◀━━ 非共有商标
邮政编码：13500
联系人：孙悟空
电话（含地区号）：0576-34281500
传真（含地区号）：0576-34281500
代理组织名称：　　　　　　　　　　　　选择商标种类
商标种类：☑一般 □集体 □证明 □立体 □颜色
商标说明：商标图样由"花果山"纯文字打印体构成。

类别　31类
商品/服务项目：1、新鲜水果；2、新鲜蔬菜。（截止）
（附页：　页）　　　　　根据分类表填写，在一类10个商品名称或
　　　　　　　　　　　　服务项目之内，每件商标注册申请规费800元，
　　　　　　　　　　　　10个以上（不含10个），每超过一项，另加收80元

申请人章戳（签字）：　　　　　代理组织章戳：
　　　　　　　　　　　　　　　代理人签字：

资源链接

商标申请书式下载网址及二维码：http：//sbj．saic．gov．cn/sbsq/xshqshsh/

商标申请指南下载网址及二维码：http：//sbj．saic．gov．cn/SBSQ/SQZN/

商标公告查询网址及二维码：http：//sbj．saic．gov．cn/SBGG/INDEX1．HTML

《类似商品和服务区分表》下载网址及二维码：http：//sbj．saic．gov．cn/sbsq/spfl/

2. 地理标志商标注册申请实例

二师兄看孙会长的花果山果蔬产业发展得如火如荼，心里痒痒。他想起取经途中经常开小差溜回高老庄，有一次带回去西域的西瓜良种，经过这么多年的发展，"高老庄西瓜"已是远近闻名，以其"皮薄个大、瓤红汁多、脆甜爽口、四季结果"的特点畅销各地。于是，他也回高老庄成立了高老庄西瓜种植协会并自命会长，而且上任第一件事就是注册"高老庄"商标。但是经过咨询得知，高老庄经过多年发展已经是县级市区划了，又没有其他含义，作为县级以上行政区划又无其他含义不能作为商标注册，他犯了愁。这时候还是商标经验丰富的大师兄给他支了招，告诉他"高老庄西瓜"符合地理标志注册条件，可以申请地理标志，不受行政区划限制，不过也叮嘱他地理标志申请书件复杂，请他务必备齐相关申请材料，于是，朱会长开始认真地准备"高老庄西瓜"地理标志申请材料。

（1）地理标志证明商标申请书。

商标注册申请书

申请人名称：高老庄西瓜种植协会

申请人地址：高老庄市福临山云栈洞1号

是否共同申请：□是　　　☒否

邮政编码：50480

联系人：朱悟能

电话（含地区号）：0548-3655669

传真（含地区号）：0548-3655669

代理组织名称：　　　　　　　　　　选择商标种类为证明商标

商标种类：□一般　　□集体　☒证明　　□立体　　□颜色

商标说明：商标图样由"高老庄西瓜"纯文字打印体构成。

类别：31类

商品/服务项目：西瓜（截止）

（附页：　页）
　　　　　　地理标志商品项目只能是填写特定商品
　　　　　　即便《商品服务项目分类表》上并无规范商品名称
　　　　　　也要按照实际的产品称为填写
　　　　　　如"腾冲饵丝"商品项目填"饵丝"

申请人章戳（签字）：　　　　　　　代理组织章戳：

　　　　　　　　　　　　　　　　　　代理人签字：

（2）申请人主体资格证书复印件（加盖申请人公章）。

社会团体法人
登记证书
（副本）

高社证字第 036 号

发证机关　高老庄市民政局
发证日期　2010年3月29日
（有效期限：自2010年3月29日至2015年3月28日）

名　　　称　高老庄西瓜种植协会

业 务 范 围　1、开展西瓜产业学术交流。2、开展种植技术培训。3、代表和维护西瓜种植者的正当权益。4、开展技术咨询服务。5、参加国内外技术交流活动。

住　　　所　高老庄市福临山云栈洞1号

法定代表人　朱悟能

活 动 地 域　高老庄市境内

注 册 资 金　九万元整

业务主管单位　高老庄市农业局

（3）所在地区人民政府授权。

高老庄市人民政府文件

高政复[2013]43号

关于申请注册
"高老庄西瓜"地理标志证明商标的批复

高老庄镇人民政府：

你单位上报的《关于申请注册"高老庄西瓜地理标志证明商标的请示》收悉。经研究，现批复如下：

同意高老庄西瓜种植协会作为"高老庄西瓜"地理标志证明商标的申请注册人，按照申报要求和程序向国家工商行政管理总局商标局申请注册"高老庄西瓜"地理标志证明商标。请认真做好"高老庄西瓜"地理标志的申请注册、监督管理和推广使用工作。

（4）有关该地理标志产品客观存在及信誉情况的证明材料并加盖出具证明材料部门的公章。（封面、版权页、内容页至少三页材料）

(高)新登字 079 号

高 老 庄 市 志

高老庄市地方志编撰委员会　　编

高老庄经济出版社出版

（福临山云栈路甲8号）

高老庄政府信息工程所制版承印

（福临山云栈路34号）

路透社高老庄市分社《高老庄特产》杂志社印刷厂内文印制

787×1092 毫米　16 开本 61.63 印张　彩印 1 印张　字数 1400 千字

1995 年 9 月第一版　1995 年 9 月第一次印刷

印数 1—3000 册

书号 ISBN-5017-0700-7-6-07

定价：98 元

厚梗粗，小指般粗的叶梗，无筋无骨，香汁丰满，水灵酥脆，与肥美的叶芽儿一块供人们享用。瓦屋香椿芽最大用场还是用来腌制咸菜，腌制工艺是加盐适量，揉搓适度，而后背阴处晾晒。晒好后的咸菜与鲜芽子的重量相等，方为合格，然后装入特制的瓷罐密封。建国前瓦屋香椿芽就名扬穗、港、澳及东南亚地区。出口产品标签直书"中国高市瓦屋香椿芽"。新中国建立后，年最高外销量达 14 吨。新加坡一商家曾专事经销瓦屋香椿芽，年销量达 5 吨。

固定称谓→ 高老庄西瓜　高老庄最有名的产品，产地范围介于东经109度113分—110度19分北纬34度36分—35度2分之间，具体范围包括 **生产范围→** 高明、高宣、范家、双泉、许庄、安仁、曹毅、平民、赵度、夏再、冠池、苏村等乡镇。唐贞观年间，本市名人朱悟能先生从西域引进西瓜良种。我市组织专家搞丰产实验取得显著效果。我市处于热带半干旱大陆性季风气候区，年平均气温26度，光热资源充 **地域特点→** 足、地下水资源丰富，土壤富含各种微量矿物质，适宜西瓜的种植生长。截至2013年全市种植规模已发展到50万亩，产品远销全国各地，深受消费者欢迎。

特定品质→ 高家庄西瓜主要特点是：皮薄个大、瓤红汁多、脆甜爽口、四季结果。植株叶片翠绿，易于修建，抗旱抗病，适宜山区地带种植，果实呈椭圆形，外观光滑，大个可达20公斤一个，远近闻名。与其他地区的西瓜相比最大优势是不用温室大棚也能实现四季挂果，上市期持续整年，且品质始终如一，近年更是打入国际市场受到一致好评。

矬草峪葡萄　高老庄张庄乡矬草峪村的葡萄，名曰"大青粒"，唐代开始栽植，后逐渐形成规模，至明清，矬草峪年产葡萄12.5万公斤左右。较大的树株年结果 500 余公斤。其特点是：粒大、皮薄、色绿，如玛瑙、似翡翠，甘甜可口，清热化痰，饱食不厌。采摘后包装托运，七天不脱粒，不用作任何处理，可储存到春节，且色、味如初。

灰埠大枣　灰埠村属高老庄匡庄乡，位于洪山脚下，明清时期，灰埠村及周围的灰城、水河、时枣村一带开始栽植枣树，后逐渐形成规模，素有"枣乡"之称。

灰埠大枣分为长枣、圆红枣 2 个品种，大枣具有个大、肉厚、含糖份高、油质多、粘丝长等特点，是制作多种食品的良好原料。

灰埠一带现有枣树 60 余万株，其中成龄树约 25 万余棵，年产量达 35 万公斤左右。大枣及其制品主要销往武汉、郑州、广州和港澳等地区。

香城山楂　高老庄香城镇的刘家庄、白石铺、北小刘、齐家庄、老龙湾、房桃、泉山、洪山等村，在明朝中期开始栽培山楂。后，逐渐形成规模，被誉为"山楂之乡"。

山楂，俗称红果，品种繁多，味道鲜美，营养丰富，有较高的医疗保健作用。香城山楂的优良品种有大金星、敞心、内外红、朱砂红、大滑皮等 10 多个品种。据测定，香城山楂每百克内含蛋白质 0.7 克、脂肪 0.2 克、碳水化合物 22.1 克、钙 68 克、磷 20 毫克、铁 2.1 毫克、胡萝卜素 0.82 毫克及多种维生素和防病物质，因果内含有较多的红色素和果胶物质，又具有一定的糖酸含量及芳香味，可作主料或填充料加工制成饼、片、粒、酒、露、果丹皮、灌头等多种山楂制品。近几年，香城山楂栽培面积已发展到 3 万亩、100 万余棵，年产约 150 万公斤。

城前板栗　地处高市丘陵区的城前镇，是高老庄板栗的集中产地。据调查，城前板栗约在 300 年前由泰安、江苏引进。1984年统计，全镇栗树面积约 860 亩、4 万余株，年总产量为 4 万余公斤。

板栗为高大的落叶乔木，树冠呈开张，根系发达，具有很强的生命力。幼树于七、八年后开始结果，20 年后进入盛果期。如管理适当，盛果期可达 100 余年或更长时

（5）地理标志所标示的地域范围划分的相关文件、材料（市志中有产品地域范围，无需另行出具，否则由市农业局或（市）政府出具）。

（6）地理标志证明商标使用管理规则（按商标局官网范本修改，重点是第五、六条，第五条阐述地域范围，第六条描述特定品质及与地理人文因素的关系）。

（7）地理标志产品的特定品质受特定地域环境或人文因素决定的说明（对产品做全面的介绍，重点阐述特定品质及地理人文因素的关系）。

（8）地理标志申请人具备监督检测该地理标志能力的证明材料。检验检测合同原件，并提交该检验检测机构资格证书的复印件并加盖其公章（地理标志的注册人是地理标志的监督管理者，它必须有相应的监督检测能力，如果自身没有，可以通过签署委托协议请其他有资质的机构代为监管，同样视为其具有监管能力）。

资料来源

地理标志集体商标使用管理规则范本、地理标志证明商标使用管理规则范本、集体商标使用管理规则范本、证明商标使用管理规则范本网址及二维码：

http：//sbj. saic. gov. cn/dlbz/zsjt/201207/t20120711_ 127813. html

第5章 农产品地理标志——向农业部申请

平日里最寻常的大白菜贴上"地理标志"的标签，就会摇身一变成为身份和地位都不同凡响的、有历史、有故事的农家"新贵"！本章我们将了解如何通过农产品地理标志的申请实现"鸡窝里飞出金凤凰"的美丽传说。

5.1 农业部登记农产品地理标志的法律依据

2002年修改颁布的《农业法》确立了"符合规定产地及生产规范要求的农产品可以依法申请使用农产品地理标志"的法律依据。

除了法律层面的规定外，《农产品地理标志保护管理办法》《农产品地理标志登记程序》和《农产品地理标志使用规范》等为地理标志的登记提供了更加细致可循的实施机制。其中，根据《农产品地理标志管理办法》第4条规定，我国农业部负责全国农产品地理标志的登记工作。也就是说，中华人民共和国农业部负责颁发《农产品地理标志登记证书》。尽管证书上盖有"中华人民共和国农业部"的鲜红印章，但具体的登记和审查职责需要由省级农业主管部门和农业部隶属的单位来一一加以落实。其中，省级农业行政主管部门负责本行政区域内农产品地理标志登记申请的受理和初审。如果初审通过，隶属农业部的农产品质量安全中心就会进一步对申请的农产品进行地理标志登记的审查和专家评审。由农业部设立的农产品地理标志登记专家评审委员会来进行评审，而评审委员则由种植业、畜牧业、渔业和农产品质量安全等方面的专家组成，由他们依据一定的条件、标志和要求等对申请的农产品进行地理标志注册的评审。一项农产品地理标志登记申请，是否满足地理、人文的特殊要求，除了申请人全面、积极地准备材料，专家评审委员会客观、公证的评价将是决定"土鸡变凤凰"的重要官方考核。

因此，清楚地了解农产品地理标志可能涉及哪些法律的规定，以及如何进行相应的注册登记，了解谁可以申请农产品地理标志，哪些农产品可以申请农产品地理标志以及如何申请等详细的规定，将帮助"鸡窝"的主人尽快地找准金凤凰起飞的通道。

5.2　谁可以申请农产品地理标志

当你用希望和饲料精心喂养着一群可能成为金凤凰的鸡仔时，你首先要了解你是否能为这些小鸡起飞成功配置装备。也就是说，你是否有资格为这些鸡仔申请农产品地理标志。根据《农产品地理标志管理办法》第 8 条的规定：地理标志产品申请，由当地县级以上人民政府指定的地理标志产品申请机构或人民政府认定的协会和企业提出，并征求相关部门意见。从这一规定可以看出，农产品地理标志不接受个人申请。符合两种条件的申请人可以申请农产品地理标志。一是当地县级以上人民政府指定的地理标志申请机构，例如禽牧技术推广中心等；二是当地县级以上人民政府认定的协会和企业，例如畜禽养殖协会、养鸡专业合作社、水产协会等。从这一申请主体的身份上看，准入的门槛并不是很高，但是十分明确的是，个人无法单独成为地理标志的申请人。这点让许多怀揣小鸡的农民伯伯不得不想办法抱团来追求这一"凤凰梦"。为什么我国不允许个人作为地理标志产品的申请人呢？这与我国的国情有很大的关系。在欧洲，独立的自然人、法人在具备一定条件的情况下可以成为地理标志的申请人。这与欧洲悠久的行会传统有关。欧洲行业协会具有强大的凝聚力和影响力，即便是由个人申请的地理标志，行业协会也可以通过有效的手段来管理这些地理标志的持有人。相比之下，我国的行业协会特别是农村的行业协会比较松散，组织管理能力和技术仍然十分有限。因此，这时候政府就要体现更多的职能作用，通过指定或认定的方式来主导农村集体组织进行地理标志的申请、管理和保护。

尽管，准入主体的门槛不高，但政府在指定或认定集体组织作为申请人时，还是提出了一些具体的条件。这些条件主要体现在三个方面，分别是：

（1）具有监督和管理农产品地理标志及其产品的能力；

（2）具有为地理标志农产品生产、加工、营销提供指导服务的能力；

（3）具有独立承担民事责任的能力。

能够申请农产品地理标志的，必须是农民专业合作经济组织或行业协会等组织。也就是说，如果有一群农夫，他们以农户经营为基础，以产业或产品为纽带，以增加成员收入为目的，通过资金、技术、生产和购销等互助合作的方式组成的群体，那么他们可以代表大伙儿申请农产品地理标志。实践中，大多由农产品行业协会、农技推广机构、农民专业合作组织等来申请农产品地理标志。例如，广德毛腿鸡的地理标志申请人为安徽皖南竹乡土特产产销专业合作社，而广德县所辖东亭乡、卢村乡、四合乡、杨滩乡、柏垫镇、誓节镇，共6个乡镇58个行政村的村民能够作为集体成员享受这一农产品地理标志所带来的益处。

不过，这一集体组织还必须具备一定的能力。这些能力主要体现在三个方面。第一，能够监督、管理地理标志及其产品。也就是说，这一组织要能够带领大家管理地理标志的合理使用，承担对农产品地理标志的生产指导和质量监督管理的职责，并且不得滥用这一集体性的权利。第二，能够为地理标志农产品的生产、加工、营销提供指导服务的能力。农产品地理标志的申请人不仅在形式上是集体组织，而且在业务上要能够为地理标志农产品的产、供、销等提供必要的咨询、培训、信息、宣传等指导和服务。第三，能够独立承担民事责任。如果集体组织在管理和使用地理标志过程中违反相关法律、法规就将面临独立承担不利后果的法律挑战。比如，某地的地理标志产品十分畅销，供不应求，于是地理标志持有人便滥用这一原产地名称，以假充真、以次充好，以非地理标志产品冒充地理标志产品进行销售，以牟取不当利益。这种违反诚信原则甚至是欺诈的行为一旦被发现，就要由这一集体组织来承担在管理和使用地理标志中侵权或违约所可能涉及的经济赔偿等法律后果。从这些能力要求上看，地理标志的申请主体扮演着"既当爹又当妈"的角色，既要管理好地理标志，又要为集体成员地理标志的使用提供服务，还要在成员"惹麻烦"的时候赔礼道歉，甚至受罚受难。

某处山清水秀，人杰地灵，就连小鸡也因为特殊的自然环境而形成了特有的体貌、外观、营养结构，而独到的人文环境又为小鸡打造出了许多美丽的传说。因此，此处的小鸡变成金凤凰很大程度上取决于此地特殊的地理环境和人文历史。作为自然的馈赠和祖先的遗产，这些丰厚的物产理所当然不能归于私人的口袋。但是如果不能科学、合理地管理这些财富，又会使它们遭遇无法充分利用的浪费。因此地理标志作为一张"名片"既可以帮助当地村镇集体管理这些资源又可以最大化地利用这些资源，走上新的致富之路。按照法律规定，农业协会等集体组织可以代表大家申请这一土鸡变凤凰的农产品地理标志。而这一为了共同目标走到一起来的集体组织除了要谨慎、妥善管理集体标志外，还要以服务为宗旨为农户使用地理标志提供各种服务。例如，为地理标志农产品提供销售渠道、提供专业技术培训、提供市场供需信息等。另外，如果在这一伟大事业中出现法律纠纷时，集体组织也要能够敢于担当，独立地承担各种打官司的责任。

5.3　农产品地理标志有哪些

要回答这个问题，首先要先确定什么是农产品。2006 年颁布实施的《农产品质量安全法》以及 2008 年颁布实施的《农产品地理标志管理办法》都将农产品定义为：来源于农业的初级产品，即在农业活动中获得的植物、动物、微生物及其产品。这个定义告诉我们，以初级农产品为原料经过工业加工、制作之后的产品不属于农产品地理标志的申请范围。不过，经过深度加工的农产品可以通过国家工商行政管理总局商标局和国家质量监督检验检疫总局申请其他类型的地理标志的保护。世界贸易组织（WTO）的一揽子重要协议中对农产品和地理标志都做出了具体的规定。我们这里谈谈他们对农产品地理标志的不同界定。根据 WTO《农业协定》的规定，农产品除了包括小麦、牛奶和牲畜等初级农产品外，还包括由此衍生出来的所有产品，例如面包、黄油以及加工过的香肠、酒、烟草以及毛、丝等纤维制品，但其产品不包括鱼类、鱼产品及林业制品。从这一定义我们可以看出，WTO 对农产品的界定要宽泛许多。而作为地理标志制度运行得较好的欧盟，他们在《关于保护农产品和食品地理标志和原产地名称的欧共体第 510/2006 号条例》中将地理标志产品的保护范围分为三类：第一类是供人类消费的农产品，即指《建立欧洲共同体条约》附件 1 中所列举的农产品；第二类是食品，指啤酒、从植物中榨取的饮料、焙制食品、精美焙制食品、糖果、点心或小烘制的糕饼、芥末酱、面食等；第三类是非食用农产品，即指甘草、香精油、天然橡胶和树脂、软木、胭脂红、花卉和观赏植物、羊毛、柳条、亚麻打成的麻。① 欧盟的分类既不同于 WTO 也不同于我国对农产

---

① 王笑冰译. 欧盟理事会关于保护农产品和食品地理标志和原产地名称的欧共体第 510/2006 号条例 [J]. 中华商标. 2008 (2)：65 – 69。

品的界定。看来在国际、地区和国内的不同立法层面上，农产品地理标志的法律规定有待进一步整合统一。

虽然我国农产品地理标志的保护范围较为严格，但是我国初级农产品的丰富程度令人惊喜。仅以鸡为例，便有大武口小公鸡、盐池滩鸡、朝那乌鸡、城口山地鸡、漯河麻鸡、赤水乌骨鸡、南川鸡、泰和乌鸡、宁都黄鸡、崇仁麻鸡、美姑岩鹰鸡等 55 件农产品地理标志。而米类的农产品地理标志则有 105 件之多。属于微生物类的菇类农产品地理标志也有 23 件。

5.4　申请农产品地理标志需要具备什么条件

鸡偶尔会飞，但多半在地上走。凤凰偶尔地上走，但大多在天空翱翔。这样的区别想必大家都十分清楚。因此，要从土鸡变成凤凰必然要求满足严格的条件。申请农产品地理标志也与这一比喻相同，需要经历一些必要的、严格的考验。

首先，申请地理标志登记的农产品必须要有一个统一规范的命名。农产品地理标志由地理区域名称和农产品通用名称共同构成，即：特定地域名称＋农产品名称。这里特定地域名称，可以是行政地名，也可以是自然区域名称。前者如兴化大闸蟹、宜宾早茶；后者如黄河口大闸蟹、晋祠大米、三清山白茶等。而农产品名称，可以是约定俗成的叫法，也可以是学科规范的学名，前者如昌果红土豆、城口洋芋，后者如峨边马铃薯。另外农产品通用名称中可以含有产品形状、颜色、风味、生长环境等方面的修饰语，例如云桥圆根萝卜、东阿黑毛驴、广水胭脂红鲜桃、西昌高山黑猪等。这些产品的名称要尊重历史沿袭，使用历史沿袭和传承的名称，而不应人为地进行调整、人为臆造、人为添加前缀或后缀。

其次，产品有独特的品质特性或者特定的生产方式。农产品独特的品质特性或特定的生产方式是申请地理标志注册的必备条件。这个条件可以理解为两个方面，一是品种独特，二是生产方式独特，即先天品种独特或者后天品质卓越。记得一句广告词叫"不是所有的牛奶都叫特仑苏"，这里厂家想要传达给消费者的大意是，特仑苏是一种具有特殊优良品质的"金牌牛奶"。事物之间有共性也有个性，往往个性多一些就能更加突出这一事物与其他事物的区别。地理标志产品就要求这一产品具有突出的个性，不论是品种上还是品质上。这句广告词让我们注意到地理标志产品所必须具备的特殊要求。

总结起来可以说，产品独特的品质特性是指由独特自然生态环境或特定生产方式等因素所形成的独特感官特征及独特的内在品质指标。独特感官特征是指通过人的感官（视觉、味觉、嗅觉、触觉等）能够感知、感受到的特殊品质及风味；内在品质指标是指需要通过仪器检测的可量化的独特理化品质指标，如富含膳食纤维、富含某种维生素或矿物质元素、富含某种生理活性物质等。例如：章丘大葱历史悠久，驰名中外，深受世界各地消费者喜爱，有"葱王"之称。其产品独特的品质特性表现为葱白长且直，一般 50 ~ 60 厘米，最长 1 米左右，葱白茎粗可达 5 厘米。其口感脆嫩爽口、无筋无渣、少辛辣，最宜生食。特定的生产方式是指影响登记产品品质特色形成和保持的主要生产方式，如产地要求、品种范围、生产控制、产后处理等相关特殊性要求。例如：马家沟芹菜叶茎嫩黄、梗直空心、棵大鲜嫩、清香酥脆、营养丰富、品质上乘。该产品优良品质的形成与特定的生产方式有关。马家沟芹菜采用密植栽培，每亩种植25000 ~ 30000 株，芹菜叶片生长到一定时期后，因叶片互相遮荫减少光照，使产品品质十分脆嫩，有"玻璃脆""水晶心"之美誉。

第三，产品品质和特色主要取决于独特的自然生态环境和历史人文因素。这个申请条件也可以理解为农产品品质特色源自两个方面，一个是自然生态环境，一个是历史人文因素。一枚小小的地理标志之所以被认可并具有权威性，就在于其蕴含着许多特有的生态环境信息和沉淀下来的历史人文信息。军山湖大闸蟹便是农产品地理标志中的一个典型代表。军山湖所生产的清水大闸蟹具有青背白肚、金爪黄毛、个体硕大、肉味鲜美、营养丰富等特征，并形成了"大、肥、腥、鲜、甜"五大独特风味和"绿、靓、晚"三大特点，是大闸蟹中的上品。人们常讲"秋风起，蟹脚痒""九月圆脐十月尖，持蟹赏菊菊花天"，这便是说秋季是吃螃蟹的好时节，九月雌蟹肥美，十月雄蟹肥美。《红楼梦》中林黛玉在贾府螃蟹宴上也即兴作诗："铁甲长戈死未忘，堆盘色相喜先尝。螯封嫩玉双双满，壳凸红脂块块香。多肉更怜卿八足，助情谁劝我千觞？对兹佳品酬佳节，桂拂清风菊带霜。"而对于军山湖大闸蟹，宋代学者杨仲宏和范德机在军山湖书院避乱时也曾留下："五日湖光看未厌，再看五日可周全。衣冠荣耀无千载，道义交游有百年。佳会不常诗似锦，盛延难再螃蟹鲜。明年此日游何处，谁与菊花共月眠"的诗句。可见早在一千多年前军山湖大闸蟹就已十分有名。除了这种独特的人文气息外，军山湖独特的生态环境也是形成其特色的重要原因。军山湖大闸蟹因产于江西省进贤县军山湖而得名。进贤县地处江西省中部、鄱阳湖南岸的滨湖地区，东经116°11′15″~116°33′8″，北纬28°09′~28°41′，属亚热带季风型气候，气候温和，雨量充沛、日照充足、无霜期长，主要气候特点是：冬夏长、春秋短、冬季多偏北风、寒冷干燥、春夏之交多雷雨、伏秋之间常久晴。多年平均气温为17.7℃。历年平均降雨量为1587毫米，年日照时数为1900~2000小时，多年平均无霜期为283天，非常适合河蟹生产。历史上，军山湖的河蟹是天然状态下自然生长的野生蟹，河蟹在长江口咸淡水交界处繁殖，然后蟹苗沿长江上溯，通过长江进入鄱阳湖水域生长，在包括军山湖在内的鄱阳湖生长成熟后，再顺长江而下，为繁殖而洄游，如此重复生命的循环。虽然，我们今天吃到的军山湖大闸蟹多是人工放养的，但仍旧与进贤县独特的生态环境密切相关。军山湖与陈家湖、青岚湖水系相通，酸碱适中，湖底有环棱螺、河蚬等20多种水生生物，这为大闸蟹生长提供了非常丰富的可食天然养料，蟹苗在放入湖中后，基本处于"人放天养"的状态。由此可见，地理标志农产品并不仅仅源于独特的自然生态环境，还取决于祖先前辈赋予这一物产特有的人文色彩。当今的人们品尝着这一富含人文历史的螃蟹时，是否也能体会到古人的感叹呢？

第四，产品有限定的生产区域范围。在西方，香槟几乎与快乐、欢笑和喜庆同义。每逢汽车拉力赛颁奖时，总免不了冠军选手开启香槟热烈庆祝的欢乐场面。但实际上，你是否了解"香槟"其实是法国一个地区的名称。依照相关的法律规定，只有在法国香槟地区，选用指定的葡萄品种，根据特定的生产方法和流程所酿造的起泡酒，才可标注为香槟（Champagne）。早些年，法国企业时常投诉中国企业假冒法国品牌，不仅盗用法国"香槟"的名称来生产葡萄酒，甚至在香水和烟草中都滥用"Champagne"字样。如今法国"香槟"获得了中国地理标志的保护，"香槟酒"这一地理标志产品只能是唯一来自法国香槟地区的葡萄酒。那些随处可见的"香槟"产品从此与我们远去了。在地理标志的相关法律制度规范和保护下，香槟酒以更加准确的身份、规范的名称和独到的品质重新进入我们的日常生活。

就像上文提到的香槟酒只产于法国香槟地区，其他地区的葡萄酒，即便采取完全相同的生产工艺也不能冠以"香槟"之名。中国的成语"南橘北枳"也能很好地说明同一物种因为生长的地理环境不同而发生变异的情况。因此限定生产区域范围是农产品申请地理标志一个严格的条件。以毕节可乐猪为例，毕节市位于贵州省西北部，其中下辖七星关区林口镇境内有个村子叫鸡鸣三省村。该村南邻林口渭河，东接团结海戛，西与云南白车、北与四川岔河隔赤水河相望。"一鸡啼叫，三省皆闻"、"一步踏三省"是对鸡鸣三省村的形象描述。但是从农产品地理标志毕节可乐猪保护的地域范围来看，只包含毕节市所辖赫章县、威宁县、七星关区、大方县、纳雍县、金沙县等6个县（区）。与此同时，精准的经纬度界定也是确定农产品地理标志保护范围的重要标准，如香格里拉牦牛肉便被限制在地理坐标为东经98°25′～100°18′，北纬26°25′～29°16′的范围内。

第五，产地环境、产品质量符合国家强制性技术规范要求。在申报农产品地理标志时需提交《地理标志质量控制技术规范》，在这份文件中需要对生产技术要求、产品典型品质特性特征和产品质量安全规定等内容作出说明。以宁乡猪为例，在生产技术要求方面便载明：宁乡猪具有3种毛色和3种头型。猪场或猪舍，地势高燥、背风向阳、地下水位较低；圈舍或圈栏，明亮干燥、整洁卫生、通风良好；水源充足，水质符合NY5027的要求。产品质量安全规定载明：饲料原料和饲料添加剂应符合《饲料和饲料添加剂管理条例》及NY5127的要求，粗饲料应无发霉、变质及异味。兽药应符合《中华人民共和国兽药典》《中华人民共和国兽药规范》，NY5126在兽医指导下进行。更详细的规定请参见本章附录。可见，农产品地理标志不仅要确保"舌尖上的美味"更是要求确保"舌尖上的安全"。

5.5 申请农产品地理标志需要准备哪些材料

当申请人发现自己的土鸡具备成为金凤凰的潜力时，还不能高兴得太早，必须保持低调！因为除了确定由农业合作社或者是农业协会等集体组织来承担"申标"的重任外，还有不少程序性工作要认真准备和积极开展。以下的这些材料准备齐全后，申请人才可以向省级人民政府农业行政主管部门提出登记申请。

（1）登记申请书。这一申请书由农业部农产品质量安全中心编制，主要内容涉及申请人基本情况、申请登记类型、申请登记的农产品地理标志基本情况、申请书附件（包括申请人承诺书和主要生产经营企业情况统计调查表）、随申请书提交的附报文件资料清单、审核意见。

（2）申请人资质证明。这部分主要根据《农产品地理标志登记申请人资格确认评定规范》，要求登记申请人应为人民政府指定或认定的事业法人和社团法人，不能为政府、企业和个人。另外，登记申请人资质证明文件应由县级以上人民政府向当地农业行政主管部门出具批复文件。政府内设的部门（如办公室）出具的文件无效，但由省级人民政府确定登记申请人的除外。跨县（市、区）域的农产品地理标志登记申请人资格确定，则由上一级人民政府出具登记申请人资质批复文件。

（3）产品典型特征特性描述和相应产品品质鉴定报告。根据《农产品地理标志产品品质鉴定规范》《农产品地理标志产品感官品质鉴评规范》和《农产品地理标志产品品质鉴定抽样检测技术规范》的规定，产品特征描述和品质鉴定的审查重点主要集中在三个方面。一是当产品外在感官特征显著，而内在品质指标不显著的，可只提交鉴评报告；二是当产品外在感官特征不显著，而内在品质指标显著的，可只提交检测报告；三是当产品外在感官特征和内在品质指标均显著的，可同时提交鉴评报告和检测报告。为保证对产品进行综合评价，原则上食用农产品应同时提交鉴评报告和检测报告。

（4）产地环境条件、生产技术规范和产品质量安全技术规范。根据《农产品地理标志质量控制技术规范（编写指南）》的要求，质量控制技术规范不宜过长，关键要充分体现产品、产地、生产方式独特性的核心特征。关于独特自然生态环境和特定生产方式描述应重点体现与产品独特品质形成有关联的因素。产品品质外在感官特征描述应当客观真实。内在品质应当重点描述产品品质特色指标，避免罗列非特色性的指标。品质特色指标应是一个范围值（品质限值），而不是固定值。

（5）地域范围确定性文件和生产地域分布图。根据《农产品地理标志登记产品生产地域分布图绘制规范》的要求，地域范围应包括地域经纬度范围、所辖具体乡镇名称（列表）、产品规模和产量等必要信息。

（6）产品实物样品或者样品图片。这一要求可以提供能够完整感知产品独特品质特征的最小量实物样品。样品图片则应含初级产品、制成品的图片及产品包装图片。另外，样品图片必须是彩色靓照哦！产品名称应是在产品包装上已实际使用的名称。地理标志就像产品的身份证，产品包装图片上的产品名称应与申请产品名称完全一致。

（7）其他必要的说明性或者证明性材料。这些材料主要包括三方面的内容。一是人文历史佐证材料，提供反映人文历史的县志、诗词歌赋、民间工艺等材料；二是人文历史年限材料，一般情况下人文历史年限在20年以上，应提供充分的证据证明；三是登记申请规定的其他佐证文件，例如申请人应提供拟授权的标志使用人名录及标志使用人支持地理标志登记保护的联合声明（集体动议文件）等。

如果读者觉得文字不足以清晰理解，那就看看如下简化的表格（见表5－1）吧，这样就可以按图索骥啦。

表5－1　申请农产品地理标志需准备的材料

序号	材料名称	审查依据
1	登记申请书	《农产品地理标志管理办法》
2	申请人资质证明	《农产品地理标志登记申请人资格确认评定规范》
3	产品典型特征特性描述和相应产品品质鉴定报告	《农产品地理标志产品品质鉴定规范》、《农产品地理标志产品感官品质鉴评规范》、《农产品地理标志产品品质鉴定抽样检测技术规范》
4	产地环境条件、生产技术规范和产品质量安全技术规范	《农产品地理标志质量控制技术规范（编写指南）》
5	地域范围确定性文件和生产地域分布图	《农产品地理标志登记产品生产地域分布图绘制规范》
6	产品实物样品或者样品图片	彩色图片
7	其他必要的说明性或者证明性材料	县志或其他证明文献

5.6　向农业部申请农产品地理标志的流程

农产品地理标志产品是怎样炼成的？我们需要有一个宏观的了解也需要有微观的介绍。宏观地讲，农产品地理标志的申请需要四个步骤，分别是申报、审查、公示、颁发。从微观的细节上看，申请农产品地理标志需要的程序可以分解为以下几个步骤，如图5-1所示。

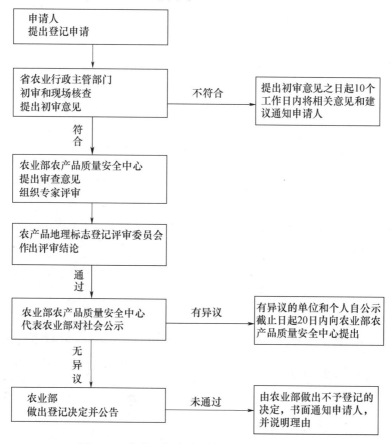

图5-1　向农业部申请农产品地理标志的流程

首先是申报登记。这个过程中要做好六项工作，分别包括确定申报的初级农产品，选择确定申请人，确定地域范围，制定标准和规范，做好品质鉴定以及提供充分的佐证材料。

其次是登记审查。这个步骤可分为文件审查、现场核查和登记审查报告。文件审查主要是书面审查，对申请人提交的材料进行形式上的审查，确保申请材料规范和完整。现场核查主要通过现场听取申请人汇报、实地检查、随机访问、查阅文件和记录等形式，制定核查通知和报告。登记审查报告则要求按地县级工作机构、省级工作机构和农业部工作机构分别制作审核确认意见。

第三是公示和公告。审查通过后由农业部农产品质量安全中心代表农业部对社会公示；公示期满后，由农业部进行登记公告。

第四是证书管理。这个步骤主要包括证书的颁发、变更和撤销。首先由农业部颁发《农产品地理标志登记证书》。其次，如果登记人、登记范围或登记的地理环境发生变化，则可以根据变更的情况，重新核发证书。最后，如果产品证书的持有人不符合《农产品地理标志管理办法》第 7 条和第 8 条的规定，则农业部可以注销并公告撤销证书。

根据以上步骤登记完毕之后，申请人便可以获得《农产品地理标志登记证书》，并在相关农产品上使用该农产品地理标志专用标志，见图 5-2。

图 5-2　农业部农产品地理标志专用标志

附录3 农产品地理标志质量控制技术规范（宁乡猪）

中华人民共和国农产品地理标志质量控制技术规范
宁乡猪

本质量控制技术规范规定了宁乡猪地域范围、自然生态环境和人文历史因素、生产技术要求、产品典型品质特性特征和产品质量安全规定、产品包装标识等相关内容。

1. 地域范围

原产于湖南省宁乡县流沙河、草冲一带的土花猪俗称流沙河猪或草冲猪，1954年原华中农业科学研究所、湖南省农林厅、湖南农学院等单位对其进行调查，确认该猪种为地方良种。随着种群不断扩大及广泛分布全县，故名宁乡猪，并将宁乡猪以畜牧学名载入《湖南省家畜家禽品种志和品种图谱》（1984）和《中国猪品种志》（1986）。

湖南省宁乡县位于湘中偏北，湘江下游西侧，洞庭湖南缘。地域范围为东经111°53′25″~112°47′27″，北纬27°52′55″~28°20′07″。东临望城县，南界韶山、湘乡、娄底三市，西接安化县，北毗桃江、益阳市。宁乡县辖33个乡镇，全境东西最大跨度88公里，南北纵长69公里，土地面积2905.92平方公里。宁乡猪产区覆盖流沙河镇、双凫铺镇、黄材镇、青山桥镇、巷子口镇、龙田镇、沩山乡、横市镇、煤炭坝镇、菁华铺乡、枫木桥乡、灰汤镇、偕乐桥镇、资福乡、坝塘镇、南田坪乡、东湖塘镇、花明楼镇、道林镇、大屯营乡、夏铎铺镇、历经铺乡、朱良桥乡、双江口镇、白马桥乡、回龙铺镇、老粮仓镇、喻家坳乡、大成桥乡、城郊乡、金洲乡、沙田乡32个乡镇，年出栏宁乡猪10万头。

2. 自然生态环境和人文历史因素

宁乡地处雪峰山余脉东缘和湘江尾闾东侧，属湘中丘陵向滨湖平原的过渡地带区，整个地势由西向东按山、丘、岗、平四级倾斜，形成西高东低，南陡北缓的地势。西部有瓦子寨、扶王山等13座海拔800米以上和大仑上、九折仑等28座海拔600~800米的山峰，其中瓦子寨海拔1070.8m，为县境最高点。东北部海拔多在100m以下，朱良桥乡的团头湖海拔28.7m，为县境最低点，东西高差达1042.1m，比降为1.2‰，南部地面坡度为15°~25°，北部地面坡度为10°~15°。

宁乡境内地质构造复杂，成土母质多样，土壤主要有水稻土、红壤、紫色土、黄壤和潮土等5种土类，下分14个亚类、52个土属和142个土种。按照地力高低，县境土壤可分为六个等级，一级地58.8万亩，二级地2.1万亩，三级地27.1万亩，四级地2.2万亩，五级地59.7万亩，六级地155.8万亩。宁乡土壤耕种历史可追溯到距今3000多年前的商代。在耕作高产区，以水稻土为主，分4个亚类，是由第四纪红土、砂岩、板页岩风化物、河流冲积物等成土母质发育而成的，其基本理化性状：容重平均1.21g/cm³，有机质平均含量34.9g/kg，全氮平均含量1.29g/kg，全磷平均值1.23g/kg，全钾平均值17.63g/kg，速效磷含量平均值4.38mg/kg，速效钾含量平均值97.1mg/kg，阳离子交换量平均当量7.44mg/100g土，障碍因子较少，土壤肥力水平较高。全县耕地面积956.24km²，林地面积1267.02km²，水域面积190.13km²，森林覆盖率为43.6%。

宁乡境内有沩江、乌江、楚江（流沙河）、靳江四条主要河流，其中沩江、靳江为湘江的一级支流构成宁乡沩、靳两大水系，而楚江、乌江是沩江的一级支流，因此也常以沩、乌、楚、靳四水相称。境内水系发达，长5公里以上的河流有162条，流域面积达2900km²。全境地表水丰富，但分布不均，由北向南，由西向东逐渐减少，年径流西北部深达800mm，东北部600mm，地表水多年平均总量为22.89亿m³，多年平均径流深621.8mm，年平均径流总量19.2亿m³。地下水也丰富，平均资源总量为3.71亿立方米，其中地热水资源闻名遐迩，主要分布在灰汤，面积达8km²，日排热水量3500m³。全县水利设施有水库208座，东北边境团头湖、闸坝湖两大湖的总面积7000亩，西部有黄材、田坪、洞庭3座大中型水库，其中黄材水库为全国三大土坝水利工程之一。有小塘、小河溪、堰坝等8万多处，防洪堤54km，中型引水坝2座。农田有效灌溉面积100.74万亩，旱涝保收面积88.845万亩，机电排灌面积39.33万亩。

宁乡属中亚热带向北亚热带过渡的大陆性季风湿润气候，四季分明，寒冷期短，炎热期长，春天回暖较早，但气温多变、寒潮频繁，秋季气温呈阶段性急降。全县年日平均气温16.8℃，一月日平均4.5℃，七月日平均28.9℃。年平均无霜期274天，年平均日照1737.6小时。境内雨水充足，年均降水量1358.3mm，年平均相对湿度81%。年平均降雪10天、冰冻5天左右。年平均风速2.77m/s。

宁乡的人文历史，原中国科学院院长、全国人大常委会副委员长周光召在《宁乡县志·序一》（1995）中曾有生动描述："少时，我与村童们常在双江口那段沩江边戏水、摸鱼。在沩江边听到的故事很多，比如，草冲的仔猪，宋朝就出了名，畅销邻近几省；还有沩江源头的沩山毛尖，明、清时候推为贡品，名著一时。的确，宁乡这块宝地开发很早，物阜人勤，文明进步。在这不到3000平方公里的土地上，发现了多处新石器时代以来的文化遗址，发掘出惊动世界的商代青铜器四羊方尊。曾吸引胡宏、张拭、朱熹这些历史文化名人来办书院或听讲。孕育了中共一大代表何叔衡、中华人民共和国主席刘少奇等一大批无产阶级革命家。"在这样古老文明的土地上，宁乡猪的形成历史悠久，早在明洪武年间就有"与他地产者更肥美"之称，至清嘉庆年间已是"无豕不成家，家家畜之"。嘉庆《宁乡县志》就有"流沙河、造钟河（今草冲河）苗猪，二地相连数十里，猪种极良，家家喂母猪产仔，湘乡、安化、宝庆、新化、益阳贩客络绎"的记载。

宁乡猪的起源，民间相传最初是由宁乡草冲王家湾讲究养种猪的几家农户饲养、繁育，扩散周边农户，经长期选育而成。产区农民历来注重对猪种的选择，积累了丰富经验，被概括成"丝颈葫芦肚，耳薄嘴筒齐；鱼尾后脚直，稀毛现薄皮；奶子一斩齐，四脚要撒蹄；乌云盖雪银颈圈"等口诀，简明通俗，世代相传。当地群众的传统饲养方法是熟食舍饲。以野草、青菜和红薯、米糠、大米煮潲饲喂，青料要洗得净、剁得细、潲要煮得发、捏得烂。由于长期饲用青粗饲料、终年舍饲和熟食、缺乏运动等原因，使其形成了以早熟易肥、蓄脂力强、性情温驯、肌肉细嫩、肉味鲜美为特征的一个典型的偏脂肪型猪种。1954年，建立了宁乡猪良种繁育指导站，1958年建设了宁乡县宁乡猪种猪场。1981年，湖南农学院会同宁乡县畜牧水产局、宁乡县种猪场研究制定了国家标准 GB/T 2773—1981 宁乡猪。

3. 生产技术要求

以宁乡全县32个农业乡镇为宁乡猪商品生产与产业发展基地，其中原产地的流沙河镇（包括草冲村）为宁乡猪保种繁育与选育提纯基地。

宁乡猪具有3种毛色和3种头型，在商品生产中，对宁乡猪的种群选择宜随机性，以保持其体貌特征和遗传结构的完整性。猪场或猪舍，地势高燥、背风向阳、地下水位较低；圈舍或圈栏，明亮干燥、整洁卫生、通风良好；水源充足，水质符合NY5027的要求；距离交通干道、城镇街道、工厂学校1km以上。

　　饲养条件和饲养管理总的原则是，猪舍建设或圈栏改造以敞开式和水泥地面的平圈为主，以发酵垫料栏为辅；养殖排放和粪污处理采取粪便干捡堆沤发酵、污水先沼气池厌氧后沉淀池曝氧等处理工艺；饲养管理以现代与传统相结合，实施生喂舍饲：日粮的基本组成是配合饲料70%、瓜菜草蔓及碎米粗糠等青粗饲料30%；猪群饲养均按饲养标准实施标准化饲养，其中公、母繁殖生产猪以限饲为主、充分饲养为辅，即母猪饲养水平为低妊娠、高哺乳，公猪、母猪均根据体格大小、膘情瘦弱、季节冷暖和配种或采精频率、或带仔多少等因素适当增减日采食量，哺乳仔猪窝内补料、早期断奶，保育仔猪粥稠料搭配膨化料、少放勤添、多餐制饲喂，生长肥育猪以充分饲养为原则，九成饱为措施；日常管理，圈栏日清扫两次，注意圈舍通风换气、防寒保暖、防暑降温，加强母猪围产期护理和公猪的运动、梳刷，做好生长猪的转群调教等管理工作；防疫卫生，制订科学免疫程序及疫苗接种操作规程，实施定期消毒制度和日常环境卫生管理制度，做到基本无疫情、无公害。

　　商品宁乡猪上市体重在65～85kg，胴体瘦肉率达38%～42%；饲料药物添加剂和临床药物的使用必须按国家有关规定执行休药期；及时淘汰不合格种猪。选择优质饲料，注意在饲料中添加维生素E和硒元素。商品宁乡猪屠宰按"生猪屠宰加工操作规程"和"畜禽屠宰卫生检疫规范"的规定进行，屠宰加工过程中的卫生要求按"肉类加工厂卫生规范"执行。在生产过程中，准确、完整和可靠地做好繁殖、防疫、饲料、生长（体重）、调运等多类记录。系谱资料要记载三代种猪的耳号、品种、外貌特征、生长发育、生产性能等内容及数据。

　　4. 产品典型品质特性特征和产品质量安全规定

　　宁乡猪体型中等，躯干较短，结构疏松，清秀细致，矮短圆肥呈圆筒状。背腰平直，腹大下垂，但不拖地，臀部斜尻。四肢粗短，前肢正直，后肢弯曲，多有卧系；两耳下垂，呈八字形；头有狮子头、福字头、阉鸡头等3种头型；被毛粗稀而短，皮肤白色，或有黑晕；毛色有乌云盖雪、大黑花、小散花等3种毛色。尾根低，尾尖及帚扁平，俗称"泥鳅尾"。乳头中等大小，排列匀称，平均有效乳头数7对以上。宁乡猪肋骨数一般为14对。在农村粗放的饲养条件下，宁乡猪的后备母猪平均体重，4月龄24.32kg、6月龄34.19kg、8月龄51.66kg、10月龄71.4kg；在种猪场较高饲养水平的条件下，宁乡猪后备母猪平均体重6月龄45.77kg、8月龄70.49kg，比产区同龄母猪增长速度提高

33.87%~36.45%；同样在农村粗放的饲养条件下，宁乡猪的平均日增重400~560g，而在"玉米—豆粕—鱼粉"型日粮条件下，宁乡猪生长肥育性能可提高20%~40%，体现宁乡猪生长性能具有较高的可塑性。

宁乡猪肌肉色泽鲜红、纤维纤细、纹理间脂肪分布丰富均匀，肉质细嫩，肉味鲜美。依据DB43/T 428—2009（代替GB/T 2773—1981）宁乡猪地方标准，结合专业场户粉料湿拌式和农家传统煮料稀汤式的料型与方式的异同，宁乡猪肥育猪适宜屠宰期6~8月龄，适宜屠宰体重为65~95kg，15~95kg体重阶段平均日增重400g以上；宁乡猪肥育猪，屠宰率68%~72%，胴体瘦肉率35%~40%，三点平均背膘厚36~65mm，眼肌面积18~22cm²；肌肉质pH值5.6~6.6，肉色评分3.0~4.2，大理石纹评分3.2~4.8，滴水损失率2.2%~3.6%，肌肉蛋白质20%~26%，肌内脂肪3.2%~5.7%。

饲料原料和饲料添加剂应符合《饲料和饲料添加剂管理条例》及NY5127的要求，粗饲料应无发霉、变质及异味。兽药应符合《中华人民共和国兽药典》《中华人民共和国兽药规范》、NY5126在兽医指导下进行。对疫病猪只采取隔离治疗，或淘汰并实施无害化处理。需要处理的病猪，按照GB 16548的要求进行处理。有使用价值的病猪隔离饲养、治疗，病愈康复后方可转群。猪场内设猪粪尿、褥草和污物等处理设施，废弃物遵循减量化、无害化和资源化原则。粪便经堆积发酵后可作农业用肥，污水经发酵、沉淀后才作液体肥料使用。预防传染病的疫苗要求符合农业部《兽用生物制品管理办法》的规定。疫苗的接种按照《中华人民共和国动物防疫法》《湖南省实施〈中华人民共和国动物防疫法〉办法》的要求，结合当地疫病的流行情况，有针对性地选用疫苗，并按疫苗使用要求进行接种。针对寄生虫病选择安全、高效的抗寄生虫药进行防治。

5. 包装标识等相关规定

对宁乡猪猪肉进行精细分割，分级包装；包装袋上注明宁乡猪标识及相应等级，储藏、运输等按规定用冷藏设备保存、运输、销售。

（宁乡县人民政府网站 http：//www. nxgov. com/xxgkpt/7154/content_89512. html）

资源链接

1. 农产品地理标志登记程序网址及二维码：http：//www. aqsc. agri. cn/ncp-dlbz/djcx/

2. 农产品地理标志登记公告查询网址及二维码：http：//www. aqsc. agri. cn/ncpdlbz/gggs/

3. 农产品地理标志网上展厅网址及二维码：http：//wszt. agri. gov. cn/dlbzcpzt/

第6章 地理标志产品
——向国家质量监督检验检疫总局申请

中国是一个古老的农业文明国家，有着浓厚的土特产文化氛围，每当中国人谈论起一个地方，立刻会想到这个地方的土特产，走到一个地方也总想着去品尝或购买它的土特产。"千里送鹅毛，礼轻情谊重"，土特产也是中国人维系感情的馈赠佳品，这是老百姓的一种土特产情结。每种土特产都有着鲜明的产品特色，就是产品与地方的自然环境和人们的生产加工方式有很大的关联性，譬如农产品和传统工艺品。在20世纪80年代以前，中国土特产的经营方式都处于较为落后的水平。尽管如此，土特产的经营者们却总相信"酒香不怕巷子深"这句古语，意思是说如果酒酿得好，即使在很深的巷子里，陈窖一开香千里，也会有人闻香知味，前来品尝。可是随着时代进步，技术的发展，当今社会各种商品琳琅满目，鱼龙混杂，虚假标示产地的商品也屡见不鲜。这句古语不灵了，要换一个说法了，即"酒香也怕巷子深"。就是说即使酒酿得再好，在很深的巷子里，也会难免有人不知道，即使香味扑鼻，也难免有人不愿意拐弯抹角，不愿费尽周折四处寻觅好酒。好酒需要酒香，好的土特产需要好的品质，同时也需要包装和宣传，我们不能消极等待一个偶然的过客的发现。那么如何包装和宣传一种好的土特产呢？本章将要介绍"地理标志产品"这张金名片如何给正宗原产的土特产戴上护身符，并精心包装和广为宣传品质优良的土特产，从而让优良土特产走出"深巷"，为大众所知晓，为大众所热爱。

6.1 国家质量监督检验检疫总局登记地理标志产品的法律依据

"地理标志产品"这张金名片是由谁制作和发放的呢？它可不是一般的名

片制作公司，而是国家质量监督检验检疫总局。

6.1.1　国家质量监督检验检疫总局登记地理标志产品的法律规定

我国有关地理标志产品制度的规定最早可以追溯到1994年国家技术监督局发布的《食品标签通用标准》GB 7718—1994，该《标准》规定"进口食品必须有中文标识"。1999年7月30日，国家质量技术监督局通过了《原产地域产品保护规定》，这个部门规章可以说是中国第一部原产地域产品的专门规章。2001年3月5日，国家出入境检验检疫局发布《原产地标记管理规定》和《原产地标记管理规定实施办法》。2001年11月，我国加入世界贸易组织（WTO）。2005年6月7日，国家质量监督检验检疫总局TRIPS，在总结、吸纳原有的《原产地域产品保护规定》和《原产地标记管理规定》成功经验的基础上，制定发布了《地理标志产品规定》（国家质量监督检验检疫总局第78号令）。

根据《地理标志产品规定》第4条的规定，"国家质量监督检验检疫总局统一管理全国的地理标志产品工作。各地出入境检验检疫局和质量技术监督局（以下简称各地质检机构）依照职能开展地理标志产品工作。"紧接着第五条"申请地理标志产品，应依照本规定经审核批准。使用地理标志产品专用标志，必须依照本规定经注册登记，并接受监督管理。"至此，总算弄清楚"地理标志产品"这张金名片是由国家质量监督检验检疫总局制作和颁发的，这张"金名片"的制作和颁发是有法律依据的。

6.1.2　国家质量监督检验检疫总局的主要职责

那么在国家质检总局的内设机构中，又是哪一个机构专门负责管理地理标志事务呢？根据国家质检总局的机构分工，其内设机构科技司下设"地理标志管理处"，这才是国家质检总局内负责管理地理标志事务的专门机构。国家质量监督检验检疫总局在2009年5月21日进一步发布了规定更为细致的《地理标志产品工作细则》，其中的第三条规定，国家质量监督检验检疫总局在地理标志产品管理工作中的主要职责是：

（1）配合立法部门，开展地理标志保护法律法规的调研、起草；

（2）制定、发布地理标志产品规章、制度；

（3）制定地理标志发展规划、计划并组织实施；

（4）组织协调和指导地理标志保护的行政执法活动；

（5）负责地理标志产品申请的形式审查；

（6）办理地理标志产品申请的受理事项，发布受理公告；

（7）组织对地理标志产品申请的异议协调；

（8）组织和管理专家技术队伍开展技术审查；

（9）办理、发布地理标志产品的批准公告；

（10）核准地理标志保护产品专用标志的使用申请；

（11）组织开展地理标志产品的宣传和培训；

（12）组织开展和参加地理标志保护国际合作与交流活动；代表国家参加WTO 地理标志谈判；

（13）办理国外地理标志保护注册申请，组织开展互认合作。

这部《地理标志产品工作细则》的第四条还规定了国家质量监督检验检疫总局各直属出入境检验检疫局和省级质量技术监督局（以下简称"省级质检机构"）在地理标志产品管理工作中的主要职责，具体如下：

（1）按照分工指导、协调本辖区的地理标志产品工作；

（2）按照分工负责本辖区地理标志产品申请的初审；

（3）负责指定地理标志保护产品的检验机构；

（4）负责审核生产者使用地理标志产品专用标志的申请；

（5）负责指导地理标志产品技术文件的制定；

（6）负责查处本辖区发生的地理标志产品的违法行为。

《地理标志产品工作细则》的第五条则规定了有关"当地质检机构"的主要职责。当地质检机构是指若申请保护的产品产地在县域范围内的，地理标志保护的当地质检机构为县质量技术监督局或辖区内出入境检验检疫分支机构（无出入境检验检疫分支机构的，由直属出入境检验检疫局负责）；申请保护的产品产地跨县域范围的，当地质检机构为地、市、（州）质量技术监督局或辖区内出入境检验检疫分支机构（无出入境检验检疫分支机构的，由直属出入境检验检疫局负责）；申请保护的产品产地跨地市范围的，当地质检机构为直属出入境检验检疫局或省（自治区、直辖市）质量技术监督局。当地质检机构的主要职责如下：

（1）协助申请人进行地理标志产品的申请；

（2）负责对生产者申请使用专用标志进行初审，监督管理专用标志的印制、发放和使用；

（3）负责地理标志保护产品的日常监督管理工作；

（4）负责草拟地理标志产品省级地方标准，组织制定地理标志产品生产过程的技术规范或标准；

（5）负责查处产地范围内发生的地理标志产品的侵权行为。

6.2　谁可以申请地理标志产品

中国地大物博，土特产也非常丰富，有水果、茶叶、蔬菜、陶瓷等，这些土特产的种植者、经营者也很多，那么谁可以申请"地理标志产品"这张"金名片"，拥有一个验明正身的"护身符"呢？如果遂了这个心愿，土特产的从业者既可以大张旗鼓地对外宣称自家的土特产是正宗原产，又可以防范其他业者的赝品！

根据国家质量监督检验检疫总局颁布的《地理标志产品保护规定》第六条以及《地理标志产品保护工作细则》第七条的规定，地理标志产品遵循申请自愿的原则，地理标志产品申请的受理、审核与批准坚持公开、公平、公正的原则。那么到底谁才可以申请"地理标志产品"这张"金名片"呢？根据《地理标志产品保护规定》第八条以及《地理标志产品保护工作细则》第九条的规定，只有以下机构才有资格申请"地理标志产品"这张"金名片"：

（1）县级以上人民政府指定的地理标志产品申请机构；

（2）县级以上人民政府认定的协会；

（3）县级以上人民政府认定的企业；

（4）县级以上人民政府。

也就是说，有资格拿到"地理标志产品"这个"护身符"的只有四种申请人。申请人有可能是县级以上人民政府指定的地理标志产品申请机构，例如当地的县级质量技术监督局；有可能是县级以上人民政府认定的某个行业协会，例如湖南省湘潭县的湘莲协会；也有可能是县级以上人民政府认定的当地某个土特产龙头企业；还有可能是县级以上人民政府。根据规定，申请人若为县级以上人民政府的，可由政府指导成立地理标志产品领导小组，负责地理标志保护相关工作。在实践中，地理标志产品的申请机构通常都是各地的县级质量技术监督局，譬如，在2014年7月9日由国家质量监督检验检疫总局发布的《关于批准对黑土地白酒等产品实施地理标志产品的公告》（总局2014年第77号公告）中，黑土地白酒申请地理标志产品的机构就是黑龙江省甘南县质量技术监督局。

6.3 地理标志产品有哪些

根据国家质量监督检验检疫总局发布的《地理标志产品保护规定》第二条的规定，地理标志产品是指产自特定地域，所具有的质量、声誉或其他特性本质上取决于该产地的自然因素和人文因素，经审核批准以地理名称进行命名的产品。《地理标志产品保护工作细则》第二条进一步明确，经申请可以被批准为地理标志保护的产品有以下几类：

（1）在特定地域种植、养殖的产品，决定该产品特殊品质、特色和声誉的主要是当地的自然因素；

（2）在产品产地采用特定工艺生产加工，原材料全部来自产品产地，当地的自然环境和生产该产品所采用的特定工艺中的人文因素决定了该产品的特殊品质、特色质量和声誉；

（3）在产品产地采用特定工艺生产加工，原材料部分来自其他地区，该产品产地的自然环境和生产该产品所采用的特定工艺中的人文因素决定了该产品的特殊品质、特色质量和声誉。

事实上，可以申请地理标志保护的产品有很多，主要是各地的土特名产，在全国地理标志的第二次调研报告中所涉及的地理标志产品类别就有十个大类，具体如表6-1所示。

表6-1　第二次调研全国地理标志在各产品类别中数据表[①]

产品类别	数量/个	比例/%	比例排序
蔬菜瓜果类	793	40.69	1

---

① 数据来自北京中郡世纪地理标志研究所课题组，http://www.ce.cn，中国经济网。

（续）

产品类别	数量/个	比例/%	比例排序
粮食油料类	207	10.62	2
中草药材类	190	9.75	3
茶叶类	171	8.77	4
畜禽蛋类	163	8.36	5
食品饮料类	130	6.67	6
水产品类	123	6.31	7
轻工产品类	76	3.90	8
酒类	66	3.39	9
其他	30	1.54	10
总数	1949	100	

从表 6-1 可以看出，蔬菜瓜果类的地理标志产品最多，有 793 个，占总数的 40.69%；其次是粮食油料类，有 207 个，占总数的 10.62%；第三是中草药材类，有 190 个，占总数的 9.75%。这三类产品占到了总数的 60% 以上。涉农产品总数有 1850 个，占总数的 94.92%。

2014 年 6 月 26 日，国家质量监督检验检疫总局科技司在北京召开了全国质检系统地理标志保护研讨会。会议通报，自 20 世纪 90 年代我国质检系统启动地理标志产品专门保护制度以来，获得保护的地理标志产品已近 1800 个，已核准 6000 多家企业和组织使用地理标志专用标志，保护产品遍及全国 31 个省、自治区、直辖市。获保产品生产企业产值接近万亿元人民币，其中，获保的地理标志初级农产品增值效益普遍增加 15% 至 20%。①

在这些获得地理标志产品的土特产的背后都有着精彩的传奇故事。就拿龙井茶地理标志产品来说吧，龙井茶位列中国十大名茶之首，产于浙江省杭州市西湖区龙井村一带。龙井茶自唐代就开始种植了，在著名的茶圣陆羽撰写的世界上第一部茶叶专著《茶经》中，就有杭州天竺、灵隐二寺产茶的记载。龙井茶得名于龙井，龙井位于西湖之西翁家山的西北麓，也就是现在的龙井村。龙井原名龙泓，是一个圆形的天然泉池，大旱不涸，古人以为此泉与海相通，井中有海龙王，所以称为龙井。龙井村土地肥沃，周围峰峦叠嶂，林木葱郁，地

---

① 中国地理标志产品服务中心官方网站：http://www.chinapgi.org，2014 年 7 月 28 日访问。

势北高南低，既能阻挡北方寒流，又能截住南方暖流，在产茶区上空常年凝聚成飘逸的云雾。良好的地理环境，优质的水源，为龙井茶的生产提供了得天独厚的自然条件。龙井茶被誉为"中国第一茶"，也实在是得益于这山泉雨露之灵气。龙井茶之所以驰名，还要感谢乾隆爷呢。传说当年乾隆皇帝下江南时，来到杭州龙井村狮峰山下，学采茶女采茶。刚采了一会儿，忽然太监报信："太后有病，请皇上急速回京。"乾隆皇帝急忙赶回京城，也带回了一把已经风干了的杭州龙井茶叶，此时茶叶散发着浓郁的香气。太后想尝尝这茶叶的味道，泡上喝了一口，身体顿时舒适多了，精神也好了。太后高兴地说："杭州龙井的茶叶，真是灵丹妙药，如同神仙一般。"乾隆皇帝立即传令下去，将杭州龙井村狮峰山下那十八棵茶树封为御茶，每年采摘新茶，专门进贡太后。在龙井茶一千多年的历史演变过程中，龙井茶从不知名到驰名，从老百姓饭后的家常饮品到帝王将相的贡品，从一个地方的名茶到走向世界的名品，经历了多少风雨多少沧桑啊。直到 2001 年 10 月 26 日，龙井茶正式获得原产地产品保护，也就是后来的地理标志产品。

另一个土特名产的故事则印证了那句古语——酒香不怕巷子深！这是有关泸州老窖地理标志产品的传奇故事。明清时代的四川泸州南城有一条悠深而狭长的酒巷，酒巷里有 8 家手工酿酒作坊。据说泸州最好的酒就出自这 8 家作坊，而酒巷的尽头名为营沟头，营沟头的这家作坊因为其窖池建造得最早，在 8 家手工酿酒作坊中最为有名，这个建造最早的窖池就是 1573 年的泸州老窖国宝窖池的所在地，也是中国浓香型白酒的发源地。泸州酒的国宝窖池，精选了泸州城外五渡溪的优质黄泥和凤凰山下的龙泉井水混合踩揉建成。除了国宝老窖池，泸州老窖酒的原料"三绝"也构成了泸州老窖优秀品质的基础。一绝是泸州特产糯红高粱，也是高粱中的精品；二绝是"久香牌"曲药，这是由古代"制曲之父"，元代的郭怀玉大师所创制的酿酒曲药，因为独具酿酒曲药的绝佳品质被称为"天下第一曲"，该土特名产已于 2004 年 2 月 12 日获得了国家质量监督检验检疫总局地理标志产品认证；三绝是泸州的龙泉井水，该泉水清冽甘甜，呈弱酸性，有利于糖化和发酵，属于最优的酿造用水。正因为有老窖池和原料"三绝"，所以"千年老窖万年糟"，老窖酿酒格外生香，泸州酒特别香，特别好喝，因此在古代泸州，人们为了喝上好酒，都要不辞辛苦走到巷子最里面营沟头那家酿酒作坊去买酒。

传说在清同治十二年（公元 1873 年）时，中国洋务运动的代表张之洞出任四川的学政，在入蜀途中，他一路饮酒作诗来到了泸州城，刚入城就闻到一股扑鼻的酒香。他迫不及待打发仆人去给他买酒。谁知仆人一去就是一个上午，等得又饥又渴的张之洞直到中午，才看见仆人跌跌撞撞抱着一坛酒跑来。正要训斥他，只见仆人打开酒坛，顿时酒香四溢，沁人心脾，张之洞连说："好酒，好酒"。于是猛饮一口，顿觉神清气爽，怨气也消了。张之洞问仆人是从哪里买的酒，仆人连忙回答，他闻着酒香直奔酒巷的尽头即营沟头的那家作坊，左拐拐，右弯弯，穿过长长的酒巷一直走到最后一家作坊买了酒。张之洞点头微笑："真是酒香不怕巷子深啊。"如今，那条弯曲的酒巷已修建成宏伟的国窖广场，但"酒香不怕巷子深"的故事却从这里飞出，伴着泸州老窖的酒香，香透了整个中国名酒历史。国窖 1573、泸州老窖特曲于 2002 年 10 月 15 日获得地理标志产品。

6.4 申请地理标志产品需要具备什么条件

作为一种地方的土特产，要想获得地理标志产品这张"金名片"，戴上"护身符"，必须满足国家质量监督检验检疫总局规定的以下条件：

6.4.1 对地理标志产品名称的要求

《地理标志产品工作细则》规定，经申请、批准，以地理名称命名的产品方能称为地理标志保护产品。地理标志名称由具有地理指示功能的名称和反映产品真实属性的产品通用名称构成。地理标志名称必须是商业或日常用语，或是长久以来使用的名称，并具有一定知名度。

例如，广东省乐昌市于 2009 年 6 月 11 日获得地理标志产品的沿溪山白毛尖（茶），其地理标志名称由"沿溪山 + 白毛尖（茶）"构成："沿溪山"是该地理标志产品的生产地域即乐昌市境内九峰山脉沿溪山区域；"白毛尖（茶）"是因为这种茶的鲜叶芽尖及叶背均披上薄薄的一层白毛而得名。沿溪山白毛（尖）茶不仅名称符合地理标志产品的要求，其香气清新馥郁、汤色嫩绿明亮、滋味鲜爽回甘的特有品质也享誉广东省内外。沿溪山白毛（尖）茶是经当地多代人辛勤焙制精炼的茶中名品，其特有品质的形成，是与生产地域密不可分的。沿溪山白毛（尖）茶的产地九峰山脉沿溪山区域，西临武江，北至田头水，属南岭山脉，植被茂密，泉水涌流，蒸汽上升，云雾缭绕，四时不绝，形成九峰山云雾多、湿度大、雨水充沛、昼夜温差大的气象特征，造就了种植沿溪山白毛（尖）茶的优越自然环境，有利于茶叶内含物质的积累和芳香物质的合成，也保证了沿溪山白毛（尖）茶独特品质的形成。[①]

6.4.2 对地理标志产品的产地范围确定

《地理标志产品规定》第九条规定，申请保护的产品在县域范围内的，由县级人民政府提出产地范围的建议；跨县域范围的，由地市级人民政府提出产地范围的建议；跨地市范围的，由省级人民政府提出产地范围的建议。申请地理标志保护的产品的产地范围通常就是该产品的出产地范围，而这个出产地范围可能全部处于某个县的行政区域内，也可能处于两个县的行政区域内，甚至有可能处于两个市的行政区域内，因此申请地理标志保护的产品的产地范围就可能会由不同级别的政府提出产地范围的建议。

例如四川省成都市郫县于2005年12月31日获得地理标志产品的郫县豆瓣，在国家质量监督检验检疫总局发布的公告中明确的该地理标志产品的地域范围是指四川省成都市郫县现辖行政区域。说到郫县豆瓣，还有个很有趣的故事。据传在明末清初年间，一批中原移民在入蜀途中，所携带的赖以充饥之蚕豆遭遇连日阴雨而生霉，移民们舍不得丢弃，遂置于草地上晾干，并佐以鲜辣椒而食，竟感觉鲜美无比，余味悠长，移民们入蜀定居后竟以此为生。到了清康熙年间（公元1688年），后人传承此道，在郫县开设酱园作坊，取本地区原料与清水，以此法大量生产豆瓣，方圆百里争相购之。后"郫县豆瓣"作坊渐成规模，亦因此扬名四川省内外。

此外，"郫县豆瓣"的质量特色与产地的地理环境和自然条件之间也有着紧密的联系。郫县属盆地中亚热带湿润气候，其特点是：气候温和，冬无严寒，夏无酷暑，四季分明，空气质量好，无污染；年均气温15.7℃，相对湿度84%，全年无霜期282天，平均日照1286.9小时。"郫县豆瓣"的制作过程必须要经过微生物的长期作用，郫县独特的地理环境和自然条件特别适宜微生物的生长。

[①] 《沿溪山白毛（尖）茶申请地理标志产品陈述报告》，http://www.sinogi.org/，中华地理标志网。访问日期：2015年9月4日。

另外，酿造郫县豆瓣还需要采用郫县当地优质的水源，郫县属于岷江上游的都江堰自流灌溉区，水源无污染，这些自然条件造就了"郫县豆瓣"这一具有明显地理标志特征的产品。[1]

6.4.3　对地理标志产品的安全、卫生、环保的要求

根据国家质量监督检验检疫总局发布的规定，申请地理标志保护的产品应当符合安全、卫生、环保的要求，对环境、生态、资源可能产生危害的产品，不予受理和保护。如果申请产品出现下列任何一种情况的，不能给予地理标志产品：

（1）对环境、生态、资源可能造成破坏或对健康可能产生危害的；

（2）产品名称已成为通用名称的；

（3）产品的质量特色与当地自然因素和人文因素缺乏关联性的；

（4）地域范围难以界定，或申请保护的地域范围与实际产地范围不符的。

地理标志产品制度是我国政府为保护原产地优质产品，而向经过有关部门认证的原产地产品颁发的产品地理标志。主要是为了保护地方土特产和农民利益，如果申请地理标志保护的产品的生产和加工有可能对环境、生态、资源造成破坏或对健康产生危害，这样的产品自然不会得到保护。再者，申请地理标志保护的产品名称若已成为该产品的通用名称且没有了地域属性，以及申请保护的地域范围难以界定，或者申请保护的地域范围与实际产地范围不符的，从而导致产品的质量特色与当地自然因素和人文因素缺乏关联性，这种产品也得不到保护。

总之，申请地理标志产品就是要求产品是"最正宗"的土特产，既要反映出产地的水土、气候等地理环境或者产地的传统工艺特点，还要满足环保、卫生等条件。

6.5　申请地理标志产品需要准备哪些材料

地理标志产品申请，由当地县级以上人民政府指定的地理标志产品申请机

---

[1]　详见《"郫县豆瓣"申报地理标志产品报告》，http://www.sinogi.org/，中华地理标志网。访问日期：2015 年 9 月 4 日。

构或人民政府认定的协会和企业（以下简称申请人）提出，并征求相关部门意见。申请人应提交以下资料：

（1）有关地方政府关于划定地理标志产品产地范围的建议。

（2）有关地方政府成立申请机构或认定协会、企业作为申请人的文件。

（3）地理标志产品的证明材料，包括：地理标志产品申请书；产品名称、类别、产地范围及地理特征的说明；产品的理化、感官等质量特色及其与产地的自然因素和人文因素之间关系的说明。产品生产技术规范（包括产品加工工艺、安全卫生要求、加工设备的技术要求等）；产品的知名度，产品生产、销售情况及历史渊源的说明。

（4）拟申请的地理标志产品的技术标准。

6.6　国家质量监督检验检疫总局如何审查

申请地理标志产品的土特产在递交了所需要的各种材料后，国家质量监督检验检疫总局又将如何审查，层层筛选，严格选拔，从而决定是否颁发"地理标志产品"这张金名片给土特产呢？根据国家质量监督检验检疫总局发布的《地理标志产品规定》和《地理标志产品工作细则》的规定，对申请地理标志产品的审查过程如下。

6.6.1　省级质检机构的初审

省级质检机构负责对地理标志产品的申请进行初审。初审合格的，由省级质检机构向国家质量监督检验检疫总局提出初审意见，并将相关文件、资料上报国家质量监督检验检疫总局；初审不合格的，省级质检机构也会书面通知申请人，告知不合格的原因。

6.6.2　国家质量监督检验检疫总局的形式审查

国家质量监督检验检疫总局负责对通过初审的地理标志产品申请进行形式审查。对于形式要件不齐全或不符合规定要求的，国家质量监督检验检疫总局会在30个工作日内向省级质检机构发出形式审查意见通知书。形式审查合格的，通过国家质量监督检验检疫总局公报和官方网站发布受理公告。

6.6.3　异议的处理

对于形式审查合格的地理标志产品申请，国家质量监督检验检疫总局会发布受理公告，其他有关单位和个人如对该申请有异议的，可在公告后的 2 个月内向国家质量监督检验检疫总局提出。异议协调一般遵循属地原则。在异议期内如收到异议：①异议仅限于本省的，由国家质量监督检验检疫总局授权有关省级质检机构进行处理，并及时反馈异议处理结果。必要时，国家质量监督检验检疫总局可应省级质检机构的要求，听取专家意见并组织协调。②跨省的异议由国家质量监督检验检疫总局负责组织协调。当然，也可能没有任何单位和个人对该申请提出异议。

6.6.4　国家质量监督检验检疫总局的专家技术审查会

对国家质量监督检验检疫总局发布的地理标志产品申请受理公告没有异议或有异议但已处理，并且申请人已做好接受技术审查准备的，由省级质检机构向国家质量监督检验检疫总局提出召开专家技术审查会的建议。国家质量监督检验检疫总局根据建议会进行专家技术审查，国家质量监督检验检疫总局的专家技术审查过程分为两个方面：

一方面是地理标志产品的申请人的技术审查准备工作。自国家质量监督检验检疫总局发布受理公告以后，申请人应着手准备专家技术审查会的相关文件，包括：①申报产品的陈述报告；陈述报告是对申请资料的概括和总结，应重点陈述产品的名称、知名度、质量特色及其与产地的自然因素和人文因素的关联性，拟采取的后续监管措施等。②申报产品的质量技术要求。质量技术要求作为国家质量监督检验检疫总局批准公告的基础，是对原有标准或技术规范中决定质量特色的关键因素的提炼和总结，具有强制性。内容包括产品名称、产地保护范围、为保证产品特色而必须强制执行的环境条件、生产过程规范以及产品的感官特色和理化指标等。申请人应在申请资料中提供现行有效的产品专用标准或管理规范，作为地理标志保护产品批准公告和综合标准的基础。

另一方面则是国家质量监督检验检疫总局按照地理标志产品的特点设立相应的专家审查委员会，负责地理标志产品申请的技术审查工作。专家审查委员会根据专业领域和产品类别下设分委员会。专家审查委员会根据需要聘请专家召开技术审查会。专家组成一般包括法律、专业技术、质量检验、标准化、管理等方面的人员。组成人数为奇数，一般为 7 人以上，但不超过 11 人。专家技术审查的内容包括：

（1）听取申请人代表所作的陈述报告；

（2）审查产品的申请资料和证明材料；

（3）围绕产品名称、知名度、与当地的自然因素和人文因素之间的关联性等方面进行技术讨论；

（4）形成会议纪要；

（5）提出地理标志产品的建议，包括：①是否应对申报产品实施地理标志保护；②所存在的问题和处理建议；

（6）讨论产品的质量技术要求。

6.6.5　发布批准公告，核准使用地理标志产品专用标志

通过国家质量监督检验检疫总局的专家技术审查会，审查合格的，由国家质量监督检验检疫总局发布批准该产品获得地理标志产品的公告。批准公告发布后，省级质检机构应在 3~6 个月内，组织申请人在批准公告中"质量技术要求"的框架下，在原有专用标准或技术规范的基础上，完善地理标志产品的标准体系，一般应以省级地方标准的形式发布，并报国家质量监督检验检疫总局委托的技术机构审核备案。国家质量监督检验检疫总局认证的地理标志产品专用标志如图 6-1 所示。

图 6-1　地理标志产品专用标志

6.7 向国家质量监督检验检疫总局申请地理标志产品的流程

作为一种地方的土特产，要想获得地理标志产品这张"金名片"，戴上"护身符"，成为市场上的香饽饽，必然要像唐僧师徒西天取经一般，经历九九八十一难，才能取得真经，功德圆满。根据国家质量监督检验检疫总局的规定，申请地理标志产品需要经过的程序如表6-2和图6-2所示：

表6-2 地理标志产品工作程序①

工作阶段	工作部门	工作流程	文件及资料
一、申报准备阶段	相关申请机构及产品所在地质量技术监督局［县（区）以上］	（1）县级以上人民政府提出拟划定地理标志产品范围的建议。 （2）县级以上人民政府成立申报机构，组织申报材料。 （3）收集、整理现行的针对该产品的标准或技术规范。 （4）收集、整理已有的产品检测报告	1.《地理标志产品申请书》 2. 成立地理标志产品申报机构的文件 3.《县级以上人民政府划定地理标志产品范围的建议的函》 4. 现行针对该申报产品的标准或技术规范（企业标准须经当地标准化部门认可） 5.《申报材料》
	相关申请机构及产品所在辖区出入境检验检疫局	（1）（3）（4）同上。 （2）政府授权协会和企业作为申报主体的申请，组织申报材料	1.3.4.5同上 2.《政府授权协会和企业作为申报主体的函》
二、初审阶段	省级质检机构	（5）对申报机构提出的建议和申报材料进行初审，初审时间一般不超过30个工作日。 （6）向总局管理机构提交初审意见	1. 以上相关材料 2. 初审意见的函

---

① 国家质量监督检验检疫总局官网，2014年7月30日访问。

（续）

工作阶段	工作部门	工作流程	文件及资料
三、受理阶段	总局管理机构和专家委员会	（7）形式要件不合格的，30个工作日内向省级质检机构下发审查意见通知书。 （8）形式要件合格的，进入受理程序。 （9）发布受理公告。 （10）受理异议	1. 以上相关材料 2. 审查意见通知书 3. 受理公告
四、审核批准阶段	省级质检机构 申报机构	（11）申报机构进行评审准备	1.《地理标志产品陈述报告》 2.《产品质量技术要求》 3. 申报材料 4. 省级质检机构申请召开地理标志保护专家审查会的函
	总局管理机构 省级质检机构	（12）异议处理。异议期2个月，如有异议，一般由省级质检机构负责协调；无异议的，由总局管理机构组织召开专家审查会	《专家审查会会议纪要》
	产地质检机构	（13）申报方根据专家审查会意见修改《产品质量技术要求》等相关文件	《产品质量技术要求》
	国家质量监督检验检疫总局	（14）申报方将《产品质量技术要求》报总局管理机构，经专家确认后，由总局管理机构起草公告。 （15）发布批准公告	《地理标志产品批准公告》
	国家质量监督检验检疫总局	（16）向申报机构颁发证书	《地理标志保护产品证书》

（续）

工作阶段	工作部门	工作流程	文件及资料
五、地理标志产品技术标准体系的建立	省级质检机构 产地质检机构	（17）省级质检机构根据总局批准公告中的质量技术要求，组织制定地理标志产品的综合标准	地理标志保护产品综合标准
	总局管理机构	（18）综合标准制定后，由省级质检机构报总局管理机构委托的技术机构备案	
六、专用标志申报阶段	产地质检机构	（19）生产者向产地质检机构提出使用专用标志的申请，并提交相关材料	1.《地理标志产品专用标志使用申请书》 2.《地理标志保护产品综合标准》 3. 产品生产者简介 4. 产品（包括原材料）产自特定地域的证明 5. 指定产品质量检验机构出具的检验报告 6. 申请专用标志企业汇总表（含电子版）
	省级质检机构	（20）省级质检机构向总局提供审核意见及相关材料	
七、专用标志注册登记阶段	总局管理机构	（21）注册登记，发布批准专用标志使用公告。 （22）向企业颁发《地理标志产品专用标志使用证书》	1.《核准企业使用地理标志保护产品专用标志公告》 2.《地理标志保护产品专用标志使用证书》
八、后续监管阶段	产地质检机构	（23）负责专用标志的印制、发放、使用的监督。 （24）对地理标志产品范围实施监控。 （25）对生产数量实施监控。 （26）实施从原材料到销售各环节的日常质量监控。 （27）对标识标注进行监督	1.《地理标志产品监督管理办法》 2.《印制、发放、使用专用标志管理办法》
	省级质检机构	（28）负责本辖区的地理标志产品的监督管理	
	国家质量监督检验检疫总局	（29）统一管理地理标志产品工作	
注："产地质检机构"是指国家质量监督检验检疫总局发布的批准公告中确定的管理机构			

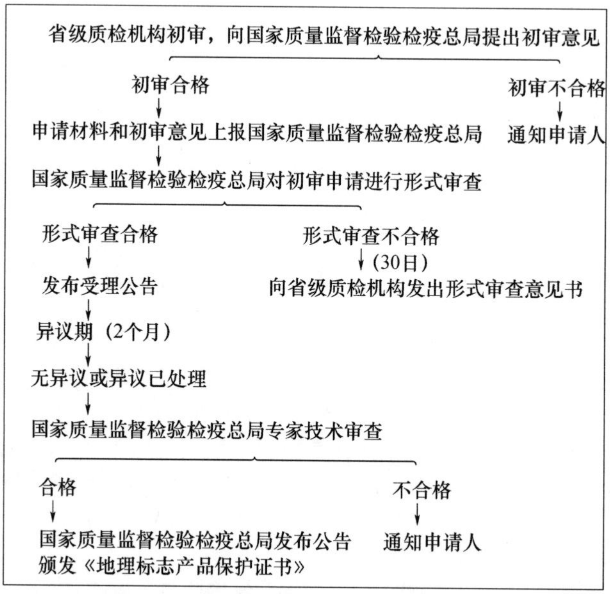

省级质检机构初审，向国家质量监督检验检疫总局提出初审意见

初审合格　　　　　　　　　　　　初审不合格

申请材料和初审意见上报国家质量监督检验检疫总局　　通知申请人

国家质量监督检验检疫总局对初审申请进行形式审查

形式审查合格　　　　　形式审查不合格

　　　　　　　　　　　　　（30日）

发布受理公告　　　　向省级质检机构发出形式审查意见书

异议期（2个月）

无异议或异议已处理

国家质量监督检验检疫总局专家技术审查

合格　　　　　　　　　　　　　　不合格

国家质量监督检验检疫总局发布公告　　通知申请人

颁发《地理标志产品保护证书》

图6-2　地理标志产品审查程序图

附录4

1. 地理标志产品申报所需材料

示例1：

博罗县人民政府办公室关于成立博罗县柏塘山茶
地理标志产品申报工作领导小组的通知

博府办函〔2014〕118号

柏塘镇人民政府，县府直属有关单位：

根据广东省质量技术监督局《关于同意成立罗浮山大米等3个地理标志产品申报办公室的函》（粤质监便字〔2014〕439号），县政府决定成立博罗县柏塘山茶地理标志产品申报工作领导小组。领导小组成员名单如下：

组　长：谭锦旺（副县长）

副组长：陈灿林（县政府办副主任、县政府督查办主任）

赖高峰（县质监局局长）

徐广基（县农林局局长）

成　员：周惠强（县委宣传部副部长）

缪少勇（县质监局副局长）

黄茂良（县农林局副局长）

王永忠（县国土资源局副局长）

郑海强（县食品药品监管局副局长）

胡木榕（县水务局副局长）

冼振荣（县科工信局副局长）

陈雪花（县文体旅游局副局长）

梁秀霞（县统计局副局长）

蔡锦宏（县气象局纪检组长）

吴小明（县志办主任）

陈建端（县广播电视台副台长）

赵春艳（县农业技术推广站纪监员）

王海棠（柏塘镇镇长）

领导小组办公室设在县质监局，办公室主任由缪少勇同志兼任，联系电话：0752-6219366，13502238970，负责日常工作。申报工作完成后，该办公室自行撤销。

博罗县人民政府办公室

2014 年 9 月 16 日

（博罗县人民政府网站，http：//xxgk. huizhou. gov. cn/publicfiles/business/ht-mlfiles/8000/2. 2/201409/321798. html）

示例 2：

金沙县人民政府文件

金府通〔2014〕3 号

金沙县人民政府关于指定贵州金沙窖酒酒业有限公司为金沙回沙酒地理标

志产品申报组织的通知

各乡（镇、街道）人民政府（办事处），金沙经济开发区、冷水河风景区、沙土三化同步统筹发展改革试验区管委会，县政府各部门、各直属机构：

"金沙回沙酒"为我县驰名商标，金沙窖酒酒业有限公司作为我县工业龙头企业，为推动我县工业经济发展和促进就业做出了积极贡献，为认真做好"金沙回沙酒"地理标志产品申报工作，经县政府研究，决定指定贵州金沙窖酒酒业有限公司为"金沙回沙酒"产品地理标志产品申报组织，具体承办"金沙回沙酒"地理标志产品申报工作。各有关乡镇、相关部门要积极做好协调配合工作，确保"金沙回沙酒"地理标志产品申报工作顺利成功。

特此通知

金沙县人民政府

2014 年 3 月 12 日

（金沙县人民政府网站：http://www.gzjinsha.gov.cn/html/2014/05/05/content_ 227392.html）

示例3：

陕西省人民政府关于建议划定秦川牛地理标志产品产地范围的函

陕政函〔2005〕114 号

国家质量监督检验检疫总局：

秦川牛是产于我省"八百里秦川"的一个著名地方优良黄牛品种，以其体格高大、肉质细嫩、膏脂润香、耐粗饲、抗逆性强而位居国内五大良种黄牛之首，被誉为"国之瑰宝"。为了有效保护秦川牛地理标志产品的质量和特色，打造秦川牛知名品牌，我省拟申请对秦川牛进行地理标志产品，并指定陕西省农业厅为秦川牛地理标志产品申请单位。

按照 GB 5797—2003 中华人民共和国《秦川牛》标准和 DB61/T 3451—15《秦川牛标准化生产综合体》标准，陕西省关中和渭北地区是完全符合秦川牛生产地域水土条件和气象指标的地区。根据《地理标志产品规定》（国家质量监督检验检疫总局第78号令）要求，经研究，以县（市、区）为单位的秦川牛地理标志产品产地范围建议划定范围如下：

西安市长安区、临潼区、阎良区及蓝田、周至、户县、高陵，渭南市临渭区及大荔、合阳、富平、蒲城、澄城、韩城、白水、华县、华阴、潼关，咸阳市秦都区、渭城区及礼泉、三原、泾阳、兴平、武功、乾县、彬县、长武、淳化、旬邑、永寿、杨陵，宝鸡市陈仓区、金台区、渭滨区及扶风、凤翔、岐山、眉县、麟游、陇县、千阳，铜川市耀州区、王益区、印台区及宜君，洛南等47个县（市、区）。特此函商。

附件：秦川牛地理标志产品产地范围划定图

陕西省人民政府

二〇〇五年九月十一日

（http：//www.cnnsr.com.cn/csfg/html/2005091000000000107696.html）

示例4：

证　明

省质量技术监督局：

×××企业系我县企业，该企业生产的××产品及原料（根据地理标志产品确定的要求表述）均来自我县×××地区，为××产品地理标志产品范围内，年产量　　（产量），年产值　　元。

特此证明。

乡镇以上人民政府或县级以上有关主管部门单位印章

年　　　月　　　日

示例5：

产品符合地理标志产品标准的证明

省质量技术监督局：

兹证明×××企业生产的××产品符合××标准（标准名和标准号）的规

定，并经法定检验机构检验为合格产品（检验报告附后）。

××县质量技术监督局（印章）

年　　月　　日

示例6：

大兴西瓜质量技术要求（送审稿）

一、产品名称

大兴西瓜

二、地域保护范围

大兴西瓜地理标志产品范围以北京市大兴区人民政府《关于界定大兴西瓜地理标志产品地域范围的请示》（京兴政文［2006］10号）提出的范围为准，为北京市大兴区庞各庄镇、北臧村镇、礼贤镇、榆垡镇、魏善庄镇、安定镇等6个镇现辖行政区域。

三、质量技术要求

（一）品种

京欣一号、京欣二号、京欣三号、航兴一号四个中果型适生西瓜品种。

（二）立地条件

无重金属污染的沙土，pH值6.0至8.5，有机质含量不低于1.0%。

（三）栽培管理

1. 西瓜嫁接育苗：选用葫芦类砧木。嫁接苗出床时应具有3片至4片真叶，接穗不徒长；叶片颜色浓绿，无病、虫害；茎基部粗壮；根系发达。

2. 整地、施肥：每公顷施充分腐熟的有机肥不少于45吨，N：300至360公斤；P_2O_5：190至220公斤；K_2O：120至180公斤。

3. 定植：定植期在3月下旬至4月下旬，定植密度为9000至12000株/公顷。

4. 水肥管理：在西瓜果实长到鸡蛋大小时浇膨瓜水，随水每公顷追施N：60至75公斤，K_2O：75至110公斤。摘瓜前一周停止浇水。

5. 整枝：三蔓整枝，除主蔓以外，保留基部两条侧蔓，在第二或第三雌花

·124·

选留 1 个瓜。

6. 授粉：上午 7 时 30 分至 10 时 30 分选择正常开放的雄花，对雌花进行人工授粉。

（四）采收

1. 采收时期：从雌花开花至果实成熟需有效积温 700℃ 至 900℃，约 28 至 30 天。成熟时果皮坚硬光滑，呈本品种固有皮色，脐部和果蒂部位向里凹陷、收缩。

2. 采收技术要求：采瓜时果实上带一段瓜蔓；禁止雨天采收；高温季节应傍晚采收；采瓜和装运过程中要轻拿轻放。

（五）质量特色

1. 感官特色：

（1）果型：中果型，果实圆形或高圆形；

（2）单瓜重：4 至 8 公斤；

（3）果皮：果皮薄脆，厚度不超过 1.2 厘米，皮色为绿底上覆深绿色条带；

（4）瓤色：粉红色至桃红色，色泽鲜艳；

（5）质地与风味：瓜瓤脆沙，甘甜多汁，纤维含量少，爽口。

2. 理化指标：

（1）可溶性固形物含量：中心不低于 11%；边缘不低于 8%；

（2）糖酸比：45 至 50；

（3）番茄红素：不低于 3.0mg/100gFW；

（4）维生素 C：不低于 6.0mg/100gFW。

四、专用标志使用

大兴西瓜地理标志产品范围内的生产者，可向北京市大兴区质量技术监督局提出使用"地理标志产品专用标志"的申请，由国家质量监督检验检疫总局公告批准。

（请本文作者与本书作者联系）

2. 申报地理标志产品的《陈述报告》撰写示例

灌南金针菇申报国家地理标志产品保护陈述报告

今天，我们非常荣幸地邀请到各位尊敬的领导和在业内享有盛誉的资深专家，在首都北京对我们灌南金针菇申报国家地理标志产品保护进行评审，借此宝贵而又难得的机会，请允许我代表灌南县四套班子领导和全县76万人民，向各位领导和专家表示衷心的感谢和崇高的敬意。

现在，我代表灌南县人民政府申报工作领导小组作如下陈述，请各位领导和专家审查。

一、灌南金针菇产业概述

江苏是有名的鱼米之乡，连云港则是最宜人居的城市，灌南县是国家级生态示范县，位于江苏省东北部，隶属美丽的海滨城市连云港市，全县面积1041平方公里，辖14个乡镇，76万人口，耕地面积80万亩，灌南是传统的农业大县，是江苏重要的优质稻米基地，优质棉花基地和有名的杨木之乡、淮山药之乡、食用菌之乡，特别是食用菌产业近年来得到了迅猛的发展，成为了全国有名的金针菇生产县。灌南地处黄海之滨，属温带季风气候，境内四季分明，生态优良，有关专家称，这里的土壤性质、气候温度、农业资源等非常适合食用菌的栽培生长。为了适应新的形势，改变提升传统产业，把栽培作为发展食用菌产业的主要路径，在较短时间内，茂兴、荣善、家特康等近50家企业，组团进驻灌南食用菌产业园，以灌南金针菇、杏鲍菇等为主打产品，畅销全国30多个大中城市，灌南金针菇产业集聚规模达到全国领先水平。随着食用菌产业的蓬勃兴起，全县催生了50多个专业合作经济组织，形成了1000多个农民经纪人队伍，越来越多的人加入到发展食用菌的队伍中，食用菌产业成为灌南农民就业创业、发家致富的"软黄金"。

二、申请保护的地理标志产品名称和地域范围

根据国家地理标志产品保护规定的有关要求，我县申请保护的地理标志产品名称为"灌南金针菇"。保护范围为灌南县现辖行政区域（详见灌南县行政图）。

三、灌南菌蕈文化背景说明

真菌是地球上最古老的生物类群之一。中国是最早进行菌类生物学特性研究的国家，我国古代将之称为"芝菌"或"菌蕈"。有诗赞美灌南菌蕈层次规模，"灌水东流，润千岁海西；黄海西顾，佑百万苍黎。厚德载物，看菇荣芝秀；栽培淮灌，成菇菌名都。"

据史料记载，灌南是我国栽培食用菌较早的地方之一，梁代著名医药学家

陶弘景所著的《本草经集注》中曾记载"茯苓今出郁洲"，"郁洲"就是连云港云台山以南，也就是今天的灌南县境内。淮安（灌南过去归属淮安市）人林壬译在 1902 年《农家报》上刊发译自日本人本间小左工门的《蕈种栽培法》也是我国最早的近代国外种菇技术的译著。

上世纪 70 年代起，我县部分乡镇基本上家家户户都栽培食用菌，主要从事灌南金针菇和双孢蘑菇等食用菌的生产，菇农具有丰富的栽培经验，栽培面积一度达到 1000 多万平方尺，年产量近 8000 吨。到 20 世纪末，成熟的新技术普遍应用，规模不断扩大，产量稳步增长，逐步奠定了菌业大县的地位。

灌南金针菇文化历史悠久，源远流长。古时，我们的先人，就认识了金针菇等为代表的菌菇，自有文字记载以来就不断有相关文字记载和图像描绘，北宋淳熙十一年（公元 1184 年），召姜特立为朝官，应召时，献诗百首，其"香菌"一诗，热情地赞扬了菌蕈的珍贵。"薰蒸应地德，香滑异园蔬，天花非尔伦，金芝恐其余，雅宜斋庖荐，不爱羊羹污，将欲献天子，谁为达区区"。宋代诗人欲将菌蕈献天子，说明当时在全国普食菌菇，稀有品种有的已有一定地位。据考，隋唐、宋金、明清各代均有大量谈论菌食之美的著作，其中李斗《扬州画舫录》所记，当时酒肆中的包括金针菇等口蘑菜就达 20 多种。宋人王闻之《渑水燕谈录》、清人王世贞《分甘余话》、清代《吴蕈谱》都记述了灌南周边一带历史上采食菌蕈度荒年的情况。

1. 中国诗词、楹联中的菌蕈文化

历代文人墨客，撰写了无数诗词、楹联赞美菌菇。为菌蕈文化增添了精美、丰富的内涵。南宋大词家管鑑"水调歌头"词中："莫问梅仙丹灶，休觅山灵蕙帐，追忆采芝翁"。管鑑，字仲明，龙泉后甸村人，南宋淳熙年间（1174——1189），历任建宁通判等职，词作被选入《永乐大典》等典籍。元代，周砥赞美菌蕈诗：时忆紫芝歌曲旧，尚寻黄独制颓龄，今晨暂辍青精饭，与洁方坛吟玉经。明朝李溥诗《灵芝》：甲申儿报芝产圃，乙酉先茁又产芝。叠缘重臺如甲字，三柯一本与川宜。红黄莹夺金蟾色，祥瑞符同彩凤仪。明岁愿生槐树也，婆娑花叶荫轩墀。甲申"芝生圃"，乙酉"又产芝"，说明当时菌蕈已很普遍，诗中生动、形象地描绘了菌蕈的形状、颜色，祥瑞寓意，生长环境，说明当时人们对菌菇稀有品已经有了充分的了解和认识。

在灌南各地的寺、庙、民宅古建筑中，保留着各种赞美菌蕈的楹联。如：

"灵草碧花仙子宅，暖风晴旭野人家" "灵草堆承天上露，玉毫不治世间尘" "梅香花馥琴心远，灵芝春深鹤梦闲"。

《辞海》称：灵草即灵芝。东汉班固《西都赋》云："灵草冬荣，神木丛生"。

2. 灌南蒋登科木刻中的菌蕈文化

蒋登科木刻，名扬淮海。灌南历史上著名木刻艺术家蒋登科学习历代艺术家常以灵芝等菌蕈为题材，运用灵芝菌盖的波状环纹，两侧对应的如意状形，制成了大量精致的木刻精品，使灌南菌蕈文化与木刻艺术完美结合。今天灌南博物馆和收藏家保存着大量反映灌南菌蕈文化的木刻艺术珍品白蛇盗仙草、采珍献母、吉祥如意图、西王母蟠桃盛会、杨家将系列木刻等艺术作品，使灌南菌蕈文化向海内外传播，造成广泛深远的影响。

3. 灌南古建设装饰雕刻艺术中的菌蕈文化

灵芝等菌蕈形象作为祥瑞象征，深受灌南人民喜爱。历代能工巧匠，雕刻了大量灵芝如意类的雕刻，今天在灌南大批古建筑中就保存着大量的菌蕈文化艺术珍品，灌南九庵十八庙及城乡大批明清时代的古建筑中，在石刻、轩窗、大门、大厅都有各种灵芝祥瑞的雕刻艺术。

4. 灌南绘画中的菌蕈文化

在灌南各地的古刹寺庙、亭台楼阁、住宅厅堂都有各种灵芝绘画，佛堂上的鹿衔灵芝，麻姑灵芝献寿，铁拐李老仙采芝制药等。现代灌南作家在其作品中亦屡现菌蕈名称和形象。

5. 灌南盆景中的菌蕈文化

灵芝等菌蕈古朴典雅，古色古香，油光如漆，菌盖条纹，波形交错，辉映成趣，一株菌蕈配以当地的山石、树根就是一件天然的艺术品，灌南人利用灌南菌蕈制作了各种各样的盆景，深得艺术家和收藏家的青睐，发挥了灌南菌蕈的观赏价值，传播了灌南菌菇文化。

6. 灌南菌蕈的神话传说

灌南城乡广泛流传着"铁篙撑船王彦章谴神鹿送仙草救命"的传说。灌南灌河边的天师王彦章在此种芝修炼得名。灌河边四季分明，水土相宜，树木葱茏。相传道家王彦章在河边种芝炼"长生不老"之药，为取血种芝，养了几头梅花鹿（《本草纲目》记述，"道家种芝法，糯米饭捣烂加雄黄、鹿头血"，灌入老树腐烂处），一天梅花小鹿外出，遇上了打猎人，小鹿拼命逃跑，逃至河边一户农家，农家主妇巧妙地把小鹿藏了起来，救了小鹿一命，几年以后，农妇身上生了一个痈肿，疼痛难忍，家住河边，无处找药，农妇生命危在旦夕，家人非常着急，正在此时，小鹿口衔灵芝到了农户家，点头三下，放下灵芝就走了，家人把灵芝煎汤给农妇服用，一连吃了三帖，农妇痈肿便消失了，疼痛消除，就可下地做事了。原来是在河边修道种芝的王彦章，得知农妇患病以后，为了报答善良农妇救鹿之恩，把自己种植的灵芝，遣小鹿送去，自此王天师差神鹿送神草救命的神话便在灌南广泛流传。

7. 灌南金针菇发展了灌南菌蕈文化

20世纪70年代初，灌南开始发展人工栽培菌菇，灌南金针菇大规模生产起于20世纪末，目前已生产灌南金针菇的食用菌企业29家，合作社50余家，灌南金针菇栽培农户达3000多户，日产200余吨，年产值达12亿元，占全县农林牧渔总产值的20%以上。灌南金针菇的发展，大大丰富了灌南菌蕈文化。2009年获江苏省食用菌产业基地县称号，江苏省食用菌示范基地称号，2010年被表彰为全国食用菌行业优秀基地县，2010年全国食用菌行业科技成果（技术）推广奖，2010年食用菌餐饮文化推广奖，2010年食用菌行业优秀基地县和全国食用菌行业优秀龙头企业，2011年获全国食用菌文化产业建设先进县等称号。顺利承办、协办国际食用菌烹饪大赛、全国食用菌论坛等国家级会议，多篇菌蕈学术论文在省级以上刊物或学术会议发表交流。有3家企业的产品获无公害农产品，有3家企业的产品获绿色食品称号，增添了灌南菌蕈文化的丰采，丰富了灌南菌蕈文化内涵。

在获得殊荣的同时，灌南金针菇的发展也得到了党政领导和专家的关怀和青睐。先后有省委书记罗志军，省委常委、副省长黄莉新，西藏自治区人大副主任周春来，国家扶贫办公室副主任王国良，市委书记李强，市长杨省世，我国知名食用菌专家、中国工程院院士李玉，中国农科院院长翟虎渠，中央农广院常务副校长曾一春，全国食用菌协会副会长李玉春等亲临我县园区视察指导工作。

四、灌南金针菇的质量特色与地理环境的关联性

灌南金针菇充分利用本地区域内的自然环境和资源，选用适宜的良种进行繁育，经独特的栽培方式生产而成，具有菇柄细长，盖小质细，色泽白亮，整齐均匀，外形美观，口感脆嫩爽滑，味道鲜美独特，菇香浓郁，营养丰富，重

金属含量和农药残留量低等主要品质特征。其品质特征的形成与产地的气候、土壤、水质、自然资源等地理要素有着十分密切的关系。

（一）气候

灌南县地理坐标为东经119°07′~119°48′、北纬33°59′~34°27′。地处北温带南缘，是暖温带向亚热带过渡地区，属暖湿季风气候；雨量充沛，年平均降水量922.3mm；年日照率为52%；气温适中，年平均气温14℃；地温均衡，境内表层和地下1m深以内的温度变化与气温变化相一致，年地面表层平均温度15.7℃；湿度较大，年均相对湿度为75%，其中夏季为83%以上；全年主导风为东南风，冬季主导风为东北风，大气质量为国家一级标准。全年平均无霜期205天，无雪期268天。灌南气候具有环境湿润、地面温度恒定等特点。而灌南金针菇是大型好气性木腐菌，菌丝最适合生长的温度为20~22℃，子实体分化最适温度12~15℃，出菇最适温度5~10℃，灌南金针菇生长要求环境湿润，灌南的气候正好适应了灌南金针菇生长的生物特性，有利于金针菇生长过程中营养的积累，使灌南金针菇的营养价值较高，并形成了柄细长、盖小的外形特征。

（二）土壤和水系

灌南县土壤属潮土类，土壤结构以粘性土壤占多，水稻土土层深厚，有机质含量高，养分丰富。这为灌南金针菇的栽培原料提供了大量的氮素养料。我县境内有15条淡水主干河，位于北方山冈水系和南方江湖水系的汇合处，两大主要河流灌河和沂河横贯灌南东西，北面的沂河是山冈水系的代表，发源于沂蒙山区，在我县境内形成了数十万亩良田沃土的沂河淌。我县在沂河淌种植的小麦具有品质好、含蛋白质高的特点，为灌南金针菇提供了特有的丰富原料。南面的灌河是江湖水系的典型，来源于全国第四大淡水湖洪泽湖水系，也是苏北地区最大的入海潮汐河流，淡水、海水资源丰富，海、淡水交汇更是独具特色，为灌南金针菇提供了所需要的丰富的磷、钾、钙、镁等矿质元素。

独特的土壤和水系，使灌南金针菇具有了独特的口感——脆嫩爽滑、味道鲜美、菇香浓郁，而且营养丰富，据测定，灌南金针菇干品中约含蛋白质20.9%，碳水化合物60.2%，粗纤维7.4%，蛋白质含量明显高于其他地方的金针菇。

（三）生态资源和环境

得天独厚的自然地理条件，造就了灌南优越的生态环境资源，国家级生态示范区的创建，更进一步优化了生态环境。走遍灌南大地，林木葱郁，空气清新，"白天不见村庄，夜晚不见灯光"，堪称一座天然的森林公园。我县是全国杨树的主要产地之一，素有"杨木之乡"称号，木材蓄积量200多万立方米，拥有大小板材加工企业350余家，这为灌南金针菇提供了丰富的木屑原料。其他一些地区栽培农户采用棉籽壳作为栽培原料，因棉籽壳是棉花的下脚料，在棉花种植过程中施加大量农药，栽培出来的金针菇农药残留量大大增加，对人体有一定的危害；而灌南金针菇栽培农户采用杨树木屑为栽培原料，栽培出来的金针菇几乎不存在农药残留的问题，对人体有益无害。不但如此，用杨树木屑栽培的金针菇比用棉籽壳在色泽、纯度、外观、保持期等方面都有明显的提高，使灌南金针菇具有特有的纯白特征。

同时我县还创建了国家级无公害水稻标准化示范区、省级无公害小麦标准化示范区。这些示范区的创建，减少了环境污染，减轻了农作物的农药残留量，从而也降低了以麦麸、秸秆为培养料的灌南金针菇重金属含量和农药残留量。据测定，灌南金针菇在重金属含量、农药残留量等卫生指标方面均明显低于国家相关标准要求，其中砷 $\leq 0.2mg/kg$，汞 $\leq 0.05mg/kg$，铅 $\leq 0.25mg/kg$，镉 $\leq 0.2mg/kg$，亚硫酸盐 $\leq 40mg/kg$，多菌灵 $\leq 0.3mg/kg$，敌敌畏 $\leq 0.1mg/kg$。

五、灌南金针菇特有的生产模式

灌南金针菇生产模式是以灌南县地理特征为前提，以生产纯白金针菇为主的特有的生产方式和方法。灌南金针菇引入人工栽培以来，经历了发酵料栽培、熟料常规栽培、熟料周年栽培、熟料分级栽培（灌南模式）等几个主要阶段，形成了灌南金针菇袋料生产的四个里程碑。

灌南模式采用木屑、麦麸、秸秆为主料，（15～18）cm×（35～40）cm 小袋生产，室内发菌，室内室外皆可出菇，菇质优，商品率高达95%以上，效益高。

1. 灌南金针菇生产模式工艺特点

（1）小袋：小袋走菌快，周期短，出菇同步性高，有利于形成帽小杆粗高度一致的优质灌南金针菇。

（2）立体：室内发菌，室内室外皆可出菇，向空间立体发展，管理集中，操作方便。

（3）分工明确：分工明确是灌南模式的特色，政府统一规划，企业提供菌袋和回收产品，农户负责出菇。

（4）效率管理：企业采用现代先进高效生产管理模式，提高菌袋成品率，节省空间，减少原料浪费。

灌南金针菇生产模式成功率高，商品率高，效益高。可以说灌南金针菇生产模式是金针菇生产历史上的重大突破，是迄今为止最新生产模式。

2. 灌南金针菇生产模式技术特点

（1）营养配方：采用木屑、麦麸、秸杆等科学配方，既减少投入，又可防止杂菌感染，从而获得高产。

（2）拌料装袋：精确掌握最适含水量，有利发菌和出菇，杂菌感染率低，缩短生产周期。

（3）接种：采用空间净化接种，不使用任何化学消毒药剂。

（4）培养：采用恒温冷库避光培养菌袋，提高走菌速度，接种后 22～25 天菌丝走满，比常规培养缩短 8～15 天，使整个生长周期在 65 天左右。

（5）催蕾：发菌完成后，把菌袋转移到催蕾室集中催蕾，大约 10～20 天后即可进行出菇管理。

（6）出菇：将长好菇蕾的菌袋转移到出菇大棚，温度在 4～10℃，直至采菇。

（7）灌南金针菇生产模式技术特点总结：天然原料、净化接种、恒温养菌、三级管理、四步出菇。

3. 灌南金针菇生产栽培技术

灌南金针菇是秋冬与早春栽培的食用菌，以其菌盖滑嫩、柄脆、营养丰富、味美适口而著称于世。灌南金针菇栽培工艺流程：培养基配制→装袋→灭菌→冷却→接种→菌丝培养→催蕾→出菇管理（抑制期、再生期、二次抑制期、伸长期）→采收。

灌南金针菇栽培技术要点：灌南金针菇是在低温、湿润、通风等综合因素促成下栽培而成。

（1）栽培季节 利用自然温度栽培灌南金针菇，选择适宜的生产季节是获得优质高产的重要一环。灌南金针菇属于低温型的菌类。人工栽培应以当地自然气温选择。江苏北部地区一年可安排两次栽培。第一次在 9 月接种，11 月出菇；第二次在早春接种，加温发菌春季长菇。低海拔的平川地区，应适当推迟接种。为了解决夏季灌南金针菇市场需求，可以利用冷库生产灌南金针菇。

（2）培养基配制 灌南金针菇属于木腐菌，但灌南金针菇分解木材的能力比较弱，因此使用软质木屑（杨木屑）栽培灌南金针菇效果明显优于硬质木屑。传统的灌南金针菇生产主要利用当地丰富的杨木屑和秸杆作为培养料。随着灌南金针菇的生产工艺不断发展，灌南金针菇的栽培配方也不断优化提高，目前一般采用以下几种配方：

配方1：杨木屑30%、玉米芯30%、麦麸35%、玉米粉3%、轻质碳酸钙1%、石膏1%。

配方2：杨木屑40%、豆秸粉20%、麦麸35%、玉米粉3%、轻质碳酸钙1%、石膏1%。

配方3：杨木屑30%、豆秸粉20%、玉米芯20%、麦麸25%、玉米粉3%、轻质碳酸钙1%、石膏1%。

将不同配方的培养料按比例称量，除可溶性的辅料加水溶化外，其余主辅料反复拌匀，然后将溶解部分辅料的水分次洒入料内，将料混合均匀。拌料要做到：湿透、拌匀、pH自然、含水量达到62%左右（手握料有水滴出但不形成水流），即可装袋。

（3）装袋 选择规格长与宽（35~40）cm×（15~18）cm的插角型聚丙烯塑料袋作为栽培容器。装袋可采用灌南金针菇专用冲压式打包机（该机除手工套筒、手工取包之外，其他均自动完成）。装袋后插入接种棒，再套上套环塞上棉花塞。

（4）灭菌 灌南金针菇菌丝抗杂菌能力相对比较差，所以灭菌彻底是灌南金针菇栽培核心所在。自然季节栽培灌南金针菇大多数选择常压灭菌，大规模周年栽培灌南金针菇的企业都是采用高压灭菌。高压灭菌是利用高压锅进行灭菌，灭菌温度121℃，保持3h，灭菌彻底，效果好。

（5）冷却 可采用自然冷却和强制冷却两种方法。灌南金针菇菌袋生产企业选择专门双开门方形高压灭菌锅灭菌。将灭菌锅两端前、后空间完全分隔开来。装袋车间空间尘埃密度很高，栽培包进锅前，先关闭在冷却室内灭菌锅门，再打开装袋车间的灭菌锅门，进锅后，锁门，按高压灭菌程序进行灭菌，至所需要的温度和灭菌时间，降温至90℃左右，再拉出，进冷却室冷却。先采用过滤空气，自然冷却，随后再依靠大功率制冷机组强制性冷却至常温。整个冷却空间与接种车间直接相连，采用空气净化器对其空间循环进行空气净化。

（6）接种　整个接种空间不采用任何药剂消毒，而采用空气净化器对整个接种空间进行循环净化，做到零污染、零排放，达到无公害、绿色食品标准。

（7）菌丝培养　接种后及时将袋移入培养室进行发菌培养。培养室要保持清洁，用前应进行物理方法消毒处理。室内温度控制在 $18 \sim 20℃$ 左右，空气湿度控制在 $60\% \sim 70\%$，暗光培养。培菌期间要保持良好的通风条件，以满足菌丝生长对氧气的需求，促进菌丝健壮生长。一般在 $22 \sim 25$ 天菌丝走满，而后提供给农户进行催蕾出菇管理。

（8）催蕾　在正常情况下，接种后第 30 天栽培袋内菌丝基本生理成熟，将符合出菇标准的菌袋移入催蕾室，降温至 $12 \sim 15℃$。每日给予 $2h$ $100 \sim 200lx$ 的光照诱导。在低温和散射光的双重刺激下，菌丝细胞分裂活性提高，分枝旺盛、细胞膨润、原壁化、胶质化、组织开始分化，形成子实体原基。降温 10 天后，明显可见栽培袋培养基的表面不定点发生丛状的子实体原基，此时不能急于打开袋口，应继续培养数日，使丛状的子实体原基发育成针尖状小菇蕾。当培养基表面和棉塞间自然形成的针尖状菇蕾较密集，且有 $3 \sim 5cm$ 长时，将发育状态较一致的栽培袋选出，放在一起。取出棉塞和套环（分别放置，以便重复使用），打开袋口，用锋利小刀，沿着培养基表面将塑料膜割弃，使针尖状小菇蕾露体，称其为开袋。

（9）出菇管理　将开袋好的菌袋转移到出菇室或出菇棚进行出菇管理。出菇管理一般采用抑制期、再生期、二次抑制期、伸长期四步管理法。

①抑制期　开袋后的菌袋移入 $5 \sim 8℃$ 出菇冷库内，排放在栽培层架上。利用低温冷库内盘管式风机组使菇房湿度降低到 80% 以下，促使针尖状小菇蕾因过分失水而处于萎蔫状态。

②再生期　当菇蕾干至手掌稍有刺痛感时，将菇房温度提高到 $8 \sim 12℃$，湿度提高到 $85\% \sim 90\%$。$2 \sim 3$ 天后，在倒伏菇柄基部会重新形成密集菇蕾，此称再生菇蕾。在低温条件下，再继续培养数日，待栽培袋出现密密麻麻幼菇，菇柄长度大致为 3cm 时，进行套袋。割袋后 $7 \sim 8$ 天，当整个料面菇蕾密集而整齐时，从菌袋底部套入较大的塑料套袋，多余的部分翻折到栽培袋的底部，套袋口高于料面 3cm。套袋的目的是增加菇蕾发育的空间，提高小空间 CO_2 浓度，

抑制菇盖的开张。套袋后菇房温度控制在 6~8℃。再生菇蕾形成后停止加湿，维持空气相对湿度85%左右。

③ 二次抑制期　为了使出菇整齐，往往还要经过一个抑蕾过程。当子实体长到于套袋口等高时，剔除个别菇盖偏大的菇蕾谓之抑蕾。应反复多次进行光照，每次光照时间为 15~30min，每天累加为2h 左右，连续光照至拉直出菇袋口后暂时停止光照。在光照和制冷风机的循环风较强的双重作用下，菇体的发育受到抑制。菇柄伸出套袋口 2~3cm，菇体失水，菇柄显得较为硬实，菇盖色泽发白，菇体含水量下降，此时进入伸长期管理。

④ 伸长期　待子实体长至 4~6cm 时，进入生长管理阶段。此时，菇的数量已定，接下去要做的是使菇柄伸长，提高商品质量。随着子实体长高，分次提高料袋口的塑料膜，使 CO_2 浓度提高，温度控制在 8~12℃，空气的相对湿度控制在 70%~80%，保持菇房的黑暗，可获得色质浅、有光泽、菌柄长、菌盖小的优质商品菇。当子实体长至 15cm 时就可采收。

（10）采收　灌南金针菇菌柄长 15cm 左右，菌盖直径 1cm 左右，半球形，边缘内卷，为加工菇的最适采收期。去掉套袋，将整菇从栽培袋上取下，平齐地放入筐内，要防止装得过多，压碎菇帽及菇柄，影响质量。灌南金针菇采收次数由栽培者根据实际情况决定，一般可采收 1~3 潮菇。

4. 包装

灌南金针菇主要以鲜销为主。采收后的子实体按照等级标准进行分级，然后计量包装，进入市场。目前灌南金针菇保鲜方法有保鲜薄膜包装、抽真空包装及抽气半真空包装，其中抽气半真空包装，菇体变形小，保质期长，在4℃以下能保存三周左右，是目前较好的保鲜方法。

六、灌南金针菇地理标志产品保护的具体措施

灌南县人民政府申报灌南金针菇地理标志产品保护管理的目的在于依法规范，严格管理，切实按照标准组织生产和销售，不符合标准的产品不能给予地理标志产品保护，不能使用地理标志产品专用标志。经县政府申报工作领导小组认真研究，制订了灌南金针菇地理标志产品保护的管理措施。主要是：

——建立灌南金针菇地理标志产品保护监督管理机构。灌南金针菇地理标志产品保护申报成功后，我们将以县政府名义组建灌南金针菇地理标志产品保护管理委员会，拟定和实施灌南金针菇地理标志产品保护、管理的规划和计划，

受理生产、经营单位提出的专用标志使用申请，同时对灌南金针菇的产品质量、标志标签、包装和市场等进行管理。保护委员会下设专职办公室，专门负责灌南金针菇地理标志产品保护的日常工作。

——制定灌南金针菇地理标志产品保护管理办法。灌南金针菇地理标志产品保护管理委员会根据《地理标志产品保护规定》，结合灌南金针菇特点，参考其他地理标志产品的管理办法，制定《灌南金针菇地理标志产品保护管理办法》，对灌南金针菇的生产、销售等各个环节的监督管理制订详细的规范。

——指导生产企业申报地理标志产品专用标志。灌南县地域范围内的灌南金针菇生产企业使用"灌南金针菇"地理标志产品专用标志，必须依照国家《地理标志产品保护规定》的要求，由生产企业申请，保护办初审、省质监局审核，国家质检总局审查合格并公告后方可使用。灌南金针菇的生产和制造企业必须按照《灌南金针菇质量技术要求》组织生产，灌南金针菇的质量必须严格达到标准的质量要求，做到不合格的产品不出厂。

——严格地理标志产品专用标志使用和管理。政府将加大违法行为的打击力度，全力保护灌南金针菇产品品牌。对擅自伪造或冒用"灌南金针菇"地理标志产品名称及专用标志的，或者不符合地理标志产品标准和管理规范要求而使用该地理标志产品名称的，由相关职能部门按照国家法律、法规予以查处。

上述措施是初步的，待灌南金针菇地理标志产品保护实施后，我们将在实践中不断完善，采取更加具体有效的措施，确保对灌南金针菇地理标志产品保护取得实效。

各位领导、各位专家：灌南金针菇是灌南县独特的地理自然环境为我们奉献的特殊礼物，其悠久的历史、独特的工艺、灿烂的文化都是我们不可多得的宝贵财富，我们也更有责任，更有义务让她拥有一个美好的未来。对灌南金针菇实施地理标志产品保护，有助于灌南金针菇在更广阔的舞台上展示其独有的魅力，对有效保护灌南金针菇的生产资源，提高灌南金针菇的知名度和市场竞争力，乃至带动农业增效、农民增收，从而促进地方经济健康快速发展等诸多方面都具有深远意义。

真诚地希望各位领导、各位专家对我们的工作多提宝贵意见。在今后的工作中，我们将以本次评审会为新的起点，严格按照各位专家提出的意见和建议，进一步完善工作措施,加大保护工作力度,让灌南金针菇散发出更加夺目的光彩。也真诚地邀请各位领导与专家能够到灌南去看一看,走一走,对灌南金针菇、也对灌南的发展多提宝贵意见,给予更多的指导、关心和帮助。76万热情好客的灌南人民欢迎你们!

谢谢大家!

(连云港市灌南质量技术监督局网站:http://wmdw.jswmw.com/home/content/?2291-756059.html。)

资源链接

1. 地理标志产品申报流程网址及二维码:http://www.chinapgi.org/shenbaoliucheng/

2. 地理标志产品公告查询网址及二维码:http://www.chinapgi.org/Announcement/

3. 地理标志产品营销与品牌展示网址及二维码：http：//www. chinapgi. org╱Brand╱

第7章 地理标志的域外申请

7.1 地理标志域外申请概述

7.1.1 什么是地理标志的域外申请

这里所说的地理标志的域外申请是指我国自然人、法人或其他组织到我国大陆地区以外的国家或地区申请地理标志。目前，并不存在"世界地理标志"或"国际地理标志"这样的称谓，这也就是说地理标志这一权利本身具有地域性，只在被授予的国家或地区才受到保护。举例来说，苏格兰威士忌在我国申请了地理标志商标，而在美国没有申请地理标志商标，那么我国商标法会保护这一地理标志，但是美国法律则不会。如果苏格兰威士忌想获得美国法律的保护，那么还需要去美国申请地理标志。

7.1.2 如何查询已申请的地理标志

由于目前地理标志的域外申请途径较为分散，要通过某种途径查询全部地理标志难度较大。因此，查询已申请的地理标志只能分别进行。本书只简要介绍几种。

（1）登录各国或地区地理标志审查机构网站查询各国地理标志申请与授权情况。实际上，考虑到各国对于地理标志的保护方式并不统一，不同国家对于地理标志的申请可能是由一个或者多个机构来负责的，因此可能需要事先对该国的地理标志申请情况有详细的了解。

（2）登录世界知识产权组织网站查询《里斯本协定》途径申请的地理标志（原产地名称）（网址：http：//www. wipo. int/ipdl/en/search/lisbon/search - struct. jsp）。在这个网站可以查询通过《里斯本协定》申请的地理标志。

（3）登录世界知识产权组织网站及我国工商行政管理总局商标局网站查询

马德里体系途径申请的地理标志（集体商标和证明商标）（网址：http：//www. wipo. int/romarin）。在这个网站可以查询通过马德里协定体系申请的地理标志。从 2007 年 1 月 1 日起，ROMARIN 在该网站上每日更新注册信息并向公众免费公开。从 2009 年 1 月 1 日起，国际局在 ROMARIN 上提供国际局 2005 年 1 月 1 日后收到并在国际注册簿中有相应登记的临时驳回通知、临时全部驳回确认声明、临时驳回后给予保护的声明等信息。同时，如需查询国际公告，可登录世界知识产权组织网站（www. wipo. int→Trademark→Madrid System→WIPO Gazette）www. wipo. int/madrid/en/madridgazette/browse. jsp。以上《WIPO 国际商标公报》每周在网上公布，同时还会发布纸质版本，内容包括国际注册新申请、续展、后期指定和变更以及影响国际注册的其他所有登记的相关数据。如果你是国际注册的注册人或登记代理人，可以通过马德里案卷管理器查看 WIPO 收到的国际注册所有文件的扫描件。

为方便我国申请人使用查询国际公告，我国商标局特别在中国商标网发布"查询国际公告使用说明"。具体路径如下，登录中国商标网（sbj. saic. gov. cn）进入子栏目"国际注册"后选择"查询国际公告使用说明"（http：//sbj. saic. gov. cn/sbsq/mdlsq/201203/t20120320_125010. html）进行查询。

7.1.3　如何查询别的国家或地区的地理标志立法

可以登录各国或地区立法机构的网站查询当地的立法。世界知识产权组织提供了一个可以综合查询世界知识产权组织成员国、世界贸易组织成员国以及欧盟成员国的知识产权法律的网站。登录 http：//www. wipo. int/wipolex/en/national. jsp，然后按照不同的国家搜索"地理标志"即可。此外，还可以通过世界知识产权组织的网站（http：//www. wipo. int/members/en/）检索所在国的知识产权局以便检索地理标志立法。

查询欧盟的立法可以登录欧盟网站（http：//eur－lex. europa. eu/homepage. html）。

7.1.4　地理标志域外申请的途径

目前地理标志的域外申请主要有四种途径。

（1）分别到各个国家或地区进行申请。如果申请人希望自己的地理标志在

10 个国家获得保护，那么申请人则需要分别向这 10 个国家递交申请，当申请被批准后则可以获得该国的保护。各个国家的批准是独立进行的，不会影响其他国家作出批准或不批准的决定。通常情况下，多数国家会要求申请人提出的地理标志已经在本国得到了保护。

（2）通过国家间订立的双边协定进行申请。两个国家通常会根据互惠原则签订地理标志相关协定。中国已与一些国家和地区订立了类似的地理标志双边协定，如《中泰地理标志合作备忘录》。目前，中欧地理标志双边合作协定、中瑞（士）地理标志双边合作协定也正在谈判过程中。国家间还会就特定的产品订立地理标志双边协定，比如葡萄酒、烈酒。

（3）通过里斯本协定体系进行申请。里斯本体系是专门针对原产地名称的登记建立的，而通常情况下属于原产地名称的都属于地理标志，因此里斯本体系可以算是目前专门针对地理标志国际申请的。通过里斯本体系申请地理标志时，只需要提交一份申请便可视为对《里斯本协定》所有成员国进行了申请。

（4）通过马德里体系进行申请。不少国家对地理标志的保护是通过商标法中的集体商标或证明商标来实现的。而对于商标国际申请目前已有运作十分成熟的马德里体系，而且截至 2016 年 2 月 15 日已有 97 个成员国，因此如果目标国是通过商标法保护地理标志时，就可以通过马德里体系递交地理标志申请。美国、日本等国均是以商标来保护地理标志，同时也是《马德里协定书》的成员国。

从本质上而言，是否核准地理标志仍然主要取决于各国的国内法，即使是通过里斯本体系和马德里体系申请，主要的作用仍在于简化申请流程，提高申请效率。TRIPS 曾试图建立一个多边制度，对在参加该多边制度的那些成员内有资格获得保护的葡萄酒地理标志进行通知和注册，但是至今尚未达成一致。因此考虑到以上四种申请途径的差异以及我国申请人的实际需求，下文中重点选择里斯本体系、马德里体系和欧盟进行介绍。

7.2　里斯本体系申请途径

7.2.1　里斯本体系是什么

里斯本体系是由《保护原产地名称及其国际注册里斯本协定》和《保护原

产地名称及其国际注册里斯本协定实施细则》组成。《里斯本协定》于 1958 年 10 月 31 日在葡萄牙签订，1967 年 7 月 14 日在斯德哥尔摩修改，1997 年 10 月 2 日修正，2015 年 5 月 20 日在日内瓦修订。为了细化《里斯本协定》的内容，2012 年 1 月 1 日世界知识产权组织通过的《保护原产地名称及其国际注册里斯本协定实施细则》正式生效。目前，《里斯本协定》共有 28 个成员国，包括阿尔及利亚、波斯尼亚和黑塞哥维那、保加利亚、布基纳法索、刚果、哥斯达黎加、古巴、捷克共和国、法国、加蓬、格鲁吉亚、海地、匈牙利、伊朗、以色列、意大利、朝鲜、马其顿、墨西哥、摩尔多哥、黑山、尼加拉瓜、秘鲁、葡萄牙、塞尔维亚、斯洛伐克、多哥、突尼斯。我国并不是《里斯本协定》的成员国，因此我国的申请人不能通过《里斯本协定》申请原产地名称。2015 年 5 月 21 日，世界知识产权组织采纳了对《里斯本协定》的修改。修改后的《里斯本协定》及其实施细则允许来自 28 个缔约国及观察国的注册商标权人签订协议将目前的国际注册范围从原产地名称扩大至地理标志（GI）。由于该文本尚未生效，此次修改是否会吸引更多的国家或地区加入该协定尚不得而知。

《里斯本协定》为实现地理标志的有效国际保护做了最为认真的努力和尝试，也是地理标志国际保护的首次协作成果。①《里斯本协定》代表了一个高标准的保护原产地名称同盟，其为原产地名称所提供的保护范围，堪称迄今为止国际公约之首。②《里斯本协定》与《马德里协定》的差别在于，《马德里协定》是关于商标国际注册的条约，因此该协定关注的重点在于虚假或欺骗性标志从而维护公平的交易秩序；《里斯本协定》则主要关注原产地名称的国际注册。可以说，《马德里协定》是将地理标志作为商标中的一种来予以关注的，而《里斯本协定》则是从原产地名称的角度来关注地理标志的。因此，《里斯本协定》对地理标志的关注更直接、更全面。

《里斯本协定》作为专门保护地理标志的国际条约，给予了地理标志以高水平的保护，是《马德里协定》的继续和展开，丰富了《马德里协定》，是《巴黎公约》体系的自我完善。但是《里斯本协定》借鉴法国成熟的地理保护经验的同时，并没有对各国地理标志的差异性给以足够关注，没有关注到地理标志

---

① 王笑冰著：《地理标志法律保护新论——以中欧比较为视角》，中国政法大学出版社，2013 年第 1 版，第 7-8 页。

② 曾德国主编：《地理标志理论与实务》，北京：知识产权出版社，2014 年 10 月第 1 版，第 27 页。

制度的参差不一。所以没有得到更多国家承认，甚至是其过高的保护水平阻却了许多国家。太少国家的加入使其影响力远逊于其制定水平，简直就是曲高和寡。这一次稍显激进的立法甚至也被后来的 TRIPS 协议所抛弃，以至于 TRIPS 协议使用了 geographical indication，尽管 geographical indication 与《里斯本协定》中 appellation of orgin 在定义上并没有明显区别。[①]

7.2.2 里斯本体系保护的对象

通读《里斯本协定》的内容可以发现，该协定从未使用地理标志一词，而是使用的原产地名称。正如前文所述，该协定中所保护的原产地名称实际上比通常所称的地理标志更加严格。因此可以说，能够受到《里斯本协定》保护的原产地名称通常就是地理标志。

《里斯本协定》将原产地名称界定为：一个国家、地区或地方的地理名称，用于指示一项产品来源于该地，其质量或特征完全或主要取决于地理环境，包括自然和人为因素。保护旨在防止任何假冒和仿冒，即使标明的系产品真实来源或者使用翻译形式或附加"类""式""样""仿"字样或类似的名称。

7.2.3 里斯本体系申请的程序

根据《保护原产地名称及其国际注册里斯本协定》以及《保护原产地名称及其国际注册里斯本协定实施细则》相关要求，需要按照以下程序进行申请：

（1）申请人在本国合法取得拟申请国际注册的名称使用权。申请人可以是自然人也可以是法人。

（2）申请人向本国国家主管机关提出申请。本国需是《里斯本协定》的成员国。

（3）本国国家主管机关以申请人的名义向瑞士日内瓦世界知识产权组织国际局提出申请。申请应使用国际局提供的表格，用英语、法语或西班牙语填写，并由主管机关签字。申请中的内容包括必填内容和选填内容两部分。

必填内容包括：原属国；原产地名称使用权权利人或各权利人，名称应为集

---

① 杨永著：《产业视域中的地理标志发展对策研究》，杨凌：西北农林科技大学出版社，2013 年 8 月第 1 版，第 19 - 20 页。

体形式，无法使用集体名称的，逐一写明名称；要求注册的原产地名称，应使用原属国的官方语言，原属国的官方语言不止一种的，可以使用官方语言中的一种或多种；使用原产地名称的产品；产品的生产区域；原产地名称据以在原属国获得保护的立法或行政规章的标题和日期、司法裁决或者注册的号码和日期。

选填内容包括：原产地名称使用权权利人的地址；原产地名称的一个或多个译名，可以按原属国主管机关的愿望译为任意数量的语言；关于不对原产地名称的某些要素要求保护的声明；关于在一个或多个缔约国放弃保护的声明，应写明国名；第（2）款（a）项第（vi）目中所述的法规、裁决或注册的原文复制本；原属国主管机关希望提供的与本国保护该原产地名称有关的任何其他信息，如产品生产区域的更多详情，关于产品质量或特征与地理环境之间有何联系的说明等。

（4）国际局审查申请。国际局审查两方面的内容，一是申请所使用的语言；二是申请书必填内容。如果国际局审查发现申请不规范的，会暂缓注册，并通知主管机关在通知之日起三个月内对发现的不规范作出补正。国际局在三个月内未收到不规范补正的，国际局应驳回国际申请，并告知原属国主管机关，同时会扣除一半注册费。

（5）登记和发证。经国际局审查合格的，国际局会将原产地名称在国际注册簿上登记，向要求注册的主管机关发出注册证，并将国际注册通知未在该国放弃保护的其他缔约国主管机关。国际注册记载以下内容：国际申请中的全部内容；国际局收到的国际申请使用的语言；国际注册号；国际注册日期。

（6）缔约国的驳回声明或任择性给予保护的声明。缔约国收到国际局发出的注册通知后一年内有权发出驳回声明或任择性给予保护的声明。驳回声明应载明：有关的国际注册号，最好附有有助于确认有关国际注册的其他说明，如原产地名称的产品；驳回所基于的理由；驳回基于在先权的，该在先权的基本情况；在先权涉及国家、地区或国际商标申请或商标注册的，尤应写明申请日期和申请号、优先权日期（如果有）、注册日期和注册号、注册人的名称和地址、商标图样以及商标申请或商标注册中有关商品和服务的清单，但清单可以使用该申请或注册所用的语言；驳回仅涉及原产地名称某些要素的，所涉的要素；可以针对驳回采取的司法救济或者行政救济，以及适用的期限。国际局应将驳回在国际注册簿上登记，注明驳回声明发给国际局的日期，并将声明的复制本用通知发给原属国主管机关。如果缔约国向国际局发出保护声明的，或者撤回驳回声明并重新发出保护声明的，国际局应将其所述的声明在国际注册簿上登记，并将声明通知原属国主管机关。

（7）国际注册的效力及其起算点。通常情况下，国际注册原产地名称从国际注册日期开始受保护，但是缔约国的声明中注明了起算日期的则从该日期进行起算。

（8）后续业务。原产地名称获得国际注册后，可以申请国际局对登记事项进行变更，如原产地名称使用权权利人；原产地名称使用权权利人名称或地址；使用原产地名称的产品生产区域范围；所述的立法或行政规章、司法裁决或注册有关的变更；与原属国有关但不影响使用原产地名称的产品生产区域的变更。同时，国际注册还可以主动放弃或申请注销。此外，国际注册在缔约国被宣告无效且救济权利用尽的情况下，应告知国际局。以上事项国际局均会在国际注册簿上登记并通知主管机关。

7.2.4　里斯本体系申请的费用

国际局对以下事由收费，计费币种为瑞士法郎。

（1）原产地名称注册费 500；

（2）国际注册变更登记费 200；

（3）国际注册簿摘录提供费 90；

（4）关于国际注册簿内容的书面证明或其他资料的提供费 80。

7.3　马德里体系申请途径

7.3.1　马德里体系是什么

《马德里协定》的全称是《商标国际注册马德里协定》（Madrid Agreement for the Repression of False or Deceptive Indications of Source on Goods）。该协定签订于 1891 年 4 月 14 日，1967 年 7 月 14 日在斯德哥尔摩修订，1989 年 5 月 25 日生效。《马德里协定》和《商标国际注册马德里协定有关议定书》（1989 年 6 月 27 日通过，2006 年 10 月 3 日和 2007 年 11 月 12 日修正）、《马德里协定及其有

关议定书的共同实施细则》（2015 年 1 月 1 日生效）共同组成马德里体系。《马德里协定》和《马德里议定书》是两份独立存在的国际条约，参加了其中一个并不意味着同时参加了另外一个。截至 2016 年 2 月 15 日，《马德里协定》已有 55 个成员国，《马德里议定书》共有 97 个成员国，其中纯协定缔约方只有阿尔及利亚，纯议定缔约方有 40 个。

我国于 1989 年 5 月 25 日加入了《马德里协定》，随后的 1995 年 12 月 1 日《马德里议定书》对我国生效。我国的商标权人如果想同时在几个国家申请商标保护，就可以向我国国家工商行政管理总局商标局递交商标注册国际申请，如果在规定的 12 个月或 18 个月的期限内被指定缔约方的主管机关没有驳回对该商标的保护申请，那么我国的商标权人就可以同时在这几个国家获得商标保护。马德里体系由设在瑞士日内瓦的世界知识产权组织国际局管理。

马德里体系是集中化的提交和管理程序。通过马德里体系，用一种语言（英文、法文或西班牙文）提交一件国际申请，以瑞士法郎缴纳一组费用，即可在多个领土获得国际注册。随着企业战略的发展，可以通过马德里体系将保护扩大到新的市场。各项商标可以通过一个集中化的系统来管理和维持。使用马德里体系，不必缴纳多种语言的翻译费，也不必在多个主管局的行政程序上多花时间。马德里体系具有在其 97 个成员的 113 个地区内同时提供保护的潜力，这些成员包括欧洲联盟、非洲知识产权组织（OAPI）、绝大多数发达国家以及许多发展中国家和转型国家。这些国家代表着世界 80% 以上的贸易量。成员数量每年都在增加。因此，马德里体系对于那些采用商标方式保护地理标志的国家而言是最佳选择。

7.3.2 马德里体系保护的对象

《马德里协定》保护的对象是商标，主要解决的是商标国际注册的程序问题。对于标志而言，可以通过注册集体商标或证明商标来获得保护。

7.3.3 马德里体系申请的程序[①]

由于我国是《马德里协定》以及《马德里议定书》的成员国，而申请集体

---

① 参见国家工商行政管理总局编著：《商标注册与管理》，北京：中国工商出版社，2012 年 6 月第 1 版，第 220 - 222 页。

商标、证明商标与其他商标的区别并不明显，因此本书以中国申请人提交申请为例讲述申请的流程。

1. 申请人提交申请

1）申请人的资格

提交商标国际注册的申请人需是按照我国法律设立的法人或者是在中国有住所的法人和自然人或者中国公民。

2）提交申请的方式

申请人可以自行或者委托代理人办理，但是申请需向国家商标局提出。

3）提交的文件

申请人需填写《马德里商标国际注册申请书式一》中英文（法文）各一份；国内商标注册证复印件或受理通知书复印件；申请人资格证明文件，如营业执照复印件、居住证明复印件、身份证件复印件等；基础注册或申请的商标，如在国内进行过变更、转让或续展等后续业务，一并提交核准证明复印件；申请人使用英文名称的，必须提供使用该英文名称的证明文件；委托代理人的，应附送代理委托书。

要求申请的商标图样与基础商标的图样完全一致，颜色完全一致。如基础商标为黑白图样，马德里申请必须是黑白商标；如基础商标为彩色图样，则马德里申请也必须是彩色商标图样。马德里国际注册商标必须与基础商标类型一致。如果基础商标是集体或证明商标，必须作为集体或证明商标进行马德里国际注册申请。

4）申请书和语言的选择

《马德里协定》的工作语言为法语、英语和西班牙语，但是我国国家工商行政管理总局商标局只接受法语和英语。国际注册的中外文申请书可以从我国商标局网站（http：//sbj. saic. gov. cn/sbsq/mdlsq/201002/t20100225_80450. html）下载中文和英文版本。申请人仅指定纯协定缔约方的，选择申请书 MM1 表；指定同属协定和议定书缔约方或纯议定书缔约方或者同时指定这两部分缔约方的，选择申请书 MM2 表；申请的缔约方中既包含纯协定缔约方又包含其他缔约方的，选择申请书 MM3 表；指定美国必须同时附上 MM18 表；指定欧盟并且在欧盟成员国有在先注册可以选择填写 MM17 表。中文的申请书需要打印填写。

2. 我国商标受理与审查

我国国家工商行政管理总局商标局对申请人提交的申请只进行形式审查，而不需要进行实质审查。形式审查的内容包括表格的填写和费用两部分。

我国国家工商行政管理总局商标局收到申请人提交的国际申请后编定收文编号并标注申请日期。对不符合要求的，商标局予以退回且不保留申请日期。申请手续基本齐备，但需要补正的，商标局通知其在 15 日内补正。未在规定期限内补正的视为放弃申请。

我国国家工商行政管理总局商标局审查认为申请书填写无误或经补正后符合要求的，向申请人寄发缴费通知书。申请人或代理人在商标局开设账户的，商标局在邮寄通知后直接从该账户中扣除；如申请人或代理人未在商标局开设账户的，应在收到缴费通知后 15 日内到商标局注册大厅缴费或通过银行转账方式缴费。规定期限内未缴纳费用的视为放弃申请。

我国国家工商行政管理总局商标局审查确认申请人提交的表格填写合格并缴纳相关费用后会将其申请递交国际局。

3. 国际局的审查与登记

1）国际局的审查

国际局收到我国国家工商行政管理总局商标局递交的申请文件后只进行形式审查。如果审查合格的，则会进入下一步登记程序。如果审查发现申请文件不规范的，国际局将向我国国家工商行政管理总局商标局、商标申请人或其代理人寄送不规范通知，提出修改意见。一部分不规范通知必须通过国家工商行政管理总局商标局回复，而另一部分不规范通知则可以由申请人直接回复。不规范通知中最常见的问题是商品和服务的表述和归类，国际局通常会在不规范通知中提出修改意见，要求我国商标局书面答复。如果我国国家工商行政管理总局商标局与国际局的意见不一致的，最终将以国际局的意见为准。

2）国际局的登记

经形式审查合格的，国际局将予以注册。在国际注册簿注册的商标应根据其国际申请所包含的内容，在国际局出版的定期公告（电子版可查询 http：//www. wipo. int/madridgazette/en）上公告。国际注册日期的计算方式为：我国国家工商行政管理总局商标局收到申请后两个月内送达国际局的，那么我国国家工商行政管理总局商标局编定的收文日期作为国际注册日；如果未在两个月内送达国际局的，就以国际局收到实际收到的日期为国际注册日。

商标国际注册的有效期为 10 年，从国际注册日起算。

3）颁发国际注册证

国际局除在登记簿上进行登记外，还会向申请人颁发国际注册证。通常情况下，国际注册证由国际局向申请人或其代理人直接寄送，也可以通过我国商标局进行转交。2003 年起，国家工商行政管理总局商标局开始承担向我国申请人或其代理人转交国际注册证的工作。

《国际注册证》的内容包括该马德里申请的所有信息，如国际注册日、国际注册到期日期、注册人信息、商标、指定商品或服务，以及依据协定或议定书所指定的缔约方等。

《国际注册证》表示该马德里申请已在国际注册簿上登记，并不代表在各指定缔约方已注册成功。要在指定缔约方获得保护还需申请领土延伸审查。

4. 领土延伸的审查

根据《马德里议定书》的规定，通过国际注册取得的保护只有经过提出国际申请的人或国际注册的注册人的请求，才可延伸至某缔约方。因此，当申请人递交的国际申请要求将其申请延伸到某缔约方时，国际局将会向指定缔约方转发国际注册领土延伸申请，指定缔约国主管局将会根据域内法对申请进行审查。

如果指定缔约方审查后认为符合法律规定的，被指定缔约方会给以保护，并向国际局发出核准保护的声明。这里需要注意的是，被指定缔约方可以不再公告准予保护的商标。即使公告，申请人也无义务缴纳公告费。其他机构也没有权利要求注册在被指定缔约方公告其商标。

如果指定缔约方审查后认为不符合法律规定的，被指定缔约方主管局有权予以驳回。特别提示，美国、日本、韩国对商品和服务的表述要求很严格，对商品或服务的表述过于笼统的则很可能被驳回；新加坡对汉字商标的要求比较严格，申请人需要逐字翻译商标中的汉字。对于纯协定缔约国和同属协定和议定书缔约方的申请人，领土延伸申请的驳回期限为 12 个月；对于纯议定书缔约方的国际注册商标申请人，领土延伸申请的驳回期限为 18 个月。

如果指定缔约方驳回申请的，需要将驳回通知书发送给国际局，国际局收到后在注册簿上登记、予以公告，并将通知书转发给申请人或者其代理人。特别注意的是这里的驳回通知书不会由我国国家工商行政管理总局商标局转发，因此这就要求申请人在申请书中填写的地址一定要准确。

我国申请人收到国际局转发的驳回通知书后，应根据驳回通知书上的要求提起复审或诉讼。申请复审或诉讼的，一般会选择委托被指定缔约方所在地的代理人办理。

国际注册领土延伸审查为一标多类审查，即针对指定的所有类别只作出一份核准保护的声明或驳回通知书（包括全部驳回和部分驳回）。

如果我国国家工商行政管理总局工商局被指定为缔约方进行领土延伸审查时，就会对其进行实质审查，包括禁止性规定的审查和在先权利商标的审查。在《WIPO 国际商标公告》出版的次月 1 日起的 3 个月内，任何人可以对该公告刊登的指定中国的领土延伸申请向我国国家工商行政管理总局商标局提出异议。

5. 后续业务的程序

马德里体系中商标国际注册的后续业务包括后期指定、转让、删减、放弃、注销、变更、续展等业务。本书将择重点介绍。

1）后期指定

后期指定是指申请人获得国际注册后，可以就该国际注册申请其他缔约方予以保护。举例来说，我国申请人于 2014 年 10 月获得了国际注册，当时仅指定了美国、法国作为缔约方，现在该申请人希望获得日本、德国的保护，因此该申请人可以以已获得的国际注册为基础向日本和德国提出保护申请。后期指定的程序与商标国际注册申请类似，差别在于有已获得的国际注册为基础。还有一点差别在于后期指定的注册费仅为 300 瑞士法郎，明显少于初次提交国家申请时的 653 瑞士法郎（黑白商标）和 903 瑞士法郎（彩色商标），而且无须缴纳与类别数目有关的附加注册费。后期指定的有效期从后期指定日期开始计算。

我国申请人如果通过我国商标局提交后期指定申请，应当提交中文申请书（马德里商标国际注册申请书式二）和外文申请书 MM4 表；申请人直接向国际局提交申请的，仅需提交外文申请书。

2）转让

国际注册的商标与国内注册的商标一样，均可以进行转让。这种转让可以是全部的，也可以是部分的，即只转让部分商标或服务或部分被指定缔约方。对于部分转让的国际注册，国际局会分配一个新的国际注册号，一般是在原注册号后加一个字母。如原注册号为 3000000，部分转让后变更为 3000000A，再次转让后变更为 3000000B，依此类推。

国际注册的商标转让的申请可以由申请人直接向国际局提交，也可以由我国国家工商行政管理总局商标局转交。国际局收到转让申请后，在国际注册簿上登记，予以公告，并将转让申请通知被指定缔约方主管局。被指定转让方主管局依法对转让申请进行审查，对不符合该缔约方法律规定的，主管局可以在通知之日起 18 个月内宣布转让无效。

申请人直接向国际局申请的需填写外文申请书 MM5 表，通过我国商标局提交的还需要填写中文申请书（马德里商标国际注册申请书式二）、转让证明材料、转让人和受让人资格证明文件等。

3）续展注册

与国内商标一样，国际注册商标也可以续展。《马德里协定》规定，国际注册商标的有效期为 20 年，续展的期限仍为 20 年，续展的次数没有限制。《马德里议定书》规定，国际注册商标的有效期为 10 年，续展的期限也为 10 年，续展的次数没有限制。《商标国际注册马德里协定及该协定有关议定书的共同实施细则》规定，缴费以 10 年为一期。在有效期届满前 6 个月，国际局将非正式地通知商标注册人。注册人可以自行提交申请或由我国国家工商行政管理总局商标局转交。国际局收到续展申请后会进行审查。符合规定的会在国际注册簿上登记，予以公告并将续展申请通知被指定缔约方主管局。

申请人直接向国际局申请的需填写外文申请书 MM11，或者在世界知识产权组织网站上使用 E-Renewal 工具进行在线续展。如通过我国商标局进行续展，还需要填写中文申请书（马德里商标国际注册申请书式二）。

4）其他事项

删减（limitation）是指申请人在所有或部分缔约方对商品或服务进行删减。该业务也可用于在所有或部分缔约方对商品或服务的表述进行修改。删减应填写外文申请书 MM6 表。

放弃（renunciation）是指申请人在部分缔约方放弃对所有商品或服务的保护。放弃应填写外文申请书 MM7 表。

注销（cancellation）是指在所有缔约方对所有或部分商品或服务进行注销。注销应填写外文申请书 MM8 表。

注册人名称和地址变更的申请填写外文申请书 MM9 表。

7.3.4 马德里体系申请的费用

为取得国际注册而需缴纳的费用包括：基本费；附加费（取决于商品和服务的类数）和补充费（取决于指定的缔约方数），或被指定缔约方收取的单独规费。世界知识产权组织网站的规费计算器（http：//www. wipo. int/madrid/en/fees/calculator. jsp）可以帮你估算国际申请的成本。根据联合国确定的名单，原属局在最不发达国家（LDC）的，如安哥拉、埃塞俄比亚等，国际申请可以享受基本费减费90%。

费用标准为① 国际申请费（10 年）：基本费：黑白商标为653，彩色商标为903；

附加费：所申请的商标超过国际分类三类以上的商品或服务项目，每超过一类收100；

补充费：每个指定缔约方100。

② 后期指定：基本费653；

补充费100。

③ 续展：基本费：653，如在宽限期内还需加收50%；

附加费：100；

补充费：100。

④ 其他登记费：全部转让：177；

部分转让：177；

变更名称、地址等：150；

许可：177。

更详细的费用情况可登录世界知识产权组织网站（http：//www. wipo. int/about‐wipo/en/finance/madrid. html#fees）以及我国国家工商行政管理总局商标局网站（http：//sbj. saic. gov. cn/sbsq/mdlsq/201309/t20130902_ 137740. html）进行查询。以我国国家工商行政管理总局商标局收文日的中国银行零点卖出价为准。

以上费用必须使用瑞士法郎（CHF）通过以下方式之一缴纳：从 WIPO 往来账户扣款；向 WIPO 银行账户转账；向 WIPO 邮政账户缴款（限欧洲）；使用信用卡或通过 WIPO 往来账户进行电子缴费。

7.4　欧盟申请途径

欧盟的地理标志保护体系是世界上最完备周详的地理标志制度。该制度以欧盟成员国国内法为基础，其中受法国影响最大，其制度设计与法国原产地名称制度十分相似。欧盟的地理标志制度可以分为两大领域：一是对葡萄酒、烈酒等酒类地理标志保护的立法，二是对酒类之外的农产品和食品地理标志保护的立法。[①]

7.4.1　农产品和食品地理标志的申请

1. 欧盟农产品和食品地理标志申请的法律依据

欧洲理事会在 1992 年 7 月 14 日通过的《关于保护农产品和食品地理标志和原产地名称的欧洲理事会第 2081/92 号条例》是欧洲第一部关于农产品和食品地理标志的法律文件。这一条例实施 15 年之后于 2006 年 3 月被《510/2006 号条例》（Council Regulation（EC）No 510/2006 of 20 March 2006 on the protection of geographical indications and designations of origin for agricultural products and foodstuffs）取代。该条例的全文可登录欧盟网站（http：//eur‐lex. europa. eu/legal‐content/EN/TXT/？ uri＝celex：32006R0510）查询。

2. 欧盟农产品和食品地理标志保护的对象

《510/2006 号条例》保护的对象有两个特别之处：一是保护的范围限于农产品和食品，葡萄酒和烈性酒并不包含在内，但是葡萄酒醋受该条例的保护；二是保护的名称上同时使用了原产地名称和地理标志两个称谓，这是因为法国不愿放弃法国法中的原产地名称，而德国不愿放弃德国法中的地理标志。

某些非食物农产品如果属于《510/2006 号条例》附件所列的范围，如甘草、

---

① 王笑冰著：《地理标志法律保护新论——以中欧比较为视角》，中国政法大学出版社，2013 年第 1 版，第 127 页。

香精油、软木塞、胭脂红、花和观赏性植物、羊毛、柳条制品，同样可以得到保护，但大多数非农产品或工业制成品（如纺织品、木材、陶器等）都不在该条例的范围内。

该条例将"原产地名称"界定为：一个地区、特定地方或在例外情况下指一个国家的名称，该名称用来标示一种农产品或食品来源于这个地区、特定地区或这个国家，其质量或特点主要或完全归因于特定地理环境的内在自然和人文因素，且在限定的地理区域内生产、加工和制备。该条例将"地理标志"界定为：一个地区、特定地方或在例外情况下指一个国家的名称，该名称用来标示一种农产品或食品来源于这个地区、特定地方或这个国家，且其特定的质量、声誉或其他特点来源于该地理来源，且在限定的地理区域内生产和/或加工和/或制备。① 从这两个定义可以看出，"原产地名称"和"地理标志"的差别在于，对于地理标志的保护要求至少最重要的生产阶段发生在该地区内，而对于原产地名称的保护而言则要求所有生产和加工都要发生在该区域内。

2007 年 10 月，我国国家质量监督检验检疫总局与欧盟开始进行"10 + 10"农产品地理标志保护谈判，到 2012 年 11 月 30 日谈判结束。中国在欧盟成功注册地理标志保护的 10 种农产品分别是：平谷大桃、盐城龙虾、镇江香醋、东山白芦笋、金乡大蒜、龙井茶、琯溪蜜柚、陕西苹果、蠡县麻山药和龙口粉丝。欧盟方面的产品清单则包括：洛克福奶酪、阿让李子干、帕加诺奶酪、帕尔玛火腿、科多瓦橄榄油、马吉娜橄榄油、孔蒂奶酪、斯提尔顿奶酪、苏格兰农家三文鱼和农舍奶酪。目前，双方已开启新一轮谈判，预计未来我国会有更多的农产品可以在欧盟获得地理标志保护。

3. 欧盟农产品和食品地理标志与商标的关系

根据《510/2006 号条例》，对于农产品和食品而言，地理标志和商标是可以并存的两种权利。二者的关系一般按照以下原则处理：第一，如果商标的声誉、使用成立在先，地理标志的注册导致消费者混淆的，地理标志不得注册；第二，如果地理标志注册申请在先，在后提出的商标注册申请应当予以驳回，即便该

---

① 王笑冰译：《欧盟理事会关于保护农产品和食品地理标志和原产地名称的欧洲理事会第 510/2006 号条例》，载"中华商标"，2008 年第 1 期，第 47 页。

申请获得了注册也应当予以撤销；第三，如果商标的注册申请、注册和权利的成立先于地理标志在原属国获得的保护，或者早于 1996 年 1 月 1 日，只要该商标不具有商标法律法规规定的宣告无效或撤销的理由，可以与在后获得注册的地理标志并存。①

4. 欧盟农产品和食品地理标志申请的程序

1）提出注册申请

欧盟成员国和第三国都可以向位于布鲁塞尔的欧盟委员会提出（地址：European Commission, DG AGRI, Rue de la Loi, 130, B - 1049, Belgium）。在欧盟申请农产品和食品地理标志，申请人应该是团体。这里的团体并非要求一定是法人，而只是要求相同农产品或食品的生产者或加工者组成的任何形式的联合即可。

我国申请人向欧盟提出申请时需要提交四方面的文件：一是申请团体的名称。二是说明书。说明书应当包括以下文件：①提请注册的农产品或者食品的名称；②关于该农产品或者食品的描述，包括原材料，在适当的情况下，还包括该农产品或者食品的主要物理、化学、微生物和感官特征；③地理区域的界定，在适当的情况下，还包括表明符合条例第 2 条第 3 款要求的详细情况——即原材料来源于一个大于或者不同于加工地区的地理区域；④依其具体情况，有关该农产品或食品来源于第 2 条第 1 款（a）或者（b）所指之特定地理区域的证据；⑤关于该农产品或食品的种植或生产的详细说明，在适当情况下，包括对真实、不变的本地方法的说明以及在必要情况下有关包装的信息；⑥证明下列事实的详细资料：i）依其具体情况，农产品或食品的质量或特征与条例第 2 条第 1 款（a）提及的地理环境之间的联系，ii）农产品或食品的特定品质、声誉或其他特征与第 2 条第 1 款（b）提及的地理来源之间的联系；⑦负责验证遵守说明书规定的职权机构或组织的名称、地址及其具体职责；⑧适用于该农产品或食品的所有详细标签规则；⑨欧盟法规或国内法规规定的所有要求。三是一份阐明下列内容的单一文件。主要包括以下内容：①说明书的要点：产品的名称、对产品的描述，在适当情况下，还包括包装和标签的详细规则，以及地理区域的简要界定；②关于该产品和第 2 条第 1 款（a）或者（b）所指的地理

---

① 王笑冰著：《地理标志法律保护新论——以中欧比较为视角》，中国政法大学出版社，2013 年第 1版，第 144 页。

环境或地理来源之间联系的说明，适当的情况下，包括能够证明这种联系的产品说明书或生产方法的详细要素。四是证明该名称已在我国受到保护的证据。所有递交给欧盟委员会的文件都必须使用一种欧盟官方语言来书写，或者附有经过鉴证的欧盟官方语言的译本。

注册申请可以直接向欧盟委员会提交，也可以由我国的职权机关转交。

2）审查与异议

欧盟委员会接到申请后会依据《510/2006号条例》进行审查，审查合格的会在《欧盟官方公报》（Official Journal of the European Union，OJ）上公布。可登录欧盟官方网站查询（http：//eur–lex.europa.eu/oj/direct–access.html）。

自公布申请之日起六个月内，任何欧盟成员国或第三国均可向欧盟委员会提出异议。我国的异议人可以直接向欧盟委员会提出，也可以通过我国有关职权机关提出。通常，以下四种异议会被认定为成立：一是不符合《510/2006号条例》中对"原产地名称"和"地理标志"的界定；二是申请的名称与动植物品种名称相冲突，或者与已注册的地理标志同名；三是该名称与已在市场上合法存在5年以上的名称、商标或产品完全相同或部分相同，或者对某种产品会产生不利影响；四是申请的名称已成为通用名称。如果异议成立，欧盟委员将会邀请当事方进行协商，协商不成的按照《510/2006号条例》第15（2）规定的程序作出决定。前述决定会在《欧盟官方公报》上公布。

3）核准注册

如果异议期届满没有人提出异议，或者异议不成立的，欧盟委员会将对申请注册的名称予以核准，并在《欧盟官方公报》上公布。经核准注册后，申请人可以标注"受保护的原产地名称"或"受保护的地理标志"，同时还可以使用以下两个图标。

受保护的原产地名称　　　　　　　受保护的地理标志

第三国在欧盟进行农产品和食品的注册流程图

将生产商团体的请求直接递送给欧洲委员会或通过第三国主管部门递送

↓

在12个月内委员会对申请进行检查
拒绝申请或考虑申请满足510/2006号条例列出的条件

↓

如果满足，公告申请和单一文件以及产品说明书公告参考

↓

异议程序——从刊登之日起六个月内

↓

如果接受异议：进入利益相关方之间的咨询期（六个月）
如果达成协议，委员会可以重新开始检查，或决定批准或拒绝请求。
如果没有达成协议，委员会则决定批准或拒绝请求。
决定刊登在"欧盟官方公报"上。

名称被注册并在欧盟官方公报上公告被注册的名称

4）修改和撤销

在产品投放市场之前，可以申请对详细说明进行修改。同时，如果欧盟委员会发现该地理标志与申请书上的详细说明不一致，或者利益相关方有充足理由时，可以提出撤销请求。欧盟委员会会将相关信息公布在《欧盟官方公报》上。

5）欧盟农产品和食品地理标志申请的费用

在欧盟一级，农产品和食品地理标志的申请不收取费用。

7.4.2　葡萄酒和烈性酒地理标志的申请

欧洲对葡萄酒和烈性酒的保护历史悠久，因此欧盟对这两类产品的地理标志设定了专门的保护。葡萄酒地理标志受《2007 年 10 月 22 日建立农业市场共同组织及关于若干农产品之特别规定的欧共体理事会第 1234/2007 号条例》（简称《1234/2007 号条例》）和《2009 年 7 月 14 日关于实施（关于若干葡萄酒类产品受保护原产地名称和地理标志、传统用语、标签和表达的欧共体理事会第 479/2008 号条例）细则的欧共体委员会第 607/2009 号条例》（简称《607/2009 号条例》）的保护。1607/2000 号条例 7 对"特定地区生产的优质葡萄酒"（即

地理标志葡萄酒）提出了规定和标准。753/2002 号条例 8 第 28 款对佐餐葡萄酒的地理标志运用作了规定。烈性酒地理标志受《2008 年 1 月 15 日关于烈性酒定义、说明、表达、标签和地理标志保护以及废除欧洲经济共同体理事会第 1576/89 号条例的欧洲议会和理事会第 110/2008 号条例》（简称《110/2008 号条例》）的保护。

《1234/2007 号条例》和《607/2009 号条例》对葡萄酒保护的方式也是同时允许存在原产地名称和地理标志，但是目前在欧盟一级还没有关于葡萄酒地理标志注册的具体规定。欧洲委员会葡萄酒的地理标志保护是建立在成员国的国内法案所提供的国际保护基础之上。各成员国必须将已在国家一级注册了地理标志的葡萄酒名单以及规定其使用的条款递交给欧洲委员会。欧洲委员会将在欧洲委员会官方公告上公布欧盟内所有受保护的地理标志葡萄酒名单。最近委员会已经将两个非欧盟地理标志葡萄酒名称 Napa Valley（美国）和 Vale dos viñedos（巴西）加入了该名单中。

与地理标志葡萄酒的情况类似，目前在欧洲一级还没有关于理解地理标志保护的具体注册程序。在国家一级的地理标志注册完全由欧盟成员国掌握。成员国还负责阻止非法使用共同体内部受保护的地理名称。理事会 1567/89 号条例 11 提供了在欧盟内受到保护（见附件 2）的欧洲地理标志烈酒名单。在与美国及墨西哥签订的双边协定之外，欧洲委员会还同意对以下非欧盟地理标志进行保护："田纳西威士忌"和"波旁威士忌"（美国）、龙舌兰酒和梅斯卡尔酒（Mezcal）（墨西哥）。

《110/2008 号条例》保护烈性酒的方式限于地理标志，同时该条例建立了与农产品和食品地理标志类似的欧盟一级的注册程序。我国的申请人可以直接向欧盟委员会提交申请，也可以通过我国有权机关提交。欧盟委员会作出是否注册的时间为 12 个月，同样建立了 6 个月的异议制度。不过发布相关公告的地方稍有不同，关于烈性酒地理标志相关事项的公告发布在《欧盟官方公报》（Official Journal of the European Union，C Series）上。更详细的内容可参见欧盟网站（http：//eur－lex. europa. eu/legal－content/EN/TXT/？qid＝1438067441020&uri＝CELEX：32008R0110）。

比较欧盟对于地理标志的立法可以发现，对于农产品和食品地理标志以及烈性酒地理标志的注册，欧盟建立了欧盟一级的登记制度，而对于葡萄酒地理标志则只在国家一级建立了登记制度。以上地理标志产品一经登记可以在全欧盟范围内享受保护，实施地理标志保护的责任由成员国承担。对于不属于以上范围的地理标志的保护则由注册该地理标志的成员国提供，但不能在全欧盟领土内享受保护。

资源链接

马德里商标注册书式网址及二维码：http：//sbj. saic. gov. cn/sbsq/mdlsq/201002/t20100225_ 80450. html

分则篇二　地理标志的保护

第8章　涪陵榨菜——世界名腌菜

8.1　涪陵榨菜的前世今生

8.1.1　涪陵榨菜的起源

榨菜是中国的名特产之一，与欧洲的酸黄瓜、甜酸甘蓝并称世界三大名腌菜。涪陵榨菜是中国榨菜的典型代表。

在涪陵满山遍野到处可见到一种奇特的绿色或紫红色叶的蔬菜植物，当地人称之为"包包菜""疙瘩菜"或"青菜头"。因为它茎部有膨大凸起的乳状组织，显得奇形怪状。有的像圆球，有的像羊角，有的更像是儿童的小胖脸，平滑光亮特别可爱。1936 年，我国著名的园艺家毛宗良按国际惯例将其命名为"Brassica juncea coss var Tsatsai Mao"，意思是"芸苔属种菜变种——青菜头"。1942 年，农学家曾勉和李曙轩教授又将其命名为"Brassica juncea coss var tnmida Tsen et lee"。20 世纪 80 年代中期，在系统地对芥菜进行科学分类的基础上，正式确定"青菜头"的植物学名称为"茎瘤芥（Var tnmida Tsen et lee）"。从植物分类来讲，茎瘤芥是"双子叶植物纲，十字花科，芸苔属，芥菜种叶芥亚种，大叶芥变种的变种"。它最初由野生芥菜经漫长的历史时期进化而来。

茎瘤芥系二年生，9 月上旬播种，冬前茎已充分膨大和刚现绿色花蕾时采收，一般在立春至雨水之间。采收后，剥尽菜叶、菜耳（匙），切去叶簇、菜根，两头见白，按单个重150g以上，菜块表里面部无白色棉花状及腐烂，供做加工用。青菜头的地方品种有：涪陵区蔺市龙门乡的蔺市草腰子，涪陵市李渡镇的三转子，涪陵市世忠、黄旗、珍溪等乡的柿饼菜以及涪陵市各榨菜主产区的三层楼和涪丰等。"二月农家串菜忙，祖传绝活自风光；盐腌榨制成名菜，装进陶坛贮更香。"这首民谣正是对榨菜制作工艺极好的描述。

相传，在榨菜出现以前，涪陵早有用包包菜（即后来所称的青菜头）制作泡菜、干咸菜的历史，其中以城西聚云寺（俗名赛丰都、天子殿）和尚所制最为讲究，远近驰名。涪陵县供销合作社1963年9月收集整理的《涪陵榨菜简史》记载，榨菜起源于涪陵城西邱寿安家。邱寿安，清光绪年间涪州城西洗墨溪下邱家院人，早年在湖北宜昌开设"荣生昌"酱园，兼营多种腌菜业务，家中雇有资中人邓炳成负责干腌菜的采办整理和运输。光绪二十四年（1898年），下邱家院一带的青菜头丰收。邓看到菜多难于加工，与邱家妇女们商量，试着仿照大头菜的全形腌制法，将青菜头全部制成腌菜。制好后，邓顺便捎带两坛到宜昌供邱尝新。邱又用它待客，亲友及同行一致觉得鲜香可口，为其他酱腌菜所不及。邱顿生谋利之念，决定将它投入市场。次年（1899年）正月，邱赶回老家，以邓炳成为技师安排大量制造青菜头腌菜。初腌后，用压豆腐的木箱榨除盐水，因而得名"榨菜"。当年生产80坛（每坛折合25千克），全部运销宜昌，获利十分可观。邱于是严令家人及长工保密加工方法，连年扩大生产和销路。光绪三十四年（1908年），邱寿安之弟邱翰章因经商顺便捎运80坛试销上海。当时无人问津，邱在报上登广告，又以切细的小包榨菜在公共场所分送行人，并附上食用说明书，产品渐为消费者接受。至宣统二年（1910年）上海已能销四五百坛。

涪陵榨菜从诞生至1909年（清宣统元年）的10余年间，榨菜一直为邱家独家生产经营，直到1910年，其生产工艺才被泄露并迅速传开，后逐渐形成一大行业，历久不衰。1915年"大地"牌涪陵榨菜，以其营养丰富和鲜、香、嫩、脆的独特风味，获巴拿马万国商品博览会金奖，从此声名远播，并与欧洲的酸黄瓜、德国的甜酸甘兰并称世界三大名腌菜，深受海内外消费者喜爱。

至20世纪30年代初期，涪陵的榨菜加工厂（户）已达100余家。主产品的生产从原料到成品一般要经过13道工序，即选择菜头、菜头切块、搭菜架、穿菜、晾菜、第一次盐腌、第二次盐腌、淘洗、榨除盐液、挑菜筋、第三次盐腌并加辣椒香料、装坛、封坛口。30年代以后合并为选菜、晾菜、下架、腌制、修剪、淘洗、拌料、装坛、封口等工序。每道工序各有一定的操作规程和半成品质量标准，随着设备、原材料、技术手段等条件的改变和进步，以及产品规格、质量要求的不同，工序也发生着相应的调整和改变。1930年后，涪陵一些有实力的商人也纷纷投资建厂，经营榨菜，年产量在4000~6000坛。从此，大型榨菜厂逐步增多，合资经营者也不断涌现。年产500~1000坛榨菜的小厂四处兴办，榨菜生产因此而进入发展高潮，产量剧增。至1948年涪陵榨菜厂已发展到五百多户，年产量已达到21万多担，其销售市场已形成以上海、武汉为中心辐射南北，并以转销形式出口至香港、东南亚等地。①

8.1.2　涪陵榨菜的兴盛

新中国成立以后，涪陵榨菜的生产得到恢复。1950年1月，中央军委指示涪陵军分区支持地方经济的发展，恢复、发展涪陵榨菜产业。1951年8月，中国人民解放军川东军区赴涪陵、万县等地恢复停办的榨菜厂，扩建和新建榨菜厂共15个。1953年涪陵榨菜被国家纳入二类物资管理，由中商部直接计划调拨，成为定量供应各省、市、自治区以及军需、出口的主要商品。1959年和1978年，中商部、全国供销合作总社先后两次在涪陵举办全国青菜头种植、榨菜加工培训班，并从涪陵抽派技术人员到全国各地指导生产，大力发展。从此，榨菜逐渐在全国各省、市、自治区一些地方安家落户，开花结果。此后，涪陵榨菜产业进入快速发展时期，虽然历经文革变迁，但在改革开放后重新焕发出勃勃生机，目前已成为涪陵区支柱产业。

1998年7月，重庆市涪陵区人民政府成立了直属事业单位榨菜管理办公室，内设综合科、业务科、质量监督管理科、证明商标管理科。主要职能职责是：实施全区榨菜生产、加工、销售等行业管理，搞好统筹协调、指导服务；制定全区榨菜生产发展方针、政策、总体规划和年度计划；负责审查全区榨菜加工企业的基本生产条件；对榨菜生产加工进行业务指导和技术服务，组织实施榨

---

① 以上内容根据下列文章整理而成，《涪陵榨菜探源》，载"中国质量报"2003年7月12日第7版；郭文场，李训德：《涪陵榨菜》，载"中国土特产"，1997年第8期，第27-28页；重庆市涪陵榨菜集团股份有限公司官方网站，http://www.flzc.com/culture/sourceDetail.aspx，访问日期2015年2月5日。

菜科技攻关和新产品开发；负责榨菜企业职工职业技能培训和考核鉴定工作；负责全区榨菜企业使用"涪陵榨菜"证明商标的资格审批和监督管理；负责对榨菜企业产品质量的管理和监督检查，配合有关职能执法部门开展区内外榨菜打假治劣工作；负责榨菜原产地域产品保护和依法治农工作等。

重庆市涪陵区榨菜管理办公室官网①和《涪陵区榨菜产业发展"十二五"规划》② 显示涪陵区的榨菜产业获得了长足发展：

（1）基地建设优化扩大。全面启动实施了青菜头无公害、标准化种植，基本实现了榨菜原料基地的优质高产和快速扩展。至 2010 年，全区"涪杂一号""涪杂二号""永安小叶"良种率在 95% 以上，比 2005 年提高 10 个百分点；规模种植早市青菜头取得突破，种植面积达到 7 万亩；青菜头种植面积常年达 75 万亩，产量 150 万吨，形成了区域化布局、标准化生产、规模集中成片发展的基地产业带，是全国榨菜原料最大优质产区。青菜头无公害抽检合格率达 100%，巩固保持了全国创建第二批无公害农产品（榨菜）生产示范基地区（县）达标单位地位。

（2）生产条件继续改善。一是扶持中后山和坪上 18 个乡镇、街道 338 户农户建池 7 万余立方米，为引导扩大种植创造了条件；二是设立 8000 余万元库区产业发展资金和排污费，从 2009 年开始，规划用 5 年时间，扶持榨菜龙头企业、村组、专业合作经济组织集中建池 20 万立方米，到 2010 年已安排落实 15 家项目业主集中建池 12.4 万立方米；三是抓住 QS 认证之机，督促全区各榨菜企业投入技改资金近 1 亿元，添加热杀菌设备，按认证要求实施生产设施技改，企业设备设施、厂容厂貌得到改善，全区 45 家方便榨菜企业和出口榨菜企业全部通过 QS 认证和 HACCP 验证。

（3）产品质量稳定提高。通过近几年大力强化日常监管和定期集中整顿执法，原料加工中露天作业、坑凼腌制、偷工减料、粗制滥造得到有效控制；产品加工普遍实行了修剪看筋、机械化淘洗、自动脱盐以及热杀菌防腐保鲜，产品卫生、质量安全水平大大提高，全区已有 36 个品牌产品获国家绿色食品认证。监测结果表明，全区各类榨菜产品总体合格率稳定保持在 95% 以上。

---

① 重庆市涪陵区榨菜管理办公室官网：http：//www.cnflzc.com/。访问日期：2015 年 9 月 1 日。
② 涪陵区榨菜产业发展"十二五"规划．重庆市涪陵区人民政府网站 http：//www.fl.gov.cn/Cn/Common/news_ view.asp？lmdm＝001003002&id＝6094412。

（4）产业化经营程度高。建立了市场引企业、企业带基地、基地连农户的"公司＋基地＋加工大户＋农户"产业化经营机制，实行"合同种植、订单生产"，形成了菜农放心种植、加工户安心加工，榨菜企业精心生产销售的良好格局。涪陵区青菜头种植涉及23个管委会、乡镇街道近16万农户60万菜农；有半成品原料加工户近1.2万户，年半成品加工能力在80万吨以上；现有榨菜加工企业39家（榨菜重点龙头企业有16户），成品榨菜生产能力50万吨以上。

（5）品牌建设取得成效。有榨菜商标品牌190个，其中有"乌江""涪陵榨菜""辣妹子""餐餐想"4件驰名商标，"Fuling Zhacai""辣妹子"等22件重庆市著名商标，有"涪陵青菜头""成红"等37件涪陵区知名商标。其中"涪陵榨菜"是2000年4月21日核准注册的证明商标。

榨菜产品形成了全形榨菜、方便榨菜、出口榨菜三大系列100余个产品品种，各式品牌的涪陵榨菜共荣获国际、国内省部级以上金、银、优质奖100余个（次）。1995年3月，涪陵被国家命名为"中国榨菜之乡"；2003年被国家授予"全国果蔬十强区（市、县）"和"全国农产品深加工十强区（市、县）"；2005年"涪陵榨菜"通过国家质量监督检验检疫总局原产地域产品保护审定。同时，我区被农业部认定为全国创建第二批无公害农产品（种植业）生产示范基地县达标单位和全国榨菜加工示范基地；2008年6月，"榨菜传统制作技艺·涪陵榨菜传统制作技艺"被国务院列为"国家级非物质文化遗产"保护名录；2009年"涪陵榨菜"证明商标被评为"2009中国最具市场竞争力地理商标、农产品商标60强"；被亚太地区地理标志国际研讨会称赞为"推动农村经济发展的成功典范"；被首届中国农产品区域公用品牌建设论坛组委会评为"2009中国农产品区域公用品牌价值百强"第2名，价值达111.84亿元。2010年11月，涪陵榨菜集团股份有限公司在深圳证交所成功上市。2013年7月，"涪陵榨菜""涪陵青菜头"分别被中国农产品区域公用品牌价值评估课题组评估认定其品牌价值分别为125.32亿元、18.13亿元。

（6）销售市场巩固拓展。一方面通过政企结合，大力宣传拓市促销，青菜头鲜销市场得到快速拓展，已形成了以重庆、成都等为中心向周边中小城市辐射的集中鲜销市场，以及东北、西北、华北等部分城市冬淡、春淡鲜销市场，青菜头年外运鲜销量达25.5万吨，是2005年的5.6倍；另一方面，通过持续区内外打假治劣，主流媒体广告宣传，参加各类展示展销等，成品榨菜销售市场也得到巩固扩大，每年产销量以 3 万吨左右速度增长。涪陵榨菜历经百年发展，形成了坛装、软袋小包装、听瓶盒装三大包装系列上百个品种。全形、丝、块、片、颗粒、酱以及鲜味、爽口、麻辣、广味、五香、保健和其他食品配制的新品种、新风味，极大地满足了国内外消费市场的需要，产品销往全国各省、市、自治区及港、澳、台地区，出口到日本、美国、俄罗斯、韩国、东南亚各国、欧美、大洋洲及非洲的 50 多个国家。

（7）行业绩效持续向好。2014 年涪陵区青菜头种植面积为 72.6 万亩，实现总产量 150.6 万吨。其中收购加工 96.8 万吨，社员自食 1.9 万吨，外运鲜销 52 万吨，实现青菜头销售总收入 12.6 亿元，纯收入 10.7 亿元，农民人均纯收入 1572.7 元（按 2013 年末 68.28 万农业人口计），较去年人均增收 171.9 元。全年产销榨菜盐菜块（折合成三盐菜块）66 万吨，实现销售总收入 8.3 亿元，纯收入 4559 万元，减少 5841 万元；务工、运输纯收入 1.9 亿元，以上三项合计实现纯收入 13 亿元，人均榨菜纯收入 1904 元，比上年增加 91 元。

重庆市涪陵榨菜集团股份有限公司是中国最大的榨菜生产经营企业集团，走出了一条"榨菜农业产业化"之路。该公司的前身是 1950 年成立的"川东军区榨菜厂"。历经半个多世纪的发展，该公司已成为全国农产品深加工 50 强企业、重庆市 66 户重点增长型企业、重庆市高新技术企业、涪陵区重点企业。该公司由 16 家生产企业、33 个销售分公司、榨菜乳化辅料加工厂、塑料彩印包装厂、省级技术开发中心等组成。目前，该公司已形成年产 10 万吨榨菜产品的自有产能，销售网络覆盖了全国 34 个省市自治区，264 个地市级市场，并远销欧盟、美国、日本、香港等多个国家和地区。2010 年 11 月 23 日该公司在深圳证券交易所挂牌上市。该公司采用"公司 + 基地""公司 + 专业大户""公司 + 村社"及"订单农业"等方式，直接、间接与基地农户签订收购协议，落实"保护价"收购措施，大力发展原料基地建设。2004 年起，公司在涪陵区 21 个乡（镇、办事处）的 124 个村，251 个农业社建立基地 158500 亩，涉及农户 36625 户，带动 10 万农户增收致富，为当地经济和农林社会发展做出了积极的贡献。该公司按照保护价和市场价相结合的方式收购基地农户的原料。同时大力开展科技研发，推广榨菜优良新品种，特别是"永安小叶""涪杂一号"等新品种得到大面积的推广。此外还建设了六大原料收储基地，将其变成涪陵榨菜原料市场的"蓄水池",打破过去涪陵榨菜"好三年坏三年"的怪圈。①

20 世纪 80 年代以来,"乌江牌"涪陵榨菜则成为中国榨菜的代表性品牌。重庆市涪陵榨菜集团股份有限公司的"乌江"牌榨菜先后获得"中国名牌产品"和"产品质量免检证书"、榨菜行业首枚"中国驰名商标""消费者最喜爱产品""消费者信得过商品""重庆市名牌农产品""最畅销产品奖"等荣誉。乌江产品先后通过了原产地标记注册、ISO 9001—2008 国际质量管理体系认证、HACCP 和 QS 认证、美国"FDA 认证"。目前,乌江、乌江图案商标分别向韩国、日本、新加坡、加拿大、美国、马来西亚、英国、澳大利亚等 11 个国家进行商标国际注册。"涪陵榨菜"地理标志商标品牌价值排名全国第二,高达123.57 亿元。②

8.2 涪陵榨菜的保护

涪陵榨菜的保护并非一帆风顺,其中面临的较大的危机主要有两次。下文将分述之。

8.2.1 涪陵榨菜与余姚榨菜之争

1. 余姚榨菜的前世今生

现有资料显示,余姚榨菜始于 20 世纪 60 年代。1962 年冬天,浙江省余姚市小曹娥镇建民村农民姚长灿从萧山带回 125 克榨菜种子开始种植榨菜,到第二年上市销售时被抢购一空。从此,榨菜种植与加工开始在余姚盛行开来。余姚市现有榨菜基地面积 10 万亩左右,种植地主要集中于姚北濒杭州湾的泗门、临山、小曹娥、黄家埠四个乡镇,占全市耕地总面积的 6.3%。年产青菜头 5 亿公斤,已建成万亩加工型蔬菜基地 2 个,加工型蔬菜示范区 3 个,优质榨菜标准化示范区 3 万余亩,其中泗门镇优质高效蔬菜加工创业基地被命名为"全国农产品加工示范基地"。目前,全市有榨菜加工企业 43 家,年销售额 14 亿元,其中产值超亿元企业有 4 家,总资产超过 23 亿元,固定资产近 5 亿元,榨菜产业

---

① "乌江"推动榨菜产业发展——涪陵榨菜集团积极推进"榨菜产业化",农村经营管理,2005/09,42-43。

② 陈培建,夏斐然."涪陵榨菜"商标品牌价值过百亿. 食品安全导刊,2014 (7):30。

龙头企业占全市龙头企业数的1/4。全市榨菜企业带动农户近6.5万户，实现劳动力就业1万余人，每年为菜农带来近2亿元的收入。目前，全市品牌榨菜产量占全市榨菜产量的75%以上，拥有"铜钱桥""国泰"等中国名牌2个，"备得福""马字"等中国驰名商标16件，"余姚榨菜"是证明商标、地理标志产品、浙江省区域名牌，2014年中国农产品区域公用价值评估以64.97亿元的品牌价值位列中国农产品品牌第四位。①

2. 中国榨菜之乡之争

1995年初，浙江余姚向中国特产办公室提出"中国榨菜之乡"称号的申请，随后涪陵区对此提出异议。1995年3月，涪陵区被中国特产之乡命名暨宣传活动组织委员会命名为"中国榨菜之乡"。1999年，余姚榨菜被农业部命名为"中国榨菜之乡"②。此后，两地围绕谁是真正的"中国榨菜之乡"依旧风波不断。

2007年，重庆、浙江和安徽再度打响"中国榨菜之乡"域名争夺战。浙江和安徽分别向中国互联网信息中心提出申请，希望注册"中国榨菜之乡"域名，随后涪陵区政府对此提出异议并提出注册申请。同年6月，涪陵区在中国互联网络信息中心成功注册"中国榨菜之乡.com"和"中国榨菜之乡.cn"两个中文域名。

3. 原产地之争

如果说关于"中国榨菜之乡"的争议尚且和平解决的话，那么涪陵榨菜与余姚榨菜关于"原产地保护"的争议就显得耐人寻味了。1999年起，国家质量技术监督局颁布《原产地域产品保护规定》对原产地域产品实施保护。这里的原产地域产品，是指利用产自特定地域的原材料，按照传统工艺在特定地域内所生产的，质量、特色或者声誉在本质上取决于其原产地域地理特征并依照本规定经审核批准以原产地域进行命名的产品。2001年起，国家出入境检验检疫局颁布《原产地标记管理规定》开始对原产地标记进行保护。这里的原产地标记包括原产国标记和地理标志。这里的地理标志是指一个国家、地区或特定地方的地理名称，用于指示一项产品来源于该地，且该产品的质量特征完全或主

---

① 关于浙江榨菜产业有关情况考察的汇报. 重庆市涪陵区榨菜管理办公室官网，http://www.cnflzc.com/news_ view.asp? newsid=814&lm0=73. 访问日期：2015年9月2日。

② 关于余姚榨菜被农业部命名为"中国榨菜之乡"的时间有两种，一种是1995年，另一种是1999年。

要取决于该地的地理环境、自然条件、人文背景等因素。2003 年，浙江余姚就"余姚榨菜"向合并后的国家质量监督检验检疫总局提出原产地标记保护。2003 年 8 月 28 日，国家质量监督检验检疫总局发布《2003 年第 82 号公告》通过了审查，并开始为期 1 个月的公示。2003 年 9 月，重庆市涪陵区政府向国家质量监督检验检疫总局提出异议。随后，涪陵区就"涪陵榨菜"向国家质量监督检验检疫总局提出原产地标记保护和原产地域产品保护两项申请。国家质量监督检验检疫总局先后发布《2003 年第 114 号》和《2004 年第 178 号》予以批准。

客观来讲，产生这场争议的主要原因可能还在于双方对于地理标志本身的认识存在偏差。正如时任重庆出入境检验检疫局检务处处长刘立中所言："浙江余姚的榨菜注册原产地标记，只是作为一种产品的标识来用，并不说明中国榨菜的正宗产地就是余姚，它并不证明榨菜的历史。因为只要有特色，产品在本领域是出众的，都可以申请原产地保护标记。同样，重庆涪陵也可以申请涪陵榨菜原产地标记保护，因为涪陵榨菜与余姚榨菜是不同的两种产品。"① 最后，国家质量监督检验检疫总局的处理结果也让争议双方真正明白原产地域产品保护和原产地标记保护的保护对象，只要二者都符合相关规定都可以得到平等保护。国际国内市场上将会出现"涪陵榨菜"和"余姚榨菜"两个原产地标记并存的现象，实践证明也确实如此，最终由消费者凭借自己的喜爱进行选择。

如果说这一争议的产生多少显得有点乌龙的话，那么我国在地理标志保护方面的混乱则让人深思。这里双方的争议还未涉及商标局和农业部，仅在国家质监局内部便已呈现混乱的局面。涪陵榨菜同时申请原产地域产品保护和原产地标记保护的行为多少显得有些无奈，两种类似的保护方式并存让申请人无所适从。所幸的是，2005 年国家质监局颁布了《地理标志产品保护规定》后总算是结束了这一混乱局面。

可以说，历经几次地理标志纷争的洗礼让涪陵榨菜获得了长足的发展，也更加意识到地理标志保护的重要性。

8.2.2　涪陵榨菜与绿色贸易壁垒

在涪陵榨菜的发展过程中，不仅在国内遭遇到危机，而且在国际市场上也

---

① 郭立.涪陵、余姚"榨菜之争"没有必要.新华网.访问日期：2015 年 8 月 30 日.http：//www.ah.xinhuanet.com/xinwen/2003 - 12/14/content_ 1340921.htm。

不断面临新问题，其中主要以绿色贸易壁垒为多。通常认为，绿色壁垒是指那些为了保护环境而直接或间接采取的限制甚至禁止贸易的措施。这主要包括国际和区域性的环保公约、国别环保法规和标准、ISO14000 环境管理体系和环境标志等自愿性措施、生产和加工方法及环境成本内在化要求等分系统。

近年来，食品安全成为全社会共同关注的热点问题。欧盟、日本、美国等国家纷纷为食品进口设置绿色壁垒，比如美国《食品安全现代化法案》对进口榨菜的含盐量、含脂量提出要求；日本对进口榨菜的农药残留检测由过去的 173 种提高到 250 种。例如在 2002 年日本出台措施禁止在动植物源性食品中使用含有亚铁氰化钾的食盐，这就使得涪陵榨菜当年出口日本无望。抗结剂的亚铁氰化钾普遍存在于食盐中。我国的食盐标准（GB 5461—2000）明确规定，允许在 10ppm 的范围内添加抗结剂。在我国动植物源性食品加工用盐中均含有抗结剂，涪陵生产的榨菜自然含有抗结剂。[1] 然而，面对这样的情形，涪陵榨菜只能积极应对，只有符合该国食品标准的食品才能出口到该国。这也反映出各国对于含盐量、农药残留、添加剂的使用等各项标准并不相同，这就需要企业积极了解国外制度并与之相适应。

8.3　涪陵榨菜给我们带来了什么

作为一个生产历史愈百年的产品，涪陵榨菜兴盛的历程可以算是我国众多地理标志的一个缩影。涪陵榨菜的发展有机遇也有挑战，遭遇了困境也寻到了新的发展思路。概括起来，大致有以下两点。

（1）培养地理标志保护意识。无论是原产地名称之争还是域名之争，甚至是绿色贸易壁垒问题，我们看到涪陵榨菜面临的状况一直都十分被动。导致这一局面的重要原因在于，涪陵榨菜一直在埋头搞生产，而并未将地理标志的保护提上议事日程。换句话说，我国早就采用地理标志的方式对类似涪陵榨菜这样的产品实施保护，但是在很长的一段时间里，涪陵榨菜都对此置若罔闻。在这一方面，余姚榨菜却一直走在涪陵榨菜的前面。实际上，产品未动，商标先

---

① 姚天强："涪陵榨菜难敌绿色壁垒——专家指出中国农产品出口应制定超前技术标准"，中华工商时报/2002 年 08 月 19 日。

行是行业的普遍做法，因此尽管最后涪陵榨菜胜出了，但是多少有些侥幸的成分。对于我国众多的土特产品而言，埋头苦干固然重要，但是培养地理标志保护意识，构建起法律保护体系同样重要。

（2）以地理标志为纽带推动其实现产业化。地理标志不仅是企业盈利的手段，而且也是一种文化的传承。因此，应尽我们的绵薄之力将其发扬光大，而不是让其消失殆尽。涪陵榨菜的做法是推动产业化发展。市场引企业、企业带基地、基地连农户的"公司＋基地＋加工大户＋农户"的做法是涪陵榨菜实现产业化经营的有效方式。这一做法也在很多的地理标志推广过程得到采纳，但是像涪陵榨菜这样能将小小的榨菜生产发展成 10 亿元的产业却并不多见。其中很关键的一点在于牢牢把握住了地理标志对于产业发展的引领作用。尽管涪陵榨菜的普通商标众多，但是涪陵榨菜一直是其共同的名字。涪陵榨菜的成功向我们呈现了地理标志在推动产业发展中的巨大作用。

第 9 章　江苏射阳大米
——"天人合一"的米中精灵

民以食为天，食以米为先。现在全球有一半以上的人口以大米为主食，亚洲有 20 亿人从大米及大米制品中摄取 60% 以上的热量和 20% 的蛋白质，大米成为全球最重要的粮食来源之一。据联合国粮农组织统计，全球稻谷生产量最多的国家是中国，稻谷成为我国单产最高、最稳定的粮食。

在我国众多的地理标志产品里农产品占到 93% 以上。其中，大米产品也有数十种。大米起源于亚非，传承在中国，虽然邻国也有泰国香米、日本越光稻一样享誉世界的大米产品，但我们中国人还是最喜欢本国出产的大米。一粒米承载着中国人千百年来的辛勤劳动和智慧结晶，"谁知盘中餐，粒粒皆辛苦"还在耳畔回响，大米对中国人而言，是一种舍不去的情怀。

在中国，北方人喜欢吃面食，南方人喜欢吃米饭。然而，十分有趣的是产自北方的东北大米却在南方乃至全国的餐桌上独领风骚。其间，牌子最响的当属黑龙江五常大米。五常种植大米已有近 200 年的历史，而五常也是我国粳米最大产出县。五常独特的地理、地质、地貌、气候、土壤、水质使得五常大米颗粒饱满、质地坚硬、色泽清透、饭粒油亮，素有"贡米"之称。辽宁的盘锦大米也享誉全国，盘锦土壤中氯离子含量高的特性使得大米淀粉在糊化过程中会形成一种油状的薄膜，使其外观更亮，口味更好。

如果说东北黑土地赋予东北大米的是历史的厚重与独占鳌头的霸气，那么自古以来的鱼米之乡江浙地区则赋予大米更多的灵气。今天我们就来说一说"天人合一"的米中精灵——江苏省的射阳大米。

9.1　射阳大米的前世今生

江苏苏北中部有一片神奇的土地，相传因精卫填海而成陆，因后羿射日而得名。《山海经》："尧时十日并出，尧使羿射九日，落沃焦"。这里，所指的就是当今的射阳。射阳县位于北纬 33°24′～34°07′，东经 119°59′～120°33′的苏北黄海之滨。境内生态环境优越，不仅是全国四大湿地保护区之一，而且还是联合国教科文组织确定的全球 50 个人与动物共生圈之一，闻名遐迩的国家级珍禽丹顶鹤自然保护区就在境内。里下河地区射阳河、黄沙港等四条主河道和苏北灌溉总渠流经县内。独特的地域环境和水文地理赋予了射阳大米米粒饱满、晶莹剔透、香纯绵甜、营养丰富、口感独特的独特品质。

射阳气候环境独特。射阳县东濒黄海呈半岛状凸出，属海洋性湿润气候，江淮气旋大都经过射阳入海，春夏回温较慢，为江苏独有的"冷窝"，稻谷早期生长积温偏低，以致生长期相对较长；夏季冷暖空气交汇频繁，雷雨特别是夜雷雨多，利于稻谷分蘖拔节。处于海洋、内陆气候之间，季节温差大，日夜温差也大，刺激植物的生长。射阳无霜期长达 281 天，积温较高，大于等于 10℃积温 4526～4685℃，每年 9～10 月的作物成熟期，其间蒸汽量大于南北县份，光照充足，有利于植物干物质的形成和积淀，对稻谷的生长十分有利。

射阳的水资源丰富。江苏里下河地区四条主要河道流经射阳入海，水利枢纽工程完备，苏北第一挡潮闸射阳河闸等四座大型挡潮闸均在射阳沿海，苏北灌溉总渠流经射阳北端，形成自然灌溉水系，泽被大片地区。境内水网纵横，水系合理，排灌分开，功能完备，使农作物旱涝保收。

射阳的土壤肥沃。射阳为黄淮冲积海相沉积平原，土壤属盐渍型水稻土。退海平原经过海水浸泡，海洋中的矿物质、微量元素应有尽有，而且历经几百年形成的海涂，草甸芦苇茂密，植物种类丰富，有机质、腐质物累积量很大。土质呈弱碱性，pH 值为 7.5～8.5，土壤结构好，中性壤土，蓄水透气性能好，不像黏质土壤遇干板结，遇涝不透气；也不像沙质土壤，雨过水漏，有用物质容易流失。且射阳土壤有富钾的特性，速效钾含量为 70mg/kg～210mg/kg，平均含量为 140mg/kg。富钾土壤特别适宜农作物生产，稻谷的糖分容易形成，使食味口感特好。同时其土壤有夜潮现象，不管怎样干旱，一夜过来，土壤显得很潮湿，作物不易缺水。①

射阳县稻米种植历史悠久，早在明朝中叶，射阳地区就有"人烟稀少，临

---

① 胡增民．射阳大米："天地人合一　江苏一绝"［N］．粮油市场报，2010 年 7 月 29 日第 B01 版。

海著盐，汪田种稻，一年一熟"的记载(《射阳县志》)。但当时未经开垦，河道淤塞、海水倒灌，种植面积不多。1916年，民族资本家张謇来此创办垦殖公司，使得盐碱遍地的射阳滩涂逐步得到改良成为宜棉宜粮的农田，从而促进了射阳水稻种植业的发展。新中国成立后，发生了巨大变化，兴筑168.5公里海堤，28座挡潮闸，816座圩口涵闸，开浚6条入海河道，淋盐洗碱，围堤蓄淡，铺生盖草，改良土壤。1952年，三个省属农场来沿海垦殖，1956年，苏北第一挡潮闸，苏联援建的射阳河闸建成，苏北灌溉总渠开通，逐步把"风吹盐屑满天白"的盐碱滩，改造成"雨洒田园四季绿"的沃土。射阳也成为典型的农业大县，农业生产快速发展，不仅成为国家级生态示范区，而且成为全国粮食生产先进县。

2000年，射阳县委、县政府推进农业产业化进程，在全县列出以优质大米为首的十大农业特色产业，制定了《射阳优质稻米产业发展规划》，在全国率先倡导成立县级大米协会，以增强行业组织化程度，推进稻米产业化进程。2002年前，"射阳大米"在全县面积不足40万亩，截至2013年射阳水稻面积已突破125万亩。射阳也因此连续4年被表彰为"全国粮食生产先进县"。品牌战略加速生产要素集聚，吸引了益海嘉里等一大批境内外大米加工业投资者落户射阳。目前，射阳县集聚了56家大米加工企业，60多条生产线，具备日处理原料9200吨的产能，形成淮海米业、爱民米业等近10个国家和省市级龙头企业，大米产销量从原来的不足10万吨，发展到56万吨，形成26亿规模的产业群体。

9.2　射阳大米的保护

9.2.1　射阳大米的保护方式

射阳大米能够具有今天的市场地位很重要的原因还在于品牌战略。实施品牌战略，必先注册商标。商标注册的目的，一是可以为产品正名。二是打假需要。面对外地假冒"射阳大米"，实施打击往往受碍于无注册商标。三是发展大米产业的需要。商标注册是实施品牌战略的必然选择。

2002年，射阳大米协会向国家工商行政管理总局商标局申请"射阳大米"地理标志集体商标，并于2005年4月21日获准注册。射阳大米成为我国大米类首件地理标志集体商标。有了商标还得在推广运用上下功夫。射阳大米协会意识到产品质量是品牌的基石，因此特别注重提高射阳大米的整体品质。每年一届的"大米品尝会"让消费者选择适宜品种，推广全县种植，提高产品纯度和可供加工量。推广标准化种植，普遍进行无公害等三品认证。加工企业提高科技含量，进行设备更新，全部拥有国内外先进的色选、抛光设备，全面进行质量管理体系认证，协会还制定了高于国标的企业标准，提高产品质量保证能力。同时，射阳大米协会积极开展创牌宣传。积极推行射阳大米包装标准化、统一化、系列化，统一使用地理标志集体商标。先后在上海、南京、苏州举办大米品尝、经贸洽谈、新闻发布会，以"射阳大米"地理标志参加各级农展会、博览会、名优特产品展销会、优质稻米推介会、粮油精品展示会等。建立了"射阳大米"网站，加强在《人民日报》《中国稻米》《新华日报》《江苏粮食研究》等各类报刊杂志上的宣传，有效扩大射阳大米地理标志的影响。积极参与知名、著名商标认定；参与上海市组织的食用农产品优质畅销品牌评审活动，连续三年被认定为上海市十大优质畅销品牌；参与中国粮食行业协会"放心粮油"评审活动；四次中国农产品区域公用品牌价值评估分别为41.3、43.56、46.09、46.26亿元。通过一系列活动，提高了"射阳大米"地理标志的知名度。[①]

为了更好地使用好标志，最大限度地发挥地理标志的作用，经过严格审查，协会授权50家大米加工、经营企业，共同使用"射阳大米"地理标志集体商标和地理标志专用标志。严格按照《集体商标使用管理规则》使用"射阳大米"地理标志。将《集体商标使用管理规则》的遵守列为《会员自律公约》的重要内容。射阳大米协会针对地理标志使用情况，逐步强化管理措施，对违规企业进行书面警告，限期整改，情节严重的取消会员资格。违反《商标法》的，提请工商部门依法追究。

在工作实践中，射阳大米协会逐渐形成并完善了以地理标志为统领的"五统一"的管理规定，即"统一原料品种、统一产品标准、统一商标标识、统一质量管理、统一依法经营"。即凡是使用"射阳大米"地理标志的商品，必须将原料品种、加工质量、商标标识、经营等方面统一到相关管理规定上来，避免

---

① 戴元辅等."一粒米"价值46亿元的背后——探究"射阳大米"品牌建设之路径[N].盐阜大众报，2013年7月4日，第A01版。

企业各行其是，实现步调一致，将企业个体优势聚合为整体优势。

通过有效运用，射阳大米在上海、江苏、浙江、广东等地方发展了上百个销售窗口，在上海等长三角地区有较高的知名度和市场占有率。目前已有状元米牌、月瑞牌、蛙鸣牌、银穗牌、渠星牌、通洋牌、聚禾德牌等 10 个品牌获得中粮协"放心米"称号，阜州牌、爱民牌获江苏省、上海市"放心米"的称号，状元米牌、新洋牌、渠星牌、银穗牌、佳一美牌被中国绿色食品发展中心批准使用绿色食品标志。状元米为 1999 年昆明世博会指定用米、中国国际农业博览会名牌产品。"渠星牌"大米为中国首届稻米博览会十大金奖产品。"射阳大米"已进入江苏苏果、上海农工商、华联、欧尚、麦德隆、大润发、乐购、好宝钢等十多家超市，出口至日本、南非等多个国家。通过十几年的辛勤培育和商标品牌建设，射阳大米先后被认定为江苏省著名商标和驰名商标，八次蝉联上海食用农产品十大畅销品牌（粮油类）称号，荣登中国粮油榜·全国十佳粮食地理品牌，获得 2011 年消费者最喜爱的中国农产品区域公用品牌，2012 年最具成长力中国农产品区域公用品牌称号，获得江苏品牌紫金奖·25 年最具成长力品牌称号。射阳大米产业集群成为江苏品牌培育基地。

除了注册"射阳大米"集体商标外，射阳大米协会还申请了地理标志产品。2008 年 12 月 30 日，国家技术监督总局发布公告（2008 年第 138 号）授予射阳大米地理标志产品。该公告确定了射阳大米地理标志产品范围为江苏省射阳县临海镇、千秋镇、通洋镇、四明镇、阜余镇、海河镇、陈洋镇、合德镇、海通镇、黄沙港镇、兴桥镇、新坍镇现辖行政区域和淮海农场、临海农场、新洋农场和沿海滩涂。射阳大米质量技术要求包含以下内容：

1. 品种

"武育粳 3 号"或食味性与之接近的迟熟中粳类型品种。

2. 立地条件

耕作层厚度≥20cm，有机质含量≥1.5%，土壤 pH 值为 7.8～8.5，土壤盐分含量为 0.02‰～3.5‰。

3. 栽培管理

（1）种子处理：晴天晒种 1 天后浸种，用防治恶苗病和线虫病的药剂浸种 72 小时后，直接催芽。

（2）育苗：塑盘旱育，5 月中旬播种，每公顷播芽谷 1500～1800kg，秧龄

30～35d。

（3）插（抛）秧时间与密度：6月中旬插（抛）秧，每公顷插（抛）27～30万穴，每穴3～4株苗。

（4）水肥管理：以有机肥为主，实行秸秆还田，配合施用水稻配方肥。每年每公顷施用腐熟有机肥20000～25000kg或有机质含量≥30%的商品有机肥1500～2000kg，秸秆还田量≥4500kg。插秧后深水护秧，抛秧后须隔24小时灌浅水，浅水分蘖，后期干湿交替，间歇灌溉，收获前7天左右断水。

（5）收获：十月下旬水稻完熟后收获，自然晾晒，单收，单储。

（6）环境、安全要求：农药、化肥等的使用必须符合国家的相关规定，不得污染环境。

4. 加工

稻谷经过初清除杂→清理（磁选）→去石→砻谷→谷糙分离→厚度分离→碾米→白米精选→色选→抛光→白米分级→定量→检验→包装→入库。

5. 质量特色

（1）感官特征：色泽洁白，透明有润泽。饭软而不粘，凉饭不返生，米饭有清香味。

（2）理化指标：垩白粒率≤30%，垩白度≤3.0%，直链淀粉含量15%～20%，胶稠度≥60mm，碱解值≥5.0，蛋白质含量≥7.0%。

（3）安全要求：产品安全指标必须达到国家对同类产品的相关规定。

国家质监局确定的质量技术要求为射阳大米的发展提供了可操作的细化标准。

9.2.2　射阳大米的保护案例

良好品牌建立的过程常常伴随艰辛的维权之路。射阳大米的发展历程也历经多次打假维权。射阳大米协会通过调查发现，上海9家批发市场有232个批发窗口销售假冒射阳大米，是正宗射阳大米销售窗口的两倍。[①]统计出假冒和近似商标的生产厂家名称227个，射汤大米、射场大米、射阴大米、射阳河大米

---

① 李玲，王世停. 上海"射阳大米"七成为假告诫人们：农产品创牌不能"顾头不顾尾"［N］. 新华日报，2009年6月26日. 第A05版。

等近似商标 48 种。假冒射阳大米的横行不仅危及正牌射阳大米的品牌建设，而且还会危及食品安全。

针对假冒问题，射阳大米协会采取了一系列方法和对策：

（1）严格自律，确保产品质量。从会员企业做起，要求各会员企业严格执行《自律公约》，稻米种植全面实行标准化管理，稻谷的收购、储存、加工执行相关规范，特别是加工企业，按质量 ISO9001、环境 ISO14001 和食品安全 HAC-CP 等管理体系运行。产品实行可追溯和退市召回制度，健全售后服务体系，坚决禁止会员企业以次充好，杜绝转让商标使用权等违规行为。

（2）完善机制，实行长效管理。在制假地区，列入保护农产品商标专用权行为的专项整治范围认真检查、监管。在主销区强化监管，注重治本，各经营单位按市场准入要求索证，把好关口，建立长效管理机制。

（3）寻求法律保护，加大打击力度。打击不力，是假冒产品横行的重要原因，要标本兼治，选择重点案例，依法惩处。不依法处罚一些严重制假售假者，不能起到杀一儆百的震慑作用。要求各成员企业加大检举、投诉力度，催要查处结果，改变过去投诉若干而得不到结果的情况，直至运用诉讼追赔等司法程序，确保打击效果。

（4）扩大宣传，发挥舆论作用。继续向主销区市场主管者发函，提供会员企业名录、假冒射阳大米企业名称，识别射阳大米的方法。也通过媒体、网站等渠道向消费者宣传真假射阳大米的识别方法。对问题严重、屡禁不止、查处不力、行政不作为等情况，据实向新闻媒体反映，争取舆论的监督和支持。

同时，为杜绝假冒产品，就进一步加强和规范"射阳大米"商标的使用管理明确了具体的要求。一是进一步规范"射阳大米"印制管理。"射阳大米"产品包装的印制，是为了统一品牌形象，便于广大消费者识别，抑制假冒行为。从 2013 年元月份起，各协会成员单位必须按照《食品安全国家标准预包装食品营养标签通则》（GB 28050—2011）规定印制食品营养成份，要充分利用品牌建设成果，"射阳大米"包装印制"2011 中国十佳粮食地理品牌""2011 消费者最喜爱的中国农产品区域公用品牌"字样；在上海区域销售的产品印制"2006—2012 上海食用农产品'十大畅销品牌'"字样。还必须印制"数码防伪合格证"，以便起到方便消费者识别、提高产品可信度、抑制假冒产品的重要作用。二是进一步强化"射阳大米"包装管理。"射阳大米"包装要在有资质的企业印制，所用材料要符合国家标准，要切实加强包装管理，不得散失或出售。严禁企业用自己的包装到县外企业灌装"射阳大米"，否则势必影响到"射阳大米"产品声誉。停业、歇业的企业，如转让他人承包，必须在原厂加工生产，不得让承包者在外地加工生产"射阳大米"。三是进一步维护"射阳大米"权益管理。粮食市场打击假冒产品要与当地工商、质监、物价、粮食等相关部门的紧密配合，要形成合力，打击要有力度，更要有深度，还要常态化。射阳米协要积极与上海各大粮食批发市场、超市、卖场保持密切联系，高度强化"射阳大米"商标的监管，凡经营者必须持有《射阳大米中国驰名商标准用证》方能销售"射阳大米"产品。射阳米协每季或不定期到主销区上海、苏州、杭州等地市场加强巡查，发现假冒产品随即向当地工商等部门举报投诉，并跟踪查处结果，以净化"射阳大米"市场，维护"射阳大米"商标的合法权益。2014年，"射阳大米"商标的维护已得到各级工商管理部门的重视和支持，已被江苏省工商局列入重点保护的30个商标范围。射阳大米协会也被盐城市中级人民法院确定为"知识产权司法保护信息点"。

9.3　射阳大米给我们带来了什么

大米作为我们的主食之一，需求量大但竞争也异常激烈。从前文可以看出，射阳大米能够胜出的重要原因可以归结为以下几点。

（1）推陈出新，主动适应市场。正如前文所述，射阳大米种植的历史悠久，但蓬勃发展却是近二十年的事情。实现这种转变的重要一步在于从种植籼米改为种植粳米。都说"天生丽质难自弃"，其实射阳大米有今天的优良品质，是经历过"自弃"阶段的。水稻品种有籼稻和粳稻，籼稻适宜于在低纬度、低海拔湿热地区种植，粳稻则较适于高纬度或低纬度的高海拔种植。我国黄河以北一般种植粳稻品种，南方一般种植的是籼稻品种。一般籼稻米黏性较差，直链淀粉含量较高，米饭偏硬，而粳稻米黏性较好，直链淀粉含量较低，米饭较软。因此，粳稻米的适口性或口感一般好于籼稻。东北大米为粳米，南方大米为籼米，所以总体上东北大米比南方大米好吃。因此射阳改种粳稻的决定为射阳大米的畅销奠定了良好的基础。改种能够顺利成功还要取决于"武育粳3号"的成功培育。同时，射阳大米还非常重视大米加工产业，从而使得自己无论从色泽还是从口感而言都具有良好的品质。

射阳大米的这一做法很值得借鉴。我国幅员辽阔，物产丰富，地理标志众多而且历史悠久，但是不少地理标志未能获得良好发展的重要原因正在于躺在悠久甚至辉煌的过去止步不前。悠久的历史与传统固然有维持的必要，但是主动适用市场需求，不断推陈出新才是保持竞争力的关键所在。试想，因为固守而面临无人识得的困境便失去了存在的价值。因此，对于地理标志而言，与时俱进也是十分重要的。当然，这里的推陈出新仍然是需要讲究科学方法的，射阳大米的成功正是将改良的稻种与优质的地理资源相结合的产物。否则，南橘北枳的悲剧也是让人扼腕的。

（2）做好品牌营销很关键。拥有优先的产品只是赢得市场的第一步，更重要的还在于做好品牌推广。在农耕文明的时代，酒香不怕巷子深的典故让人欣喜，但在互联网＋的时代深深的巷子也可能成为许多优秀土特产品迈向市场的绊脚石。射阳大米的例子告诉我们，品牌营销的前提是先有品牌，表现为法律术语则为地理标志。射阳大米先后申请了集体商标和地理标志产品，通过专业标志的使用提升品牌的整体实力。射阳大米一方面努力规范自身对专用标志的使用，另一方面积极做好打击假冒专用标志的行为。双管齐下，射阳大米品质获得认可，其价格每公斤高出普通大米0.40元。

（3）团结就是力量。地理标志的推广跟其他标志相比不同之处在于权利本身不具有独占性，无论是集体商标、证明商标，地理标志产品还是农产品地理标志均是以集体的方式存在的。这一方面容易造成搭便车，另一方面也容易造成公用地的悲剧。因此，对于地理标志的发展而言，团结一致、共同发展至关重要。射阳大米的兴盛与射阳大米协会的成立不无关系。有报导曾将射阳大米协会的作用归结为五个方面：生产要素的集聚作用、效益增长的催化作用、市场开拓的推动作用、合法权益的保护作用、大米产业的整合作用。① 综观射阳大米的发展可以发现，射阳大米的兴盛便是始于协会的成立，无论是地理标志的申请，品牌的营销，还是权益维护都能看到射阳大米协会的身影。当然协会本身的非盈利性与生产者的盈利性的矛盾一直存在，如何建立起良好的利益分享机制也是摆在我国所有地理标志申请者面前的问题。

---

① 刘强. 射阳大米是怎样形成地域品牌的［N］. 江苏经济报，2006年11月6日第B03版.

第 10 章　镇江香醋——醋中奇葩

10.1　镇江香醋的前世今生

开门七件事：柴、米、油、盐、酱、醋、茶。这一谚语说明了七件物品对于中国古代老百姓维持生计的重要性。时代更迭，"开门七件事"对于今天的我们可能不再仅仅是围绕这些主题，但这其中所蕴含的深意和带来的变化依旧是值得我们追溯和回味的。柴，已经被今日的电、气所取代；茶，已在全世界获得推广；而"油、盐、酱、醋"则以各种不同的组合，演绎着中华饮食文化的美丽篇章。这其中的"醋"是中国各大菜系中均不可或缺的重要调味料，本章将讲述关于醋中奇葩——镇江香醋的故事。

《中华医学大典》中记载："醋，以江苏镇江为最佳"。镇江香醋以"酸而不涩，香而微甜，色浓味鲜，愈存愈醇"的鲜明特色位居四大名醋之冠，可谓醋中奇葩。"酸而不涩"说的是镇江香醋的味道。作为五味之首，酸很早就出现在中国的烹饪历史上。但酸与涩宛如一对双胞胎，要获得酸的味道就总免不了涩的陪伴，但涩味是一种捣蛋的、令人不悦的口感。镇江香醋成功地提取了醋酸的滋味，同时又去除了涩带来的不悦。"香而微甜"描述了镇江香醋的口感。与"四大名醋"中的山西老陈醋、浙江米醋、保宁醋相比，镇江香醋的"香"字突出了镇江醋与其他种类醋的显著区别。以"恒顺"牌镇江香醋为例，经过检测分析得出其中包含了 32 种香味成分。[①] 味觉的奇妙之处就在于能够让人在品尝一种食物的同时感受到各种充满想象力的瞬间，忽而是万马奔腾的大草原，忽而是飞流直下三千尺的大瀑布，忽而又是近处蝴蝶纷飞的花团锦簇。这或许也是镇江香醋以其独特的香气让爱吃醋的人念念不舍的原因吧。此外，江南的灵秀也赋予镇江香醋微甜的口感。这恰巧与江苏菜醋溜、糖醋为主的特色风味

---

① 袁仲，谢银军. GC/MS 分析镇江恒顺香醋香味成分 [J]. 农产品加工学刊. 2011（8）：95。

相互呼应。"色浓味鲜"指出了镇江香醋的颜色和品质。镇江香醋属于黑醋，采用优质的江南糯米酿成米酒后再加入醋酸菌经过长时间的精酿而成，色泽黝黑透亮。作为少有的黑色健康食品，镇江香醋营养成分丰富，除了 17 种氨基酸外，又有钾、钙、铁、锌、铜、磷等人体必需的微量元素，以及维生素 B1、B2、C 等营养成分。这些成分有助于促进人体新陈代谢，调解血液酸碱平衡，帮助钙质的吸收，防止心血管疾病，防止糖尿病，增强肠胃道的杀菌能力，增强人体的抵抗力，还有深受姑娘们欢迎的美容减肥等诸多功效。"愈存愈醇"是镇江香醋的又一特色。在古代没有冰箱和人工防腐剂的情况下，食物保鲜是个重大的难题，但镇江香醋没有这个令人担忧的问题。正如民谣《三怪谣》里说："香醋摆不坏"，镇江香醋不仅久放不坏，而且时间起到正能量的作用，只会让香醋更加醇厚和浓郁。

作为有着千年历史的香醋，镇江香醋的制作工艺十分考究。首先在原料的选择上，镇江香醋采用江南优质的糯米为主要原料。浸泡过的糯米经过高温蒸煮和急速冷却后加入优质的醋酸菌种，发酵成酒醪，再经过关键的 21 天醋酸发酵，撩人的酸味就出现了。不过，这只是香醋粗胚的味道，需要再经过一个多月的脂化处理，香醋的香味才足以迸发。镇江香醋的整个制作过程历经 40 多道工序，历时 70 多天才能精制而成，随后就是平静而耐心地等待 6 ~ 12 个月的储存期，最后才能包装出厂。镇江香醋与阳澄湖大闸蟹的组合简直就是江南菜里的"绝配"。吃大闸蟹时，如果没有镇江香醋的陪衬，那大闸蟹的鲜美将逊色不少。因此，不要小看这黑黑的醋，虽然只是作为调味品，但其作用却在于画龙点睛处的奇妙，正所谓"成功取决于细节处"。

那么这样的"琼浆玉液"是怎么被大自然成就的呢？镇江特殊的地理位置和气候环境为香醋的酿制提供了得天独厚的理想条件。这一特殊的自然环境造就了镇江香醋特有的品质和口感。从地理位置上看，镇江位于江苏省南部，地处黄金十字水道长江和京杭大运河交汇点，其北揽长江，西接南京，南与常州、无锡、苏州串联。从自然气候上看，镇江受海洋性气候的影响，终年温暖湿润，四季分明，非常适宜香醋的酿制。从水土条件上看，镇江市有河流 60 多条，总长 700 余公里。位于镇江境内的中泠泉由于是万里长江中独一无二的泉眼而得"扬子江心第一泉"的美名。酿造业有句行话："水是酿造的血液"，用天下名泉酿造出来的镇江香醋理所当然是"出身名门"。作为"鱼米之乡"的镇江，水稻土是最主要的土壤种类，其分布广、面积大。特殊的地理位置、丰沛的水利资源和肥沃的土壤资源的天然耦合为镇江香醋的制作提供了独一无二的物质基础。

除了独特的地理环境外，镇江还是一座有着三千多年悠久历史的江南文化名城。王安石的"春风又绿江南岸，明月何时照我还"，李白的"丹阳北固是吴关，画出楼台云水间"，辛弃疾的"何处望神州，满眼风光北固楼"等佳句都描绘了镇江作为江南古城的美好景象。这里还流传着"杜康造酒儿造醋"的典故。话说"酿酒始祖"杜康发明了酿酒术后的那一年，他发现位于长江中下游南岸的镇江，水质好特别适宜酿酒，于是就举家迁居镇江小鱼巷，开了个小糟坊，酿酒卖酒。杜康的儿子黑塔力大无穷，憨厚勤劳，平日里帮助父亲酿酒。有一天，黑塔无意中把几桶水倒进装有酒糟的大缸里。累了，就捧起坛子喝上好几斤家酿的米酒，之后便呼呼地大睡了。突然一位白发老翁闪现在眼前，笑眯眯地说道："黑塔，到二十一天，日落酉时你将造出调味浆"。黑塔惊醒后，才发现原来自己在做梦，于是也就没有在意。二十多天后，酿酒坊里四处弥漫着一股莫名的香气，杜康父子很纳闷，找寻一番后，才发现原来是黑塔加水后的酒糟变成了香喷喷、乌黑透亮的琼浆。再小心尝一尝味道，立刻感受到一股酸溜溜、甜滋滋的美味窜上舌尖。这一新事物的出现让杜康父子欣喜不已。此时黑塔恍然大悟，顿时明白了梦中白发老翁所讲的"调味浆"是指什么。于是，黑塔把梦中的情景告诉了父亲。杜康思量到："酒糟泡了二十一日，到酉时浆水才这么好吃，这二十一日加酉时就组成'醋'，这琼浆就叫'醋'吧"。于是，镇江香醋就这样偶然地来到了人间，并从此以后为人们增添了一种美味奇妙的味觉新体验。

日转星移，岁月更迭，"杜康造酒儿造醋"作为香醋的坊间传说为镇江香醋的前世增添了许多神奇迷幻的色彩，但是却没有留下准确、权威的史料记载。杜康是夏朝（公元前21世纪——公元前16世纪）时代的人，而史料中到了北魏（公元386——557），贾思勰才在《齐民要术》中提到酿造醋的23种方法。[①]更有不少文献提到镇江香醋真正有记载是始于唐朝（公元618——907）[②]。到了清朝道光年间（公元1850年）才有了镇江恒顺香醋酿造技艺的准确记载。因此

① 门大鹏.《齐民要术》中的酿醋 [J]. 微生物学报，1976 (2)：98。

② 董民. 积极应对域外挑战，镇江香醋成功维权—经济全球一体化下，地理标志的域外保护 [J] 中华商标，2011 (10)：42－45。

从年代判断上，"杜康造酒儿造醋"的传说就有点"穿越剧"的感觉了。但即便是个传说，也是个美丽的传说，不妨碍人们追求食醋的兴致和乐趣。

根据《镇江县志》记载，清道光二十年（1840 年），朱兆怀创设朱恒顺槽坊，生产百花酒。道光三十年起，恒顺以酒糟制醋，作坊因此改为朱恒顺糟淋坊。宣统二年（1910 年），朱恒顺的陈醋在南洋劝业会上荣获金牌后，镇江香醋即声名远播，后因朱氏子孙挥霍无度，不思经营，恒顺由盛转衰。民国 15 年（1926 年），恒顺由李皋宇接办，改牌号为恒顺源记酱醋槽坊。李氏接办后，恒顺得以重振。民国 22 年，定名为镇江恒顺酱醋厂。民国 24 年，改组为镇江恒顺酱醋厂股份有限公司，并在上海开设分厂，恒顺进入鼎盛时期。民国 26 年底镇江沦陷后，恒顺生产遭受重创。抗战胜利后，李皋宇长子李友芳继续经营镇江恒顺酱醋厂。解放后，恒顺在政府支持下维持生产。1955 年 12 月，恒顺实行公私合营，成立公私合营镇江恒顺酱醋厂。1958 年 7 月，市内 47 家酱园并入恒顺。1966 年底，正式定名国营镇江恒顺酱醋厂。1985 年，镇江香醋先后获国家质量金奖以及法国国际美食及旅游评委会金质奖。三百多个字简短地概括了镇江香醋百年发展的风雨历程。

讲完镇江香醋的前世造化和悠久历史，再来看一下镇江香醋今日的发展。作为镇江市的支柱产业，镇江香醋业的发展不再只是沉浸于对过去历史的回味中，而是在于对未来市场的开拓中。在全国醋内行业，"恒顺"牌镇江香醋获得了第一个中国驰名商标，成为第一家上市公司，恒顺醋业的"香醋酿造技艺"也成为国家首批非物质文化遗产。镇江香醋获得地理标志后，作为醋类唯一特许产品参加上海世博会展览。在开拓国际市场的道路上，镇江香醋陆续出口到43 个国家和地区，备受域外消费者青睐，成为传播中华饮食文化的一支重要力量。

10.2　镇江香醋的保护

然而"树大招风"，镇江香醋在发展过程中也遇到了许多艰难险阻。2005年人民网曾转载一篇名为《镇江香醋：造假谁之过》的文章，其中提到：1985年后，"镇江香醋"的酿造厂突然在全国各地兴起。仅一个镇江市，高峰时期就有 100 多家大大小小的镇江香醋酿造厂。全国还有 21 个省、区、市都在制造镇江香醋。许多企业或小作坊认为，镇江香醋作为祖先留下来的集体智慧和财产，只要懂得制作，就不会涉及犯法的问题。① 这些良莠不齐的香醋制造乱象严重损坏了镇江香醋这一经历了百年，甚至千年的传统工艺和品牌信誉，如果不进行严格的法律保护和有序的市场规范，镇江香醋的生存和可持续发展之路将面临巨大的挑战。也就是在这一时期，我国陆续颁布或修改了一些法律文件，《商标法》《商标法实施细则》《原产地域产品保护规定》《地理标志产品规定》《产品质量法》等。这些法律、法规提供了证明商标、集体商标、地理标志等保护方式，为整顿中国混乱的香醋市场提供了法律依据。再加上一系列的原产地域范围、试验方法、检验规则、标签、包装、运输、贮存等国家标准来规范镇江香醋的生产和销售。经过几年的努力，镇江香醋逐步"收拾"完国内的造假乱象。然而一起突如其来的异国案件，让镇江香醋再次陷入保卫商标的域外维权战中。

1. 突如其来的商标域外抢注

2010 年 6 月 3 日，一则消息震惊了镇江醋业协会：一名韩国人向韩国特许厅提交了"镇江香醋"中文、韩文的商标注册申请。经查证，韩国特许厅确实受理了这一申请（申请号为：40 - 2009 - 0013227）并已于 2010 年 4 月 23 日发布了初步审定公告，公告的异议期限截止日期是 2010 年 6 月 23 日。如果这一注册申请最终获得通过，那么中国的镇江香醋在韩国的业务拓展将势必遭遇前所未有的障碍。2009 年的出口量达到 3270 吨。镇江香醋的知名度和受欢迎度也在饮食文化和习俗与中国有许多相似之处的韩国日渐提高。韩国人渐渐发现采用镇江香醋制作出来的泡菜和烤肉味道更加美味。有着良好知识产权保护意识的韩国人发现了"镇江香醋"并没有在韩国进行相应的商标注册，这其中的"商机"也就不言自明了。如果韩国人将"镇江香醋"商标在韩国注册成功，中国的镇江香醋将无法正常出口到韩国；即便出口，也将面临极高的知识产权侵权风险，也就是说镇江香醋如果出口到韩国就会遭遇到韩国注册的本地"镇江香醋"，因此可能被诉侵犯韩国注册的这一商标权。更为严重的是，如果韩国的商标所有人又在其他地方进行延伸注册，那么镇江香醋产业将接连失去更多的域外市场。

---

① 朱华夏．镇江香醋：造假谁之过［N/OL］．人民网 http：//www. people. com. cn/GB/shehui/41158/3112558. html。

事实上，对于许多中国老字号品牌来说，商标遭遇域外抢注已经不是什么新鲜事了。2006 年，北京老字号"王致和"在德国被德国公司抢注。中方历时两年多，耗费近百万欧元，终于打赢了"中国老字号域外维权第一案"。天津的"狗不理"商标在日本被抢注，最终以象征性的转让价格从日本企业手中收回。而"红星二锅头"在英国被抢注，"五粮液"在韩国被抢注，还有媒体报道了在加拿大 52 件中国知名企业商标被抢注。国家工商管理总局提供的数据显示，从20 世纪 80 年代到现在，总共发生了两千多起中国出口商品的商标在域外被抢注的案件，同时每年造成无形资产的损失达到十亿元。而真正走出去维权的企业并不是多数。① 这些中国知名品牌在域外被抢注商标的事件，对中国企业和产品走向世界构成了严重的知识产权屏障。

2. 商标保卫战的战略战术

距离韩国"镇江香醋"的商标注册截止时间仅剩 20 天，如何在短暂的时间里进行有效的商标域外保卫战呢？这对于镇江醋业协会来说无疑是一个严峻而棘手的挑战。这场商标保卫战主要从两个方面进行，一方面是寻求司法救济，另一方面是采取行政救济。首先，在得到国家工商行政管理总局商标局指导后，镇江醋业协会通过专业的商标代理机构，根据韩国的相关法律迅速向韩国特许厅提起商标注册的异议申请。这一申请既要有法律依据又要有事实证据。于是，在进行司法救济的过程中，首先需要对相关国际条约和韩国的法律进行详细的了解。按照《巴黎公约》的规定，如果商品不是来源于这一标志所标示的地域，但采用了这一地理标志作为商品商标，误导公众对商品真正来源地的辨认，那么成员国当局应依权或依当事人的请求驳回撤销这一商标的注册。"镇江香醋"不是"汉江香醋"，从这点上看，"镇江香醋"要成为韩国人自有的品牌多少有点搞笑的意味。但如果当局没理会这个笑话，而当事人又没有及时提出申请，那么这个笑话可能在"法律的捉弄下"变成一个法律事实。再查一查韩国的法律，根据韩国的《商标法》规定，任何人包括韩国加入的国际公约组织的成员国国民自商标公告之日起 30 日内均可向韩国特许厅提交异议申请。我国与韩国均是《保护工业产权巴黎公约》《与贸易有关的知识产权协议（TRIPS）》的缔

---

① 中央电视台. 中国老字号企业域外维权记 ［EB/OL］2008 - 01 - 11/2014 - 08 - 08. http：//news. ifeng. com/mainland/200801/0111_ 17_ 361158. shtml。

约国，因此从主体资格上看，中国镇江醋业协会也完全可以依据上述国际条约和韩国法律向韩国特许厅提出商标抢注的异议申请。

另外，根据韩国《商标法》以及《反不正当竞争和商业秘密保护法》的相关规定，异议申请需要提供相应的证明材料。镇江醋业协会从"镇江香醋的历史、现在和产品质量""镇江香醋作为地理标志从 1909 始参加国际会展记录""镇江香醋商标相关法律文件""镇江香醋商标在中国受到行政保护的案例""镇江香醋商标在中国受到司法保护的案例""镇江香醋地理标志在中国和欧盟保护记录""镇江香醋出口记录""镇江香醋国内外广告宣传记录"等方面准备了大量的、详细的官方和非官方材料，通过商标代理机构翻译成韩文，作为异议的基础材料。① 这些材料从历史渊源、国内法律保护、销售业绩、广告花费等多个方面有力地证明了镇江香醋的商标权属，韩国人试图在韩国注册这一商标的申请实际上侵犯了镇江醋业协会的在先权利，应当给予驳回。2010 年 6 月 22 日，镇江醋业协会终于赶在公示截止日的前一天，通过商标代理机构向韩国特许厅提交了"异议申请书"。这一"末班车"的及时搭乘，简直就像香港律政剧所演绎的"峰回路转"一样，为化解后期知识产权危机起到了至关重要的作用。在提出异议申请后，镇江醋业协会又分别两次补充和完善了异议证据。其中，镇江市人民政府以官方名义出具了镇江香醋作为地方特产的文件，质监局出具了镇江香醋国家标准文件，海关提供了镇江香醋出口到包括韩国在内国际市场的证明，外贸公司提供了镇江香醋在韩国参加食品博览会的邀请函和参展图片资料，镇江市醋业协会的龙头企业——江苏恒顺醋业股份有限公司提供了自清朝以来，镇江香醋生产企业的营业执照、捐赠、荣誉等历史资料。② 清晰明确的法律依据、清楚充分的证据材料都为镇江香醋的韩国保卫战挥出了有力的拳头。

在迅速组织司法救济的同时，镇江醋业协会也立即向国家、江苏省和镇江市工商管理部门汇报案情并寻求行政救济。说来正巧，由于近年来中韩两国经贸往来越发频繁，国家工商行政管理总局在 2009 年与韩国特许厅签署了《中华人民共和国国家工商行政管理总局和大韩民国特许厅战略合作谅解备忘录》。根

---

① 中央电视台. 中国老字号企业域外维权记［EB/OL］2008 - 01 - 11/2014 - 08 - 08. http：//news. ifeng. com/mainland/200801/0111＿ 17＿ 361158. shtml.

② 董民. 积极应对域外挑战，镇江香醋成功维权——经济全球一体化下，地理标志的域外保护［J］中华商标. 2011（10）：42 - 45。

据该谅解备忘录，中韩在商标及与知识产权有关的反不正当竞争领域开展双边战略合作。而镇江香醋商标抢注案的发生为这个《战略合作谅解备忘录》的"成功试水"提供了一个契机。依据这一备忘录，中国国家工商行政管理总局国际合作司司长和商标局局长，分别致函韩国特许厅长官，向其表达国家工商行政管理总局商标局高度重视此案，请韩方给予关注并依法公正处理。韩国特许厅也从多次的官方沟通中更加全面和客观地了解了案件的真实情况。自 2009 年以来，我国政府与 20 多个国家签订了相关合作协议。镇江香醋韩国维权案是首次通过国际合作机制进行跨国行政救济以解决商标纠纷的案件。国家工商行政管理总局的介入和支持为本案的解决起到了关键作用。由此可见，除了民间团体积极通过司法救济的途径据理力争外，政府根据国际合作协议进行相应的行政协调对于中国商品域外维权也是一个有力的护卫。

3. 尘埃落定

2010 年 10 月 26 日，韩国特许厅做出裁定，支持中国镇江醋业协会的异议申请，驳回韩国公民"镇江香醋"的中文、韩文商标注册申请。韩国申请人未对这一裁定提出复议申请或诉讼。就此，镇江香醋在韩国的商标维权案宛如"过山车"一般，最终有惊无险地尘埃落定。这一事件被国内外多家媒体争相报道，成为中国传统产品走出国门，域外成功维权的又一典范。在经历了这一域外维权事件之后，镇江香醋也清醒地认识到知识产权国际保护对于产品国际化的重要性，于是纷纷在日本、韩国、澳大利亚、美国、加拿大、法国、德国、俄罗斯、意大利等近十个国家注册了地理标志。镇江香醋的案例也为许多中国传统产品走向世界提了一个警醒。过去我们注重的是产品的品质，所谓"酒香不怕巷子深"；现在我们不仅需要注重品质，还要注重品牌，因为市场这个无形的手往往更容易受无形资产的影响。

10.3 镇江香醋给我们带来了什么

或许在多年以后，镇江香醋的"域外历险记"也将成为镇江香醋悠久历史文化中一个被人津津乐道的故事。但这一历险记却应该带给我们关于中国知名商品域外保护问题的更多思考。中国传统老字号要在竞争日益激烈的国内、国际市场生存和发展，除了在生产规模、产品质量、市场营销等硬件方面需要走国际化的路线，在企业的知识产权管理方面也需要进行多层次、多维度的部署和筹划。

首先，中国的企业需要养成良好的商标国际注册的习惯。镇江醋业年产量约20万吨，生产总值虽只占国内醋业的10%，出口却占到了国内醋业出口总量的90%，是我国酱醋产业出口的风向标。[①] 2009年镇江香醋的出口量达到3270吨。"镇江香醋"的民族品牌潜在的域外商业价值不可低估。然而，镇江香醋的企业在品牌国际化问题上没有预防性的保护意识。商标权保护具有鲜明的"地域性"特点。也就是说，在甲国拥有某个商品的商标权这个商品出口到乙国其商标权就必然受到乙国商标法的保护，除非相关权利人及时申请了乙国的商标注册。中国的大多数企业商标国际注册的意识比较淡薄，忽视域外商标注册的重要性，没有预见到商标国际注册是中国商品国际化的"先锋"。在20世纪八九十年代，作为"世界工厂"的代名词，中国有很多产品被国外品牌"贴牌"销售，中国的产品没有了自己的"灵魂"和"身份"。近年来，随着改革开放的深入，中国有越来越多的企业和产品摆脱了"替身演员"的角色，真正走出国门参与国际市场竞争。然而，对企业软实力，包括专利技术、商标品牌、商业秘密等方面的保护仍然十分缺乏经验。根据2006年统计的数据，我国的出口产品中，只有21%在域外注册了商标。世界品牌实验室公布的数字则显示，中国500个最具价值品牌中的46%未在美国注册，未在欧盟注册的则达76%。[②] 忽视商标国际注册付出的代价是高昂的，2006年我国因为出口商品商标被抢注而损失的价值超过10亿元人民币。[③]

在经济全球化的今天，作为世界最大的货物贸易国，中国拥有的国际注册商标的数量与这一贸易大国的身份完全不相匹配。许多企业尽管持有中国的商标权，但对于出口商品却存在侥幸心理，忽视了出口地商标可能被抢注的风险。这样的疏忽大意一旦被"职业注标人"发现，他们就可能利用多数国家通常采用的"注册在先"原则，通过申请注册一些可能潜在的出口地国家的商标，以

---

① 王静宇. 镇江香醋打赢商标跨国保卫战. 中国企业报［N］, 2011.01.11。

② 中国品牌生命周期：平均不足2年. 新华每日电讯［EB/OL］http://news.xinhuanet.com/fortune/2006-10/28/content_5260417.htm. 2006-10-28/2014-08-04。

③ 凌慧珊. 域外抢注中国商标，出口商品商标每年失10亿［N］. 中国新闻网. http://www.chinanews.com/news/2006/2006-04-18/8/718685.shtml. 2006-04-18/2014-08-08。

独占在该国的商标专用权。尽管这种"投机"行为并不合理，但却合法。等到生产商或出口商发现这个问题时，为了维持正常的商品销售和出口，就不得不与"职业注标人"进行交涉，并不情愿地花费重金将本该属于自己的商标权从他人手中重新购买回来。如果商谈的结果不尽人意，那么就可能进入漫长和费用高昂的域外诉讼。这在时间成本和经济成本上对于企业来说都是一个不小的负担。因此，商场如战场，被动防御不如主动预防。在企业产品进入国际市场之前，就应当未雨绸缪，主动利用《保护工业产权巴黎公约》《商标国际注册马德里协定》和《马德里议定书》等国际条约所提供的法律便利，提前做好商标国际注册的工作。实际上，2004 年"镇江香醋"在香港便曾遭遇商标抢注。虽然有"恒顺牌"镇江香醋名声在外，但作为其上游概念的"镇江香醋"如果被抢注成商标，这对于制造和销售镇江香醋的企业来说，将无异于被捏住命脉，牵着鼻子走。虽然在 2001 年底，镇江香醋已获得原产地域保护，但在当时"镇江香醋"却一直没有注册集体商标或证明商标以取得商标法的相关保护。香港抢注事件，最终促成镇江醋业协会的尽快成立以及"镇江香醋"集体商标的申请成功。2010 年，"镇江香醋"再次险遭在韩国被商标抢注。"吃一堑，长一智"的古话让镇江香醋企业加大了商标国际保护的力度，加紧在域外主要市场进行商标注册。不过，靠个别企业进行商标维权实在是势单力薄，还需要通过集体商标、证明商标的保护，从原产地、原料、制造方法、质量标准等各个方面来加强海外商标的维权力度。通过集体商标、证明商标的保护，才能够从原产地、原料、制造方法、质量标准等各个方面来保护集体的财产。

其次，利用地理标志进行品牌维权。镇江香醋维权案凸显了集体的智慧和力量。这些正能量来自于镇江香醋地理标志。与单个商标权不同的是，地理标志是以团体、协会或者其他组织名义注册的集体商标。在国际上，地理标志的保护经历了从"货源标记"到"原产地名称"再到"地理标志"的一个发展历程。[①] 在我国，地理标志的保护也基本上沿袭了这一模式。镇江香醋地理标志于 2007 年通过商标注册，从原产地产品保护的方面入手，通过提高镇江香醋生产企业整体的知名度、品牌附加值等，来增加这一区域特色产业的市场竞争力。

---

① 王笑冰. 地理标志法律保护新论——以中欧比较为视角 [M]. 北京：中国政法大学出版社. 2013：1－28。

镇江香醋域外维权案中，镇江醋业协会作为集体组织和"镇江香醋"地理标志的注册人在整个案件的处理中起到至关重要的核心领导作用。而以恒顺香醋为代表的众多镇江香醋地理标志使用企业也纷纷加入到维权的队伍中，为这一域外维权的商标抢注提供全力的支持。镇江香醋韩国抢注案平息后，镇江醋业协会迅速组织了在 30 多个国家和地区申请和注册地理标志商标的工作。目前已在韩国、日本、澳大利亚以及欧盟等十几个市场获得了地理标志的认证。

在经济全球化的今天，越是具有地方特色的产品就越容易吸引世界的目光。因此蕴涵来自特定地区的自然环境和人文历史因素的地理标志产品一方面是体现地方特色文化的符号标识，另一方面又是体现知识产权的法律符号。同时兼具普遍公认与地方特色的产品更容易获得世界的认可和接受。作为一种集体商标，地理标志的持有人是集体组织，这在一定意义上更容易团结集体商标使用权人，形成利益共同体，进而把一根筷子的力量凝聚成一把筷子的力量，加大对侵权、假冒案件的打击力度。地理标志实质上是一种传统知识，具有传统性、社群性、地域性和价值性等特点。而传统知识的保护作为国际知识产权保护体系中重要的组成部分，在《与贸易有关的知识产权协议》当中有明文规定。传统知识是某个特定区域范围的人们经过长期生产、生活的经验所积累下来的、世代相传的宝贵财富。因此，这一财富不能简单地归属于某个具体的企业或个人，而应该由这一特定区域的人们来共同管理和共享利益。法律也应该设立相应的制度来对这种传统知识加以保护和传承，这也就是地理标志相关法律制度产生的一个目标和宗旨。

第三，利用反不正当竞争法对商标、地理标志进行补充和兜底保护。镇江香醋案中，镇江醋业协会在提交的异议申请中援引了《巴黎公约》第 6 条以及韩国《反不正当竞争法》第 2 节的规定，这些规定旨在对驰名商标进行保护。如果申请注册的标识与知名产品的名称、商号、商标、商品包装及装潢等相同或近似，如果可能造成混淆，就可以认定构成不正当竞争。主管机关有权依据与知名商品相互混淆而驳回申请的商标注册。可见，反不正当竞争法对于商业标识的保护提供了一个兜底和补充的"救命稻草"。镇江香醋虽然是中国的驰名商标和地理标志，但实际上不论是"商标"还是"地理标志"，这些商业标识的法律保护均具有"地域性"的限制。也就是说，这些中国的商业标识只在中国获得法律上的承认和保护。一旦这些商品出口到其他国家和地区，这样商业标识背后的权利就用尽了，不具有进口国家和地区商标权和地理标志权，除非申请这些进口国家和地区的商标标识法律保护。而镇江香醋还未在韩国申请商标和地理标志注册的情况下，遭遇商标抢注，中国的商标以及地理标志方面的法律保护能够提供的法律援助就将十分有限和缺少针对性。此时，最后的"杀手锏"也好，"救命稻草"也好，就是反不正当竞争法了。

镇江香醋通过商标、地理标志以及反不正当竞争的相关法律、法规成功地捍卫了自己对品牌的权利。这一案件带给我们的不仅仅是成功维权后的欣慰和喜悦，更多的是教训和经验的总结。中国老字号品牌的域外维权最深刻的意义在于，让许多中国企业看到知识产权的价值和威力。知识产权的国际部署、防御和保护将是产品走向国际化的"先锋"。而这一知识产权部署除了单个企业的商标国际注册外，作为集体商标的地理标志对于维护区域性产品的品牌更具有权威性和证明力。而反不正当竞争法的正确理解和适用将为企业在品牌维权的战斗中修筑最后的防线。

镇江香醋作为醋中奇葩，带给我们的不仅仅是神奇的传说、历经百年的创业故事，还有那跌宕起伏的域外维权史。而这一切又恰恰与富含自然与人文因素的地理标志紧密相连。从讲述镇江香醋的诞生、成长和成熟，我们一同分享了地理标志所蕴含的故事。

第 11 章 湘莲——中国第一莲子

11.1 湘莲的前世今生

11.1.1 湘莲的历史人文

我国莲子以湖南省湘潭县产的湘莲、福建建宁县产的建莲、浙江武义县宣平产的宣莲最为著名，被称为中国的三大莲子。其中又以湘莲最有特色，历来作为地方进贡朝廷的珍品，故又称"贡莲"，被誉为"中国第一莲子"。

湘莲何时开始栽培，何时名登榜首，已无从查考。3000 多年前战国楚大夫屈原，被流放在湖南沅湘之间时，写下的诗辞中有大量关于莲的描写，如《招魂》："芙蓉始发，杂芰荷些。"《湘君》："筑室兮水中，葺之兮荷盖。"由此可知，当时湘莲已引人注目，而且莲的影响已渗入到湖南民间习俗之中。两千多年前的《越绝书》中，就有"沈沈如芙蓉，始生于湘"的记载。至隋唐时，湖南种莲已十分普遍，而且名声显赫，这从当时留下的诗词中可以看出。如唐代宋之问的《秋莲赋并序》："向若生于潇湘洞庭，溱有淇澳。"崔橹的《岳阳云梦亭看花莲》："似醉如慵一水心，斜阳欲暝彩云深。……当时为汝题诗遍，此地依前泥古吟。"晚唐的谭用之写了一首《秋宿湘江遇雨》，其中有"秋风万里芙蓉国，暮雨千家薜荔村"之句，真是十里荷塘百里香啊！说明当时湖南种植芙蓉之普遍，因而湖南有了"芙蓉国"的别称。从这些古诗中可见诗人们为"湘莲"吟咏之多。我国考古部门在湖南省澧县九里发掘的战国一号楚墓中，发现有莲藕等实物。1972 年发掘的长沙马王堆 1 号汉墓随葬的瓜果菜蔬中，发现有藕片，出土的竹简"菜谱"中也有藕。这些实物为湖南 2000 多年前就盛产莲藕进一步提供了物证。

"湘莲"一词，最早见于南朝（公元 420 年——公元 589 年）江淹的《莲花赋》："著缥菱兮出波，揽湘莲兮映渚，迎佳人兮北燕，送上客兮南楚"。赋中提到的"南楚"，即指现在的湖南地域。据此推断，湘莲的种植历史至少有 1500年。据传，战国时期湖南省湘潭县白石铺镇所产的莲子和藕粉就进贡朝廷。汉、唐、宋、明、清各代都把它纳为贡品。《湖南通志·物产志》载："藕粉湘潭、湘乡产，盛于他处，甲于全楚，岁以充贡。"清光绪时期的《湘潭县志》载："莲有红、白二种，官买者入贡。""土贡有莲实，产县西杨塘（今湖南省湘潭县白石铺）。既而求者众，土人种者，珍以自用。贡馈者买之衡阳清泉，署曰'湘莲'。"直至清代宣宗（道光）年间，才"圣德恭俭，悉罢四方土贡，湘莲贡亦罢"。由此文献可知，湘潭县生产的莲子在清朝时已作为贡品。民国时期，湘莲成为湖南大宗出口特产，产量和出口量为全国之冠。[①]

11.1.2　湘莲的品质特征

湘莲品种主要有湘潭寸三莲、杂交莲、华容荫白花、汉寿水鱼蛋、耒阳大叶帕、桃源九溪江、衡阳的乌莲等。湘莲皮色淡红，皮纹细腻，颗粒壮实，肉（子叶）乳白，子叶间空隙小，莲芯（胚）直，适宜机械化去壳、去芯。因其蛋白质含量高，脂肪含量低，煮食易烂，肉质细腻，糯香鲜甜，被誉为"中国第一莲子"。湘莲之中最优者为湘潭莲子，其中尤以湘潭县西杨塘镇即今之白石铺镇所产之莲"寸三莲"名声最著。所谓"寸三莲"是指莲子去壳后三粒连起来刚好一寸长，故名"寸三莲"，湘莲既可食用也可药用，湘莲粒大饱满，洁白圆润，质地细腻，清香鲜甜，具有降血压、健脾胃、安神固清、润肺清心之功。因湘潭莲子品质极优，故有"湘莲甲天下，潭莲冠湖湘"之誉，湘潭县也成为海内外闻名的湘莲之乡。

新中国成立后，湘莲更加受到重视。湘潭县的湘莲种植规模进一步扩大，品种也得到提纯和改善，湘潭县所产莲子始终占据着全国莲子产业的主导地位。20 世纪 60 年代，我国在湖南省水产科学研究所设立了水生植物研究室，还在湘潭县成立了"中国湘莲研究所"，湘莲栽培技术的科学研究逐步开展起来并重点推广湘潭县良种白莲"寸三莲"。1979 年，湘潭县被定为国家湘莲出口基地。到 20 世纪 80 年代初，湘潭县种莲面积达到 31.79 万亩，产量突破 35 万担，年产湘莲达 15000 多吨。真是应了南宋著名诗人杨万里的诗句——"接天莲叶无

---

① 中国湘莲网，http：//www.zhongguoxianglian.com/，2014 年 7 月 28 日访问。

穷碧，映日荷花别样红"！1982 年 9 月，国家商品检验局对湘莲进行了严格的质量测定，结论是：湘潭湘莲含粗蛋白 18.7%，粗脂肪 1.91%，总糖 55.8%，还原糖 6.43%，是低脂肪、高蛋白的优质莲品种。1985 年武汉市商检局还把湘潭的"寸三莲"和福建的建白莲、江西的赣白莲、湖北的湖莲进行了一次养分对比测定，结果在 10 项指标中，湘莲在糖分、淀粉、蛋白质、脂肪、磷、钙、粗纤维等 7 项主要指标上均优于其他莲品种，使湘莲的优良品质更加令人信服。1987 年，在北京召开的全国首届食品博览会上，湘潭的"寸三莲"荣获头奖，被誉为"中国第一莲子"。1995 年 4 月 6 日，在国务院发展研究中心、中国农学会、中国优质产品开发服务协会联合举办的"首届中国特产之乡"命名大会上，湘潭县被正式命名为"中国湘莲之乡"，湘潭市也因此被誉称为"莲城"。

11.1.3 湘莲的地域特征

湘莲的主产区位于湘潭县境内。湘潭县位于湖南省中部偏东，湘江下游西岸，北纬 27°20′~28°05′，东经 112°25′~113°03′。湘潭县地处长株潭城市区金三角区位，县境位于长江中游平原与江南丘陵的交错地带，西靠雪峰古陆北东缘，东滨湘江，涟、涓两水自西南向东北贯穿其境，地貌轮廓为西北、西南、东南三面高，中部和东北部低。最高为西南的昌山，海拔 755.1 米，最低为湘江沿岸原九华的万家塘，海拔 33.2 米，相对高差为 721.9 米，地势比降为 10%，造成平原、岗地、丘陵、山地四种地貌俱备，以平原、岗地为主。其中平原占全县总面积的 39.54%，岗地占 35.21%，丘陵占 18.61%，山地占 6.64%。

湘潭县属中亚热带东部季风湿润气候区，气候温和，四季明显，日光充足，雨量充足，年平均气温 17.4℃，年最低温度一般在 -2℃~8℃之间，年最高温度一般在 39℃~40℃之间。年平均降雨量 1326 毫米，年平均日照 1705.2 小时，全年无霜期 273 天。境内地势西南、东南高，中部和东北低，山、丘、岗、平地貌类型齐全，以岗地、平原为主，土壤肥沃，森林覆盖率高达 55.4%，具有良好的发展农业生产的自然环境条件，这样的自然环境非常适合湘莲的生长。

11.1.4 湘莲的生产经营规模

尽管湘莲享誉海内外，但在进入 21 世纪后，湘莲的种植面积逐渐萎缩，在

2003 年至 2005 年间，湘潭县种莲面积下降到不足 4 万亩。什么原因导致湘莲的种植面积急剧减少呢？

第一，湘莲的种植效益大大降低。从 20 世纪 90 年代中后期开始，种植湘莲的成本日益上涨，湘莲的售价却逐年下跌，种植湘莲的经济效益呈下滑趋势，莲农种植湘莲的积极性受到打压。不少莲农感叹，"种莲种莲，费力不赚钱"，很多莲农宁愿背井离乡外出打工挣钱也不愿在家种莲。

第二，病虫危害严重造成湘莲减产甚至绝收。种植湘莲过程中的虫害因害虫抗药性增加而使防治成本上升，加上腐败病、褐斑病、烂叶病等频发，特别是腐败病，通常导致湘莲减产 20%～80%，严重者几乎绝收。农民种植湘莲的风险大大提高，严重影响了农民种莲的积极性。

第三，湘莲品种保护不力。在品种上，湘潭县域内以太空莲系列品种和杂交寸三莲及星空牡丹等品种为主，品种布局呈现出多、乱、杂等特征，加上没有设立良种繁育基地、没有进行原种保护，品质优良的纯种寸三莲已非常少见。

第四，种植户外迁导致湘莲种植优势弱化。在湘潭本地湘莲种植面积萎缩的同时，一些种植户却纷纷外迁，当时，湘潭县每年大约有 5000 多莲农带着种藕和技术到洞庭湖、常德、湖北等地种植湘莲，使本土的湘莲种植优势被削弱。

第五，湘莲产品的技术含量普遍不高，产品附加值低。湘潭县的湘莲加工还处于初加工阶段，利润偏低，大都停留在去壳、钻心、洗、磨等初加工阶段。技术含量不高，产品附加值低，最终产品基本上属于食品生产原料，利润率只有 8% 左右。湘莲产品没有统一的行业标准，产品质量难以规范。尽管湘莲加工历史悠久，但是湘潭县未对湘莲加工工艺、产品分级、验定等形成规范、科学、完善的标准。大量的散户采用家庭作坊式生产，从业人员素质较低，加工不规范，环境卫生条件较差，造成产品质量难以控制。

2005 年 10 月，党的十六届五中全会上，"三农"问题正式提出，党中央、国务院高度重视农业、农村和农民工作。政府在宏观调控中注重加强农业，实行一系列更直接、更有力的政策措施。各地区各部门认真贯彻落实中央决策，保护和调动了农民积极性，农村呈现出良好的发展局面。在湘潭县委、县政府的大力支持下，湘莲的种植面积逐年恢复并不断扩大。2006 年，湘莲产业化龙头企业宏兴隆公司在河口镇等地建立湘莲种植基地，实行保护价收购壳莲，农民种植湘莲的积极性得以提高，湘莲种植面积恢复到 4.3 万亩。2012 年 11 月十八大的召开，我国迈入了一个新的历史发展阶段。十八大报告特别强调，"解决好农业农村农民问题是全党工作重中之重，牢固树立'重中之重'的战略思想，对于做好新阶段'三农'工作，推进社会主义新农村建设和小康建设，促进经济社会协调发展，构建社会主义和谐社会，具有重大而深远的意义"。2013年，湘潭县政府采取发放补贴等措施鼓励农民种莲，部分湘莲企业在谭家山、花石等乡镇发展规模种植，全县湘莲种植面积扩大到近10万亩。截至2013年底，湘潭县加工、销售湘莲近10万吨，产值近10亿元，湘潭县的莲产品销售已占全国总销量的95%，同时产品还远销韩国、东南亚、欧美、澳大利亚等10多个国家和地区。湘潭已发展为全国莲子的集散中心，湘莲已成为湘潭县经济发展的重要支柱。响亮的品牌、优良的品质使湘莲备受国内外消费者的青睐。

11.2　湘莲的保护

11.2.1　湘莲的自我保护措施

中国有句谚语：靠山吃山，靠水吃水，靠海吃海。因为湘莲产区的自然环境非常适合湘莲的生长，在湘莲从古至今上千年的发展历程中，湘莲产区的莲农们自然而然地把种植湘莲作为养家糊口的一种生计。

新中国建立以前，人们对湘莲品种的保护主要基于莲农的种植经验，并没有什么具体的法律制度和科学的技术规范可循；新中国建立以后，湘莲品种的保护获得了来自中央和地方的支持。进入21世纪，湘莲品种的保护得到了前所未有的重视。2000年12月8日，在政府有关部门的支持下，在广大莲商和莲农们的热切期盼下，湘潭县湘莲协会正式成立，这是一个协调发展湘潭县湘莲产业的非营利性法人社会团体，也让莲商和莲农们有了"娘家"。湘莲协会积极牵线搭桥，让湘莲的经营户和种植户们在政府有关技术部门的指导下，依据绿色食品生产原理与技术要求，建立绿色食品湘莲种植基地，制定湘莲种植规程，规范湘莲的种植行为，确保湘莲产品符合绿色食品的质量要求。

2014年上半年，由湘潭县农业局湘莲办公室起草，由湘莲产区所在乡镇的农技站负责实施的《湘潭县湘莲种植规程》正式出台。农技站组织湘莲基地的农户按照《湘潭县湘莲种植规程》进行标准化种植生产，该规程的实施由湘潭县农业局湘莲办、农环站、农产品质量监督检测站及其所辖乡镇农技站指定专业技术人员全程监督，确保规程的约束力和措施真实执行。《湘潭县湘莲种植规程》具体包含下列内容：

1. 生产范围和生产规模

本规程适应由县农环站监督抽样区域，经省检验符合绿色食品生产要求的区域内的湘潭县白石、花石、排头、中路铺四个乡镇的湘莲种植农户。

2. 基地建设方式

湘潭县绿色湘莲食品种植基地建设，采用公司牵头、县农业局负责组织协调，湘莲办、农环站、农产品质量监督检测站全程监督，乡镇农技站指定专业人员依规程用田间档案卡的形式落实到农户，以确保基地建设种植规程规范落实。

3. 湘莲生产基地情况

湘潭县位于湖南省中部偏东，湘江下游西岸，南岳山北麓，长衡丘陵盆地北段，地理坐标为东经 112°25′~113°03′，北纬 27°20′55″~28°05′40″之间。东邻湘潭市、株洲县，西界湘乡、双峰县，南接衡山、衡东县，北抵宁乡、望城、长沙县。全县耕地面积 103.08 万亩，其中水田 95.22 万亩。湘潭县属中亚热带东部季风湿润气候区，气候温和，四季明显，日光充足，雨量充足，年平均气温 17.4℃，年平均降雨量 1326 毫米，年平均日照 1705.2 小时，全年无霜期 273天。境内地势西南、东南高，中部和东北低，山、丘、岗、平地貌类型齐全，以岗地、平原为主，土壤肥沃，具有良好的发展农业生产的自然环境条件。所选基地四个乡镇，都在岗丘小平原之中，森林覆盖率高达 55.4%。

4. 湘莲种植技术

湘莲种植技术规范主要包括以下内容：①精选良种；②选种藕；③莲田选择；④栽植前管理；⑤合理栽植；⑥田间管理；⑦加强病虫防治；⑧采收、留种。

11.2.2　湘莲的行政保护措施

一直以来，我国农业经济的发展主要由政府主导，因此对地理标志农产品的保护也主要体现为行政保护。湘莲产区的地方政府也积极采取各种行政措施保护湘莲地理标志。

1. 国家质量监督检验检疫总局对湘莲的行政保护

湘莲是湖南省湘潭市特有的地域性优势农产品，湘莲及其加工产品的消费市场潜力巨大。2006 年，为了加快湘莲产业发展，湘潭县政府组织制定了《湘潭县湘莲产业发展五年规划（2007 – 2011）》。2007 年，湘潭市质量技术监督局向湘潭市人民政府递交《关于湘莲申报国家地理标志产品的报告》。2007 年 7 月，湘潭市成立了湘莲地理标志产品申报领导小组，开始了长达三年的湘莲地理标志产品申报之路。皇天不负有心人，积极申报终于等来佳音，2010 年 5 月 24 日，国家质量监督检验检疫总局发布公告，批准对湘莲实施地理标志产品。从此，湘潭市地理标志产品实现了零的突破。国家质量监督检验检疫总局在《关于批准对龙泉灵芝、平度大花生、湘莲、青海冬虫夏草、同心圆枣实施地理标志产品的公告》（总局 2010 年第 54 号公告）中明确规定了湘莲的保护范围、专用标志使用和质量技术要求等内容，具体如下：

1）湘莲的保护范围

湘莲地理标志产品范围为湖南省湘潭县全县乡镇，韶山市银田镇、永义乡、如意镇、韶山乡，湘乡市梅林桥镇、东郊乡、龙洞镇、栗山镇、中沙镇、山枣镇，株洲市荷塘区明照乡，衡阳市衡东县白莲镇等 34 个乡镇现辖行政区域。

2）湘莲的专用标志使用

湘莲地理标志产品范围内的生产者，可向湖南省湘潭市质量技术监督局提出使用"地理标志产品专用标志"的申请，经湖南省质量技术监督局审核，由国家质量监督检验检疫总局公告批准。湘莲的法定检测机构由湖南省质量技术监督局负责指定。

3）湘莲的质量技术要求

A. 品种

寸三莲、芙蓉莲、太空莲。

B. 立地条件

水源条件好，排灌方便，耕作层深度 15 ~ 20cm，pH 值 5.5 ~ 6.5，有机质含量≥2%，土层深厚的壤土。

C. 栽培管理

a. 种藕选择：以莲藕进行无性繁殖，选具有品种特征特性、有 2 ~ 3 个完整节、藕芽完整的优质藕种。

b. 施肥管理：基肥以有机肥为主，每公顷施人畜粪 1000kg、土杂肥 30000kg、饼肥 1200～1500kg；苗期追肥每公顷钾肥 60kg、碳铵 150kg、尿素 60kg；花期追肥每公顷钾肥 105kg、碳铵 300kg、尿素 105kg。

c. 栽植：栽植时间为 4 月上旬，按每公顷 450 穴做好栽植穴，每穴用种藕 3～4 支，穴内保持 3～4cm 浅水层，将种藕呈放射状摆放，栽植深度为 5～10cm，种藕顶芽朝向栽植穴外，藕身侧卧，藕种头略朝下，尾节朝上，用泥覆盖。

d. 水的管理：科学灌水，苗期浅水，花蓬期适当深水，水深 4～20cm，水位忌暴涨暴落。

e. 采收：7 月中旬至 10 月底，莲蓬褐色，莲子与莲蓬孔格完全分离，莲子呈黑褐色、果皮坚硬时分期分批采摘。将采摘的莲蓬摊晒 1～2 天后脱粒，再将脱粒得到的莲子摊晒 3～4 天，至含水量≤13.5% 时即可贮藏以备加工。

f. 环境、安全要求：农药、化肥等的使用必须符合国家的相关规定，不得污染环境。

D. 质量特色

a. 感官特色：湘莲颗粒饱满均匀，呈短椭圆形，去壳后纵向直径 1.2～1.5cm，横向直径 1.0～1.3cm，单粒重≥0.83 克；种皮呈棕红色，有细纹；莲肉乳白，煮食易烂，清香味美。

b. 理化指标：水分含量≤13%；淀粉含量≥40%；蛋白质含量 >18%。

c. 安全要求：产品安全指标必须达到国家对同类产品的相关规定。

2. 地方政府对湘莲的行政保护

1）湘潭市政府对湘莲地理标志产品的保护

为做好湘莲地理标志产品的保护工作，有效保证湘莲这一特色产品的优良品质和信誉，2011 年，湘潭市人民政府制定并印发了《湘潭市湘莲地理标志产品管理试行办法》（潭政〔2011〕1 号，以下简称《湘潭市湘莲保护办法》）。《湘潭市湘莲保护办法》对湘莲地理标志专用标志的管理、种植、生产、销售管理、保护和监督等方面做了严格的规定，任何单位和生产者要申请使用专用标志，必须具备下列条件：（一）在保护区域范围内生产的湘莲，符合食品质量安全要求；（二）生产湘莲的壳莲全部来自于保护区域范围内；（三）品种、立地条件、栽培管理、质量特色等应符合湘莲地理标志产品的质量技术要求；（四）实行从施肥、施药到采收以及制作、贮存过程的质量跟踪和可溯源管理；（五）建立质量管理体系，两年内无重大质量违法记录。保护范围内符合条件的生产者，可向湖南省湘潭市质监局提出使用"地理标志产品专用标志"的申请，经湖南省质监局审核，由国家质量监督检验检疫总局公告批准。自公告发布之日起，对湘莲实施地理标志产品措施。由于湘莲中的"湘"是湖南省的简称，"湘莲"在市场经济中大有被转化为通用名称的趋势，其他一些地区的莲子也常常打着湘莲的旗号来提高身价，纷纷流入市场，湘莲的声誉被严重损害。因此，《湘潭市湘莲保护办法》还规定，禁止使用与专用标志相近、易产生误解的名称、标识、文字或图案标志。《湘潭市湘莲保护办法》授权各政府职能部门依据该规定，组织打击假冒湘莲侵权行为，健全管理措施，对湘莲进行全方位、全过程的监督管理，充分发挥地理标志在保障湘莲质量、净化湘莲市场环境中的重要作用，增强湘莲国内外市场竞争力，提高湘莲产业的社会效益和经济效益。

2）湘潭县政府对湘莲地理标志产品的保护

为有效保护湘莲地理标志产品，规范湘莲地理标志产品专用标志的申请、使用和管理，保证湘莲地理标志产品的质量和特色，维护湘莲的声誉和生产者、经营者、消费者的合法权益，2011 年 9 月，湘潭县人民政府正式公布实施了《湘潭县湘莲理标志产品保护管理办法》。该办法共分为总则，申请、受理、审核及批准，使用和管理，保护和监督，及附则共五章二十三条。该办法对湘莲地理标志保护产品的区域范围，各职能部门应承担的职责，地理标志产品专用标志的申请、使用、保护、监督管理及管理部门违规操作后应负的法律责任等做出了明确的规定。全县行政区域内的单位和个人从事湘莲生产、加工及经营活动，申请、印刷、使用湘莲地理标志产品专用标志，必须遵守此办法。

湘莲地理标志产品专用标志的使用遵循自愿申请，受理、审核与批准坚持公开、公平、公正的原则。专用标志由国家标准规定的图案及"湘莲"产品名称组成，属于质量标志。符合有关条件的湘莲生产者，可向县质监局提交有关资料，申请使用专用标志。这个管理办法的实施，可以更加有效地保护湘莲地理标志产品，规范地理标志产品专用标志、使用及监督管理，对于保证湘莲地理标志产品的质量和特色，也会起到积极的作用。

11.2.3 湘莲地理标志的保护案例

2005 年，一场关系湘莲地理标志命运的"湘莲"商标保卫战曾经在湖南湘潭县和福建建宁县之间打得异常激烈。这是一场怎样的保卫战呢？故事还要从头说起，尽管湘莲原产于湘潭，并且已有上千年的种植历史。然而，早期人们的品牌保护意识不强，一直未申请商标注册。2005 年 3 月，湘潭县湘莲协会采纳了莲商们的意见，准备向工商部门申请注册"湘莲"商标时，却突然被告知："湘莲"商标已经被福建文鑫莲业食品有限公司抢先注册了！原来，早在 2001 年 11 月 26 日，位于福建省建宁县的文鑫莲业有限公司就向国家工商行政管理局商标局提出"湘莲 XIANGLIAN 及图"商标注册申请，并于 2003 年 1 月 7 日获得核准注册，核定使用商品为第 29 类莲子、果冻、肉等，注册号为第 3023790 号。后经商标局核准，注册人名义变更为福建文鑫莲业食品有限公司。文鑫公司还于 2008 年 1 月分别在第 29 类、第 30 类、第 32 类上取得了"湘莲 + xianglian"注册商标的专用权。

"湘莲"这一明显具有湘潭地理标志特征的商标，竟然被福建的公司抢注！这个消息对湘潭县的莲农、莲商们来说无疑是晴天霹雳，对湘潭的湘莲产业是一个沉重甚至是毁灭性的打击，湘潭人过去几十年对湘莲的努力几乎白费。此后，一定要让"湘莲""回家"成了湘潭各级政府部门、莲农和莲商们共同的心愿。

2005 年 4 月 18 日，湘潭县湘莲协会以"注册不当"为由，正式向国家工商行政管理总局商标评审委员会提起注册商标争议的裁定申请，请求撤销被申请人注册的"湘莲 + xianglian 及图"商标。①

1. 双方的理由

申请人湘潭县湘莲协会的主要理由是：一、"湘莲"具有明显的地理标志属性，指湖南所产莲子。被申请人所在地为福建建宁，其注册争议商标用于非湖南所生产的莲子产品包装上，具有假冒"湘莲"品牌，误导公众之嫌。二、"湘莲"具有悠久的历史，是莲子的一种通用名称，争议商标违反了商标法第十一条第一款第（一）项的规定。三、被申请人注册争议商标，损害了申请人的使用在先权利，有恶意抢注的嫌疑。四、恶意抢注"湘莲"商标，将严重损害湘莲产地种植户及经营户的利益，损害真正的湘莲品牌，造成以次充好、以假充

① 平安．未注册地理标志可在争议程序中获得保护——第 3023790 号湘莲 XIANGLIAN 及图商标争议案评析［N］．中国工商报，2013 年 12 月 26 日第 B03 版。

真的恶劣后果。因此，申请人湘莲协会请求依据《商标法》第十一条第一款、第十六条第一款、第三十一条的规定，撤销争议商标。

被申请人福建文鑫莲业食品有限公司答辩的主要理由：一、"通用"是针对整个行业而言，而不是针对某个地区。通用名称不具有区别商品或服务来源的功能，而不因在古诗词中出现以及在政府文件中用到而通用。申请人也认为湘莲"具有了明显的市场品牌效应"，成为"中华莲子中的第一品牌"。争议商标文字及图形均不是"百合干、桂圆、莲子"等任一商品的通用名称。即使"湘莲"是莲子的通用名称，争议商标是组合商标，不是"仅有本商品通用名称"。二、被申请人主要从事莲子系列产品的开发生产和贸易，已获得多项荣誉称号。被申请人销售产自湖南的莲子时，才使用争议商标。因此，即使"湘莲"是表示湖南所产莲子的地理标志，争议商标也不违反《商标法》第十六条第一款的规定。自争议商标申请及核准注册以来，被申请人从未禁止其他湖南莲子的生产商或销售商使用"湘莲"的商标。并且，"湘莲"并未被认定为原产地名称或集体商标、证明商标。因此被申请人注册和使用争议商标是善意的。三、申请人成立于2005年，不可能自1980年就以"湘莲""优质开边湘莲"等字样对其产品进行标注，不可能存在"在先使用权"。《商标法》第三十一条所指的在先权利指外观设计专利权、著作权、厂商名称或字号权等，申请人并不享有与争议商标相抵触的上述在先权利。争议商标是被申请人自行设计、首先使用的，不仅不存在"恶意抢注"的行为，反而通过被申请人的使用，扩大了消费者对"湘莲"的认可度，提升了"湘莲"的美誉度。申请人的法定代表人胡红辉作为湖南湘潭县鸿昌湘莲有限公司的总经理曾经是被申请人的供货商之一，申请人提出争议申请是假公济私的报复行为。因此，被申请人请求维持争议商标的注册。

2. 双方争议的焦点

在双方各执一词、互不相让的冲突中，商标评审委员会认为双方争议的焦点问题是"湘莲"是否构成未注册地理标志，争议商标"湘莲 + xianglian 及图"的注册是否违反了《商标法》第十六条第一款的规定。

1）地理标志可否通过商标争议程序得到保护

地理标志是指标示某商品来源于某地区，该商品的特定质量、信誉或者其他特征，主要由该地区的自然因素或者人文因素所决定的标志。地理标志反映了特定地理环境与产品之间的关系，代表着产品的特定品质与信誉。由于地理标志蕴涵着巨大的经济利益，导致针对地理标志的恶意注册事件时有发生。依据《商标法》第十六条第一款及第四十一条第二款的规定，商标中有商品的地理标志，而该商品并非来源于该标志所标示的地区，误导公众的，不予注册并禁止使用；已经注册的商标，自商标注册之日起五年内，商标所有人或者利害关系人可以请求商标评审委员会裁定撤销该注册商标。因此，地理标志利益相关方可以有效利用商标争议程序制止他人抢注地理标志的行为。这里讨论的湘莲 XIANGLIAN 及图商标争议案就是利用商标争议程序保护地理标志的典型例子。

审理涉及地理标志争议案件的关键在于如何准确认定地理标志。在认定是否构成地理标志时，应按照《商标法》《集体商标、证明商标注册和管理办法》《商标审查及审理标准》的相关规定予以判断，认真考察评审申请人所提交的证据是否可以证明以下内容：①该地理标志所标示的商品具有特定质量、信誉或者其他特征。②该商品的特定质量、信誉或者其他特征与该地理标志所标示的地区具有的自然因素或人文因素之间的关系。③该地理标志所标的地区的范围。评审申请人对以上事实承担举证责任。由于以上各项待证事实具有较强的专业性和技术要求，因此仅依据申请人的单方陈述尚不足以认定，申请人在评审时应提交相关专业检测机构的报告或其他具有权威性的证据材料。

在本案中，申请人提交了湘潭市农业区划办公室编印的《湘潭市农业区划报告集》，湘潭市民俗文化学会、中共湘潭市委党史办编著的《中华莲文化》和《湘潭县志》，中国科学院武汉植物研究所的样品分析报告单，湖南省湘潭县被命名为"中国湘莲之乡"的证书及《中国土特名产辞典》等。上述文献及报告，可以证明"湘莲"的特定品质特点及其与生产地区自然条件和栽培方式的关系，符合《商标法》第十六条第二款规定的地理标志的认定条件，可以认定为莲子商品的一种地理标志。

2）未注册地理标志能否得到保护

在未注册的地理标志能否获得保护的问题上，存在争议。在本案中，福建文鑫莲业食品有限公司以"湘莲"还未被注册为地理标志为由，主张争议商标未损害地理标志相关权利人的利益。在本案中，商标评审委员会明确了未注册的中国地域范围内的地理标志可以在商标争议程序中获得保护。

地理标志作为一种自然和人文资源，是一种历史的客观存在。商标法律法规仅是对地理标志这种客观事实提供一种确认和保护。因此，在相关的商标争议程序中，首先要对地理标志进行认定，而一旦认定这种事实存在，则无论是基于保护地理标志相关权利人的利益还是出于维护公平竞争秩序的考量，未注册的中国地域范围内的地理标志都应当依照《商标法》第十六条得到保护。

关于本案中争议申请人的主体资格问题，在商标注册程序中，申请注册地理标志的主体应向商标局提交管辖该地理标志所标示地区的人民政府或者行业主管部门的同意申请批准文件，以证明其申请主体适格，而在商标争议程序中并无此要求。地理标志被恶意抢注时，由于该地域内的相关商品生产者都面临因抢注行为遭受损害的可能，因此与被抢注的地理标志均具有法律上的利害关系。在本案中，商标评审申请人湘潭县湘莲协会作为该地理标志所属地区生产者的代表，可以认定为地理标志的相关利益方，属于《商标法》第四十一条第二款所指的利害关系人，有权提起商标争议程序。

3）地理标志的保护范围

《商标法》第十六条对地理标志提供保护，立法目的是避免误导相关公众。地理标志之所以能对消费者产生吸引力，并不在于标记本身，而是因为使用地理标志的产品具有特定品质，因此地理标志的保护范围不能脱离其赖以知名的产品。在与正宗地理标志产品属于相同或类似商品上抢注地理标志，易使相关公众对产品来源产生误认，依法应予以撤销注册。在湘莲 XIANGLIAN 及图商标争议案中，商标评审委员会就以避免误导相关公众为原则，合理界定了地理标志的保护范围，将在莲子及其类似商品上的注册予以撤销，在非类似商品上的注册予以维持。

3. 商标评审委员会审理理由

（1）根据申请人提交的证据及《中国土特名产辞典》的记载，"湘莲"广布于湖南，尤其是洞庭湖地区，产品具有颗粒圆大、色白如凝脂、肉质饱满、汤色青、香气浓、味鲜美等特点，所含蛋白质、脂肪、矿物质等营养成分有别于其他地区所产莲子。上述品质特点主要是由湘莲所在地区的气温、雨量、湿度、日照、土壤、水利等自然条件和栽培方式决定的。"湘莲"称谓自南朝沿用至今，早已形成与其产地湖南相对应的关系，符合《商标法》第十六条第二款规定的地理标志的认定条件，可以认定为莲子商品的一种地理标志。争议商标由"湘莲"文字、对应的拼音及图形组成，文字"湘莲"为该商标的主要认读和呼叫部分。被申请人地处福建，在申请注册争议商标前已与湖南莲商产生湘莲购销往来，其明知湘莲为莲子商品的地理标志，仍将其注册为集体商标、证明商标以外的商标，易导致相关公众对该商标所标示的产品性质、来源产生误认，属于《商标法》第十六条第一款禁止的情形，争议商标在莲子及类似商品上的注册应予撤销。

（2）通用名称是国家或行业所共用的反映一类商品与另一类商品之间根本区别的规范化称谓，包括法定的通用名称和约定俗成的通用名称。申请人所提交的证据不足以证明"湘莲"在全国范围内或行业普遍认知为莲子商品的通用名称。申请人的申请理由及提交的证据亦不能证明争议商标侵犯了《商标法》第三十一条所述的在先权利。

4. 商标评审委员会最终裁定

2008 年 6 月 30 日，国家工商行政管理总局商标评审委员会依据《商标法》第十六条、第四十三条以及《商标法实施条例》第四十一条的规定，下达裁定书：裁定撤销争议商标在莲子、桂元、干枣、百合干、蜜饯商品上的注册；裁定维持争议商标在果冻、肉、精制坚果仁、鱼制食品、速冻方便菜肴商品上的注册。

期盼了三年的莲农、莲商们终于等来了这份让人欣喜不已的裁定书。更让人高兴的是，湘莲协会提出的申请注册"湘莲"地理标志证明商标也在这时进入了实质审查阶段。2009 年 12 月 14 日，商标局正式公布了核准注册"湘莲"地理标志证明商标的公告，注册商标专用权归属湘潭县湘莲协会，至此，被福建公司抢注 7 年后，"湘莲"终于回家了。湘潭县湘莲协会与福建文鑫莲业食品有限公司之间的"湘莲"商标保卫战以湘莲协会完胜划上了句号。

11.3 湘莲给我们带来了什么

地理标志是未开发的经济潜能的宝库，属于团体性知识产权，对发展中国家的经济发展具有无可争议的积极作用。我国幅员辽阔，历史悠久，物华天宝，人杰地灵，地方名优特产数不胜数，地理标志资源非常丰富。[①] 地理标志保护产

---

① 张玉敏. 地理标志的性质和保护模式选择 [J]. 法学杂志，2007（6）：7。

品大都是农产品，湘莲作为一种种植历史上千年的农产品，其传统资源蕴藏着巨大的发展潜力。自 2010 年国家质量监督检验检疫总局发布《关于批准对湘莲实施地理标志产品的公告》（总局 2010 年第 54 号公告）以来，湖南省的湘莲产业获得了飞速的发展，通过地理标志产品制度保护湘莲这一极具湖南地方特色的产品取得了显著的效果。湘莲自从有了"地理标志产品"这张金名片，给湘莲产区的人们带来了良好的经济效益和非凡的文化影响力。

11.3.1　经济效益

利用地理标志保护制度，积极发掘、严格保护湘莲宝贵的资源，大大推动了湘莲产区的农村经济发展，提高了莲农收入，发展了对外贸易。湘莲产业也成为推动湘潭县经济发展、促进农民增收、增加劳动就业的支柱产业。由于地理标志产品具有特定的品质和知名度，深受消费者欢迎，因此其市场价格远高于同类普通产品。据国家质检局统计，从全国各地反映的情况看，获得地理标志产品后的农产品收购价格比获得地理标志产品前普遍上涨了 15% 至 20%，湘莲也不例外。

在湘莲产区的生产实践中，利用地理标志产品制度创造出了"地理标志产品＋龙头企业＋农户"的地理标志产品经营模式，取得了显著的经济效益，显示出其强大的生命力。这种模式以地理标志为纽带、以龙头企业为中介，将分散的农户组织起来，以集体的面貌和力量参与市场竞争，有效地提高了分散的农户在市场竞争中的能力和地位。地理标志产品经营模式使湘潭成为全国最大的湘莲种植基地、最大的湘莲交易物流中心、最大的湘莲出口基地。湘莲主要种植在湘潭及周边地区，以 107 国道和潭花公路沿线最为密集，湘莲生产企业主要分布在湘潭县，大大小小有 157 家，获得了生产许可证的企业有 20 余家，湘莲的销售企业及个体户达 700 多个，总注册资金 3800 多万元。从业人员高达 10 万人左右，年产优质湘莲近 10 万吨，每年可为农民增收 1.5 亿元以上。

具备优良品质的湘莲再有了"地理标志产品"这张金名片，更是锦上添花，从而闻名于中国，闻名于世界，有效提高了湘莲产品在国际市场上的竞争力，因此，湘莲产品不仅在国内好销，还远销韩国、东南亚、欧美、澳大利亚等几十个国家和地区。

实施地理标志保护不仅使得湘莲有了很好的经济效益，湖南省的其他传统名优产品的经济效益也是芝麻开花——节节高。例如：浏阳花炮产业销售总额由保护前的 66.4 亿元增长至保护后的 172 亿元，年均增长 21%，文化品牌价值达 1028 亿元。生产企业由保护前 1300 多家整合为 800 多家，出口占全国出口总量的 60%，国内销售占到全国的 50%。醴陵瓷器获得地理标志产品后的产量占湖南省陶瓷总量的 94.7%，占到全国陶瓷总量的 14%，占世界日用瓷产量的 9.6%，产值达 362.1 亿元，年均增长 32%。安化黑茶获得地理标志产品后，产业也不断发展壮大，仅 2013 年就新建茶园 2.15 万亩，改造低产茶园 1.2 万亩，实现茶叶总产量 4.05 万吨，综合产值 60 亿元，连续五年跻身全国重点产茶县十强。新晃黄牛肉冷鲜和加工产品溢价分别达 80%、50%。目前，新晃已建成标准化生产核心示范基地 4 个，标准化专业合作社 50 家，新晃黄牛年饲养量 14.55 万头，加工新晃黄牛肉 7300 吨，产值达 8 亿元[①]。经国家质量监督检验检疫总局批准，国家地理标志产品示范区也将落户在新晃黄牛养殖示范基地。地理标志产品的保护已经成为地方产业发展的助推器、企业提升的大舞台、富民兴农的聚宝盆！

11.3.2　文化影响

地理标志是历史文化传承的物质载体，地理标志产品的特殊品质通常与产地的人文因素有关，保护地理标志，宣传和推销地理标志产品，实际上也就是在推销产地优秀的历史和文化。就像法国在向全世界推销其"香槟酒"的同时，也宣传了法国的酒文化，提高了法国的知名度和法国文化的影响力。印度通过向世界推广其瑜伽功，提高了印度文化的知名度和影响力。

传统的民间文化艺术与特定社区的人文因素有着不可分离的密切关系，符合地理标志保护对象的条件，因而也可以采取地理标志产品制度。对地理标志的保护可以在一定程度上保护传统知识。传统知识是由个体构成的一个群体或者团体在一段时间内所拥有并实践的传统方法、惯例和诀窍的混合物。当对各种形式的传统知识连续与持续的实践局限于它的原产地域时，就会对所生产的产品赋予声誉，并有别于其他地方的类似产品。地理标志可以保护产品原产地

---

① 李俊杰. 湖南对 48 个产品实施地理标志保护，湖南新闻网。http://www.hn.chinanews.com/news/2014/0729/215073.html。访问日期：2016 年 2 月 16 日。

域所附加的声誉，地理标志即使不能全部，也能成为部分传统知识有力的保护手段。在这里，地理标志通过对传统知识的保护发挥着保护民族文化的作用。

在中国，自古以来人们对莲就喜爱有加，从大量的对莲赞赏的古诗词中就可见一斑。春秋时期楚国诗人屈原的《离骚》中有"制芰荷以衣兮，集芙蓉以为裳"的诗句，这里的"芰荷"与"芙蓉"就是指莲叶与莲花。宋朝周敦颐的《爱莲说》则最为知名，几乎家喻户晓，那句"出淤泥而不染，濯清涟而不妖，中通外直，不蔓不枝，香远亦清，亭亭净植"树立了莲花乃君子的形象，因此莲花跻身花中四君子的行列。《爱莲说》将莲的文化内涵提升到了君子品格的高度。莲作为原产我国的十大名贵花卉之一，蕴含着丰富的莲文化，成为中华文化瑰宝中一颗璀璨的明珠。莲花圣洁高雅，成为佛教的主要装饰图案，在建筑、雕塑领域更是大放异彩。隋唐时期，并蒂莲花被视为瑞兆。明清时期，莲花成为三教合一的象征，被赋予"和合"之义，莲的高洁、美好、瑞祥的含义也在这一时期臻于完善。现当代，莲的含义更加广泛，象征着无私奉献、一尘不染、和谐团结。随着莲花在我国的大量栽培和应用，莲文化已经渗透到了文学、音乐、舞蹈、美术、饮食、医药、宗教、政治、经济等社会生活的方方面面；随着时代的推进、种植面积的扩大、莲品种的增多、应用范围的扩展，莲文化不断充实和完善着，并赋予了特定的时代内涵。

总之，莲文化具有巨大的影响和强劲的生命力，既是美好人格、美好事物的象征，也有人类生命繁衍和民族兴旺的内涵，成为了我国人民生命活力和民族凝聚力的一种重要表现形式，莲产品富有的深厚文化内涵足以打动每一个消费者。

正如前述所言，"湘莲"一词，最早见于南朝江淹的《莲花赋》："著缥菱兮出波，揽湘莲兮映渚，迎佳人兮北燕，送上客兮南楚"。赋中提到的"南楚"，即指现在的湖南地域。经过近千年的发展积淀，湘莲文化在湖湘大地宛如一朵绚丽的奇葩越开越艳。享有"中国湘莲之乡"之称的湘潭县，有着栽培莲的丰富经验和采撷、加工莲的熟练技术，有着深厚的湘莲文化根基。一方水土养育一方人，潇湘之地，山环水绕，人文荟萃，湖湘人才遍及三湘四水，人才之盛，称誉天下。文化传承，昌盛不衰，在于不断承旧开新的勇者。湖南历代人才，披精沥沙，承旧革新，塑造湖湘人文精神之特质，引领湖湘文化之发展，于中国文化与历史之进程中功不可没。湖湘文化的代表人物有毛泽东、曾国藩、周敦颐和胡安国等，尤其是中华人民共和国的缔造者、伟大的革命家、军事家、思想家、文学家毛泽东同志的老家就在湖南省湘潭县，他曾经出生、成长的故居门前就是一大片荷塘！这对于湘莲文化的传播而言，是一个多么鲜活的推广范例啊，作为消费者而言，看到来自于伟人故里的湘莲产品，肯定会大大激发购买需求！湘莲文化作为一种综合性文化，是技术文化、饮食文化、保健文化和审美文化的统一体，有其实用性、象征性、高雅性和审美性。湘莲文化作为一种地方文化，又具有鲜明的湖湘文化特色。莲种的选育、种植和加工技术的演变，是对湘莲传统知识的保护和传承。湘莲的其他载体如雕塑、绘画等也是一种湘莲意识文化、行为文化与物质文化的结合。从历史和现在来看，湘莲文化具有地方凝聚、民俗陶冶、宣传辐射、产品促销、生产发展的外推、文化发展的内促等社会功能。

同时，地理标志也是发展乡村文化旅游和休闲观光农业的重要景观资源。2007 年，湘潭县委、县政府成功举办了以"莲"为主题的首届中国湘莲文化节，打响了"中国湘莲之乡"的休闲旅游品牌。每年的 6 月至 8 月，湘潭县境内到处是荷叶圆圆，莲花飘香，吸引着南来北往的游客前来观光旅游。湘潭县位于长株潭三角地带（长沙、株州、湘潭城市群），旅游资源丰富，交通便利，湘莲文化节的举办使得每年到湘潭县旅游的人数节节攀升。湘潭县还不断加强湘莲文化旅游基础设施建设，斥资千万元建成了百里荷花观光带、百亩荷花观赏园等，前来赏莲的游人络绎不绝。2011 年再次成功举办中国·湘潭第二届湘莲文化节，全年实现游客接待量达 242.5 万人次，同比增长 12%，旅游综合收入达 5.4 亿元，同比增长 69%。

因此，对中国传统名优产品实施地理标志产品，就是宣传、保护中华民族优秀的、多姿多彩的传统文化。这项工作做好了不仅可以带动地区经济发展，拓展国际市场，而且可以让这些商品带着中华民族光辉灿烂的传统文化走向世界，提高"中国品牌"的国际形象和地位。

参 考 文 献

［1］李祖明．地理标志的保护与管理［M］．北京：知识产权出版社，2009.

［2］董景山．农产品地理标志保护制度研究［M］．北京：知识产权出版社，2013.

［3］张欣欣．地理标志经济效益——基于 TRIPS 框架下的研究［M］．北京：中央编译出版社，2012.

［4］姜琳．地理标志国际保护问题研究——利益纷争及中国制度选择［M］．哈尔滨：哈尔滨工业大学出版社，2013.

［5］中郡研究所．中国地理标志发展报告（2013）［R］．北京：中国大地出版社，2013.

［6］金发忠．农产品地理标志概述［M］．北京：知识产权出版社，2011.

［7］曾德国．地理标志理论与实务［M］．北京：知识产权出版社，2014.

［8］吕苏榆．地理标志保护研究——基于农业区域品牌化发展视角的思考．北京：知识产权出版社，2011.

［9］田芙蓉．地理标志法律保护制度研究［M］．北京：知识产权出版社，2009.

［10］赵小平．中国农产品地理标志法律保护研究［M］．太原：山西人民出版社，2012.

［11］冯寿波．论地理标志的国际法律保护——以 TRIPS 协议为视角［M］．北京：北京大学出版社，2008.

［12］李毅．农产品地理标志管理实务［M］．长沙：湖南科技出版社，2012.

［13］严立冬，等．农产品地理标志保护利用与产业发展研究［M］．武汉：湖北人民出版社，2012.

［14］杨永．产业视域中的地理标志发展对策研究［M］．杨凌：西北农林科技大学出版社，2013.

［15］国家工商行政管理总局．商标注册与管理［M］．北京：中国工商出版社，2012.